普通高等学校运动训练专业教材

# 体育保健学

国家体育总局科教司　组编

胡毓诗　主编

中国教育出版传媒集团
高等教育出版社·北京

内容简介

本书为国家体育总局科教司组织编写的运动员文化教育统编教材，也是普通高等学校运动训练专业系列教材之一，同时也是国家体育总局"体育专业教材建设与在线学习平台项目"建设的"体育保健学"在线课程的配套教材。全书详细阐述了运动员健康与机能评估、运动医务监督、运动员体育卫生、运动性病症、实用急救和运动伤害防护技术、运动损伤的预防与康复等章节内容。

本教材为新形态教材，全书通过二维码链接多种资源，根据优秀运动员和普通高等学校运动训练专业学生的学习需求编写，同时也适用于体育院校各专业的学生使用，还可作为教练员、健身指导者的参考书。

**图书在版编目（CIP）数据**

体育保健学／胡毓诗主编；国家体育总局科教司组编． -- 北京：高等教育出版社，2019.10（2023.12重印）
ISBN 978-7-04-052241-9

Ⅰ. ①体… Ⅱ. ①胡… ②国… Ⅲ. ①体育保健学-高等学校-教材 Ⅳ. ①G804.3

中国版本图书馆CIP数据核字(2019)第141103号

体育保健学
Tiyu Baojianxue

| 策划编辑 | 王 曼 | 责任编辑 | 王 曼 | 封面设计 | 李小璐 | 版式设计 | 童 丹 |
| 责任校对 | 李大鹏 | 责任印制 | 赵义民 | | | | |

| 出版发行 | 高等教育出版社 | 网　　址 | http://www.hep.edu.cn |
| 社　　址 | 北京市西城区德外大街4号 | | http://www.hep.com.cn |
| 邮政编码 | 100120 | 网上订购 | http://www.hepmall.com.cn |
| 印　　刷 | 北京盛通印刷股份有限公司 | | http://www.hepmall.com |
| 开　　本 | 787mm×960mm　1/16 | | http://www.hepmall.cn |
| 印　　张 | 17.25 | | |
| 字　　数 | 310 千字 | 版　　次 | 2019 年 10 月第 1 版 |
| 购书热线 | 010-58581118 | 印　　次 | 2023 年 12 月第 4 次印刷 |
| 咨询电话 | 400-810-0598 | 定　　价 | 33.80 元 |

本书如有缺页、倒页、脱页等质量问题，请到所购图书销售部门联系调换
版权所有　侵权必究
物　料　号　52241-00

# 本书编委会

**主　编：** 胡毓诗（成都体育学院　教授）

**副主编：** 王　煜（成都体育学院　教授）　　张葆欣（西安体育学院　教授）
　　　　　　侯晓辉（广州体育学院　教授）　　张培珍（北京体育大学　教授）
　　　　　　廖远朋（成都体育学院　教授）　　丁海丽（成都体育学院　副教授）

**编　委：**（按姓氏笔画排序）
　　　　　　王　刚（西安体育学院　副教授）　　石诗萌（成都体育学院　助教）
　　　　　　任超学（西安体育学院　教授）　　　刘远新（西安体育学院　副教授）
　　　　　　孙小敏（成都体育学院　副教授）　　刘　芳（广州体育学院　讲师）
　　　　　　李军汉（成都体育学院　副教授）　　李　红（西安体育学院　副教授）
　　　　　　李良刚（成都体育学院　教授）　　　李　萍（西安体育学院　副教授）
　　　　　　汪敏加（成都体育学院　副教授）　　沈　华（成都体育学院　副教授）
　　　　　　宋　洋（西安体育学院　助理实验师）张　纯（成都体育学院　助教）
　　　　　　苟　波（西安体育学院　教授）　　　罗　磊（成都体育学院　副教授）
　　　　　　周　凌（成都体育学院　主治医师、讲师）秦　朗（成都体育学院　实验师）
　　　　　　温晓妮（西安体育学院　教授）　　　廖八根（广州体育学院　教授）

# 前言

为深入贯彻落实《关于进一步加强运动员文化教育和运动员保障工作的指导意见》及教育部《关于加强高等学校在线开放课程建设应用与管理的意见》等文件精神，国家体育总局科教司超前识变、积极应变、主动求变，通过在线课程建设，加快现代信息技术与教育教学的深度融合，促进优质教育资源的应用与共享，进一步加强在训优秀运动员的文化教育。本教材根据"体育保健学"在线课程的要求，围绕运动训练专业和武术与民族传统体育专业本科培养方案的培养目标编写而成。

体育保健学是随着体育运动和体育科学的繁荣而发展起来的一门重要的应用性学科。尤其在"体育强国"和"健康中国"的大背景下，该学科以"体医融合"为特色，将体育学与运动医学、中医学、康复医学紧密融合，以解决运动实践中有关卫生、预防、医学和康复的问题。本教材旨使运动训练专业、武术与民族传统体育专业的学生和运动员能够在实践中运用相应知识和技能，从而达到增强体质、保障健康、预防损伤和提高运动成绩的目的。

教材内容遵循运动训练学教育规律和人才成长规律，兼顾社会和个人的需求，针对运动员时间上和空间上的不确定性、不稳定性，注重内容的实用性、适用性和科普性。本教材整合知识点、教学单元与教学模块，以"点、线、面"短小精悍呈现"碎片化内容"，使学生利用"碎片化时间"自主学习；将新媒体、微动漫和信息化等现代教育技术手段链接到二维码中，实现教材的立体化。同时，本教材根据课程设置与要求，将课程全部内容整合并分解为多个模块，每个模块只涉及一个知识点，以微课视频形式呈现，让学习者在短时间内提炼知识点、清晰重点、突破难点、攻克疑点。

本教材是在学习参考了以前全国体育院校和师范院校体育专业的《运动医学》《体育保健学》统编教材的基础上完成的，并在以下方面做了调整：① 基于本次教材和在线课程的申报要求，"运动营养学"单独成为一门课程，所以本教材没有涉及"运动营养学"内容。② 在"运动员健康与机能评估"这一章中，从建立一份健康档案到形态学检查，无论是人体测量、身体成分测量评价还是机能检查预评估，都采取了简单实用的评估方法，且在二维码中补充了姿势形态的最新内容，同时还设计了所有检查评估的表格，有利于运动员自己建立健康和机能评估档案。③在"实用急救和运动伤害防护技术"这一章中，心肺复苏术部分介绍了最新的2015版心肺复苏技术，并且较为详细地介绍了运动员通过自己学习即可学会操作的按摩技术、拔罐疗法和艾灸技术。适逢第72届世界卫生大会通过了国际疾病分类第11版，中国的传统医学被正式纳入国际主流医学体系。因此，运动员学会和掌握一些传统医学的治疗技术，既可以帮助其自身和其他运动员恢复机能，还可以更好地体现文化自信。此外，本章还介绍了"运动机能贴布技术"和"拉伸技术"，这有利于运动员做好自身伤害的防护。④"运动损伤的预防与康复"这一章采取了各部位综合叙述与各部位常见损伤相结合的阐述方式，这有利于运动员对各损伤部位形成初步认识，然后根据常见伤病，寻找到这些部位伤病的预防和康复方法，使运动员能够对伤病进行简单判断及掌握损伤的预防和预康复的理念和方法。

体育保健学的理论与知识发展迅猛，本教材的编写本着稳定性的原则，没有纳入过多新兴内容。由于编写人员水平有限，不当之处在所难免，恳请广大专家、学者、教师和学生批评指正，我们将在后续的修订中不断修正、充实和提高。

编　者

2019年4月

# 目录

第一章　绪论 / 1

第二章　运动员健康与机能评估 / 5

　　第一节　建立健康信息的问诊档案 / 6
　　第二节　人体形态姿势检查 / 7
　　第三节　人体测量 / 15
　　第四节　身体成分的测量和评价 / 23
　　第五节　身体机能检查与评估 / 28

第三章　运动医务监督 / 51

　　第一节　运动前的健康风险评估 / 52
　　第二节　运动负荷的评定 / 55
　　第三节　运动性疲劳的医务监督 / 65
　　第四节　比赛期间的医务监督 / 72
　　第五节　特殊情况的医务监督 / 75

第四章　运动员体育卫生 / 87

　　第一节　一般体育卫生 / 88
　　第二节　女子体育卫生 / 93
　　第三节　儿童少年体育卫生 / 100

第五章　运动性病症 / 105

　　第一节　常见运动性病症 / 106
　　第二节　环境相关运动性病症 / 131

## 第六章　实用急救和运动伤害防护技术　/　137

第一节　急救技术　/　138
第二节　运动按摩技术　/　156
第三节　理疗技术　/　180
第四节　防护技术　/　197

## 第七章　运动损伤的预防与康复　/　209

第一节　概述　/　210
第二节　运动中软组织损伤的一般处理原则　/　215
第三节　骨折、脱位的现场处理　/　220
第四节　上肢部常见运动损伤　/　225
第五节　下肢部常见运动损伤　/　239
第六节　脊柱部常见运动损伤　/　253
第七节　常见损伤部位的康复训练　/　260

**主要参考文献　/　267**

# 第一章
# 绪论

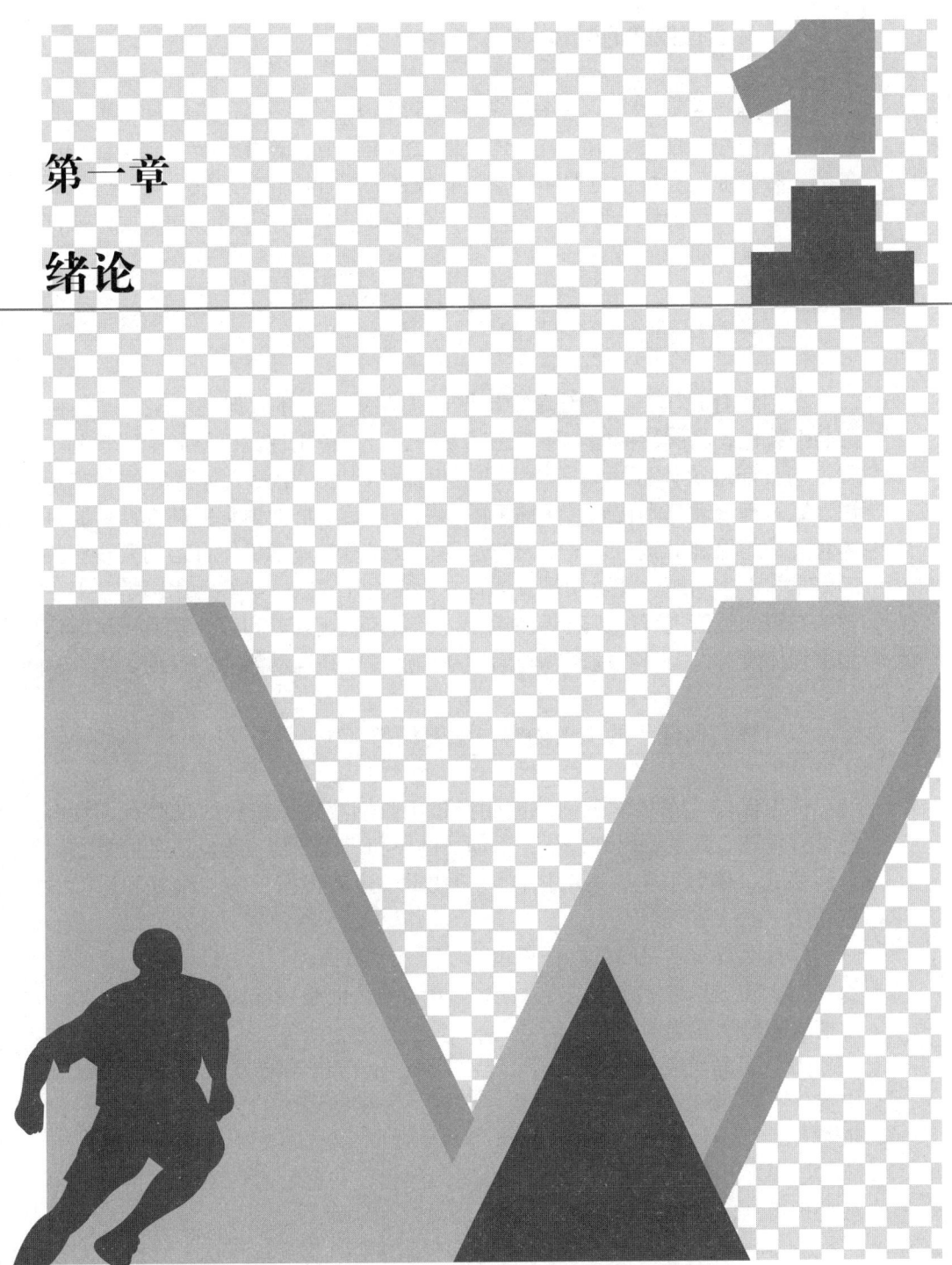

## 一、体育保健学的概念

体育保健学绪论

体育保健学是研究人体在体育运动过程中保健规律和体质与健康教育措施的一门综合性的应用学科。体育保健学是为竞技体育及全民健身运动服务的一种职业化和科学化的学科，具有很强的综合性和实践性，是一门融研究和服务为一体的综合性应用学科。体育保健学既是体育科学的重要组成部分，又是医学科学的分支。

## 二、体育保健学的学习目的

在"体育强国"和"健康中国"的大背景下，体育保健学坚持"体医融合"特色，将医疗保健与体育运动紧密融合，应用现代医学和中医学基本理论与技能解决体育运动实践中的卫生保健问题。学习人体保健的基本知识、基本理论和基本技能；掌握不同性别、年龄人群的体育保健规律，制订体育运动的保健措施；系统学习与运动员及体育专业学生体育运动实践有关的医学、卫生问题，使运动员及体育专业学生在实践中能够运用医学和卫生学的知识和技能进行医务监督和指导，提高其职业素养和综合素质，从而达到增强体质，保障身心健康，防治运动伤病，提高运动能力的目的。

## 三、体育保健学的主要内容与学习任务

体育保健学在教学和训练方面经过了长期实践，在我国现已有了特有的学科领域。其主要内容包括：运动员健康和机能评估、运动医务监督、运动性病症、体育卫生、运动伤害防护技术、运动损伤预防与康复和运动营养等。

体育保健学学习的具体任务包括以下几个方面：

（1）通过医学检查，学会综合评定运动员健康状况、机能状况，为科学选材和科学安排训练提供依据。

（2）了解并能够使用医学、生理学、生物化学的方法，对运动过程中身体反应及运动负荷进行观察、监控，为运动训练的科学监控提供科学依据。

（3）了解运动性疾病发生、发展的规律，并有针对性地掌握预防和急救处理运动性病症的方法。

（4）熟悉人体卫生、精神卫生、环境卫生以及儿童、女子等特殊人群

的体育卫生。

（5）掌握现代运动伤害急救技术、运动按摩技术、常见理疗技术，以及常见拉伸和肌内效贴扎等康复技术。

（6）了解运动损伤的发生、发展规律与防治方法；掌握在运动意外发生后，取得良好现场处理效果的方法与手段。重视身体的薄弱环节和易伤部位的预康复，合理安排伤后康复训练。

## 四、体育保健学的学习方法

学习体育保健学必须根据培养目标的要求，以辩证唯物主义的观点正确处理局部与整体、结构与功能、机体与环境、先天与后天、内治与外治、继承与发展的辩证关系；在重视理论知识学习的同时，注意加强实践能力的培养；在接受国内外新知识、新技术的同时，注意继承中国传统医学的理论和方法；贯彻预防为主的方针，发扬"救死扶伤，实行革命的人道主义"的精神，不断总结经验，提高学术水平和解决实际问题的能力，为"体育强国"和"健康中国"作出贡献。

## 五、体育保健学的形成、发展及现实意义

20世纪50年代到70年代中期，体育院校开设的是运动保健学，它是研究"在体育运动过程中，运用医学的知识和技能保护体育运动参加者的健康和督导其正确地进行锻炼的一门科学"，它的内容包括运动卫生、医务监督、运动损伤、按摩和医疗体育5部分。但后来"运动保健学"课程被"运动生理卫生"课程所取代。

20世纪80年代初期，教育部对全国普通高等学校体育教育专业（本科）教学计划进行全面修订时，根据课程设置应紧密围绕培养目标的要求而设置了体育保健学课程。1982年，教育部在杭州大学举办了体育保健学教师培训班。同时，全国师范院校体育教育专业也开设了体育保健学课程。随后，国内各高等院校体育教育专业、运动训练专业、社会体育专业相继选择开设了体育保健学课程。

现代"体育教育"已逐步向"身体教育"转化。身体教育是"促进身体全面发展、增强体质、传授锻炼身体的知识和技能，培养高尚道德品质和坚强意志的教育过程"，其核心思想是体质与健康的教育，从保健角度出发，即为人体保健基本理论和基本知识的教育。人们常把竞技运动和身体锻

炼统称为"运动"。"运动"是体育的基本手段，运动过程中的保健，则是运用人体保健基本理论和基本知识，根据人体在运动过程中自身的形态、功能和心理特征产生的一系列适应性变化的规律，采取相应的保健措施，合理地运用运动应激因子，以达到增强体质、增进健康的最佳效果。因此，体育保健学在促进运动员健康、防治运动伤病、提高运动能力等方面发挥着越来越重要的作用。

# 第二章

# 运动员健康与机能评估

▶ **本章导读**

良好的健康状况与出色的运动机能对运动员十分重要，本章从运动员的健康状况的检查和运动机能的评估两个方面展开介绍，囊括了对运动员一般史和病史的询问和记录，对人体姿势和人体形态的测量和评价方法以及对人体各项机能的检查和评价方法。通过对以上几项内容的检测与评价，运动员可以对自己的健康状况与运动机能有更好的了解，并且可以发现自己本身的优势、不足以及可能造成损伤的隐患所在，这将有助于运动员在训练和比赛中充分发挥自己的优势与特长，同时规避运动损伤的风险。

▶ **学习目标**

1. 了解体格检查的主要内容、运动员身体各系统的机能特点，以及不同项目特点对身体机能的影响。

2. 熟悉询问和记录运动史和病史的方法，以及运动系统机能、心血管系统机能、呼吸系统机能的测试方法。

3. 掌握人体姿势检查和人体形态测量的基本操作方法、身体机能常用的检查方法，并能将体格检查材料应用于教学和训练中；掌握运动负荷试验的原理和意义及代谢机能测试方法的适用范围。

# 第一节　建立健康信息的问诊档案

全面系统地了解健康信息是健康评价的重要基础，它需要对一般史和运动史以及伤病史等进行询问并记录形成档案。

## 一、一般史和运动史

建立一份健康档案

一般信息：包括姓名、性别、出生年月和出生地等。

一般史：包括现在和过去的健康状况、生活状况、饮食喜好以及酒精药物的使用情况等。

运动史：包括运动项目、训练年限、训练制度、运动水平（运动成绩或等级）、运动训练量大小、训练有无间断及间断原因、运动成绩的变化、运动时身体反应、有无过度训练等；还须询问近期及前一天的训练情况，如运动量和运动强度的大小，以及身体反应等。

对于女性，还须询问月经史。如月经初潮年龄、月经周期、经血量、月经期的身体反应及其对运动能力的影响、月经期是否参加训练和比赛等。对于已婚者还应询问妊娠和生育史，以及是否服用避孕药物等。

## 二、伤病史

对于具有伤病史的运动员，要详细记录伤病信息，包括疾病史和损伤的现病史、既往史、家族史和过敏史等内容。

现病史：现在有无不适，有无损伤，不适和损伤的原因、发生的时间、治疗经过和目前状况等。

既往史：过去曾患过哪些严重疾病和伤病，如肺结核、肝炎、肾炎、心脏病，以及有无脑震荡、昏厥史等；过去有无心脏异常、心电图异常或曾被判断为有心脏杂音；过去有过哪些伤痛及其治疗和康复状况等。

家族史：询问直系亲属中有无50岁以前发生心肌梗塞者，以排除家族性心脏病；询问直系亲属有无脑血管意外、血管畸形等疾病。

过敏史：需要了解既往有无药物、蜂虫、花草、食物等引起的过敏反应病史。

## 第二节 人体形态姿势检查

人体形态姿势是人体各部位空间的相对位置，它涉及人体骨骼、肌肉等力学上的协调和平衡。正确形态姿势可保持身体处于稳定状态，减少肌肉和韧带紧张，延缓肌肉疲劳，保证身体各器官功能正常，有利于发挥最佳机能。形态姿势不佳，会增加肌肉、韧带的负担，使骨骼、肌肉、内脏器官受到异常的力的作用，从而影响它们的功能，甚至影响到运动能力和运动成绩。本节主要介绍静力性形态姿势。

### 一、人体直立姿势检查

人体直立位标准姿势：身体直立，面向前方，两眼平视正前方，两足并拢，足尖向前，双上肢下垂于躯干的两侧，掌心向前。自然光，观察者用优势眼进行观察。

姿势评定与测量

从后面观（图2-1）：头、颈、躯干和两足跟应在一条垂直线上，两肩

姿势评估

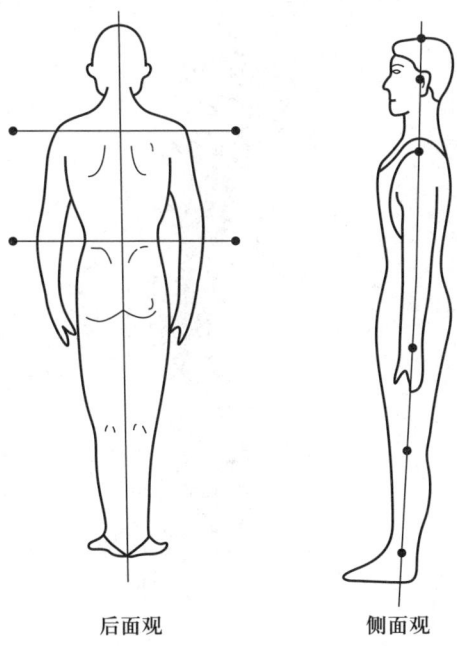

后面观　　　　侧面观

图2-1　直立位标准姿势

胛、两髂棘应在一条水平线上。

从侧面观（图 2-1）：头顶（其水平延长线上）、耳屏前、肩峰、股骨大转子、腓骨小头和外踝尖各点应在一条直线上；脊柱 4 个生理弯曲曲线自然、正常。

## 二、脊柱形状检查

从后面观：脊柱应该是笔直的。可结合触诊，观察各个棘突的连线与人体后背正中线是否一致。若棘突与正中线之间的距离大于 1 cm，即可认为有脊柱侧弯。

从侧面观：脊椎有 4 个弯曲，称为脊柱的生理弯曲，即颈曲、胸曲、腰曲和骶曲。如图 2-2 和图 2-3 所示，颈曲和腰曲向前，胸椎和骶尾曲向后。

### （一）脊柱前后弯曲度检查
1. 检查方法

（1）令受试者脱去上衣，背部靠测量计立柱站立，头部正直，两肩胛间、骶部和足跟部紧靠立柱，测试者移动测量计上的小棍使其与受试者棘突

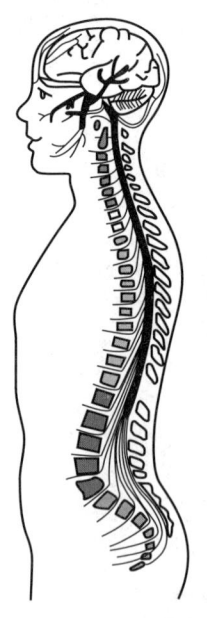

图 2-2　正常脊柱的侧面观

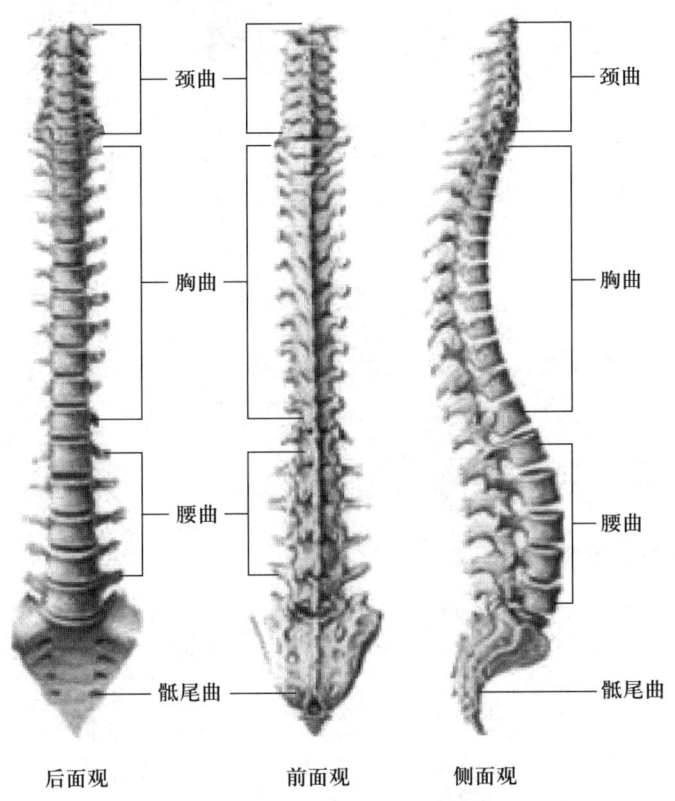

后面观　　　前面观　　　侧面观

图 2-3　脊柱的 4 个生理弯曲

接触，根据测量计立柱与脊柱间小棍的距离可以测出脊柱各段前后弯曲程度（图 2-4）。

（2）简单检查法。令受试者背靠身高计立柱，站立要求同上。在颈曲最深处探入手指，正常颈曲为三横指左右，腰曲为两横指左右。

2. 评价方法

脊柱前后弯曲情况涉及头、颈与躯干相互间位置并影响背部的形状。正常颈曲深度为 3~4 cm，腰曲深度为 2~2.5 cm。常见背部形状如下（图 2-5）：

（1）正常背。颈曲、腰曲深度在正常范围。

（2）驼背。胸曲后凸程度加大，腰曲前凸小于 2 cm。

（3）平背。胸曲、腰曲均减小，背部平直。

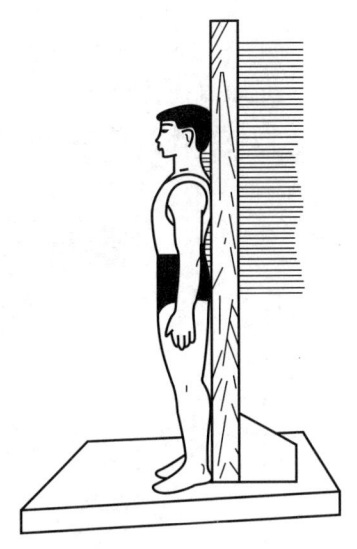

图 2-4　脊柱前后弯曲测量

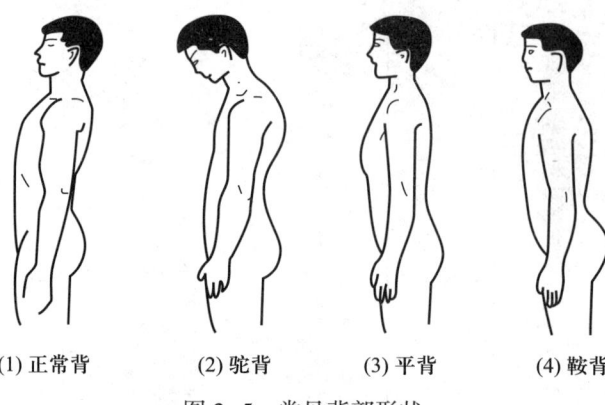

(1) 正常背　　(2) 驼背　　(3) 平背　　(4) 鞍背

图 2-5　常见背部形状

（4）鞍背。腰曲大于 5 cm，形似马鞍。

## （二）脊柱侧弯检查

1. 检查方法

（1）脊柱测量计检查测量法。检查方法与脊柱前后弯曲度测量计检查法类似。

（2）重锤法。重锤法是比较简易的方法。受试者在标准直立姿势下充分暴露背部，测试者用拇指触摸各个棘突的位置，并做记号。然后用系着重锤的细绳将线的一端置于枕骨粗隆上形成一垂线。测量垂线与棘突尖之间最远点的距离，此距离若大于 1 cm，即为脊柱侧弯。

（3）临床触诊法（图 2-6）。触诊时，需要受试者坐位或自然站立，两足跟靠拢，测试者用两手拇指或单手食指和中指沿棘突两侧从上向下捋，此时异常棘突情况就可以清晰地呈现出来。

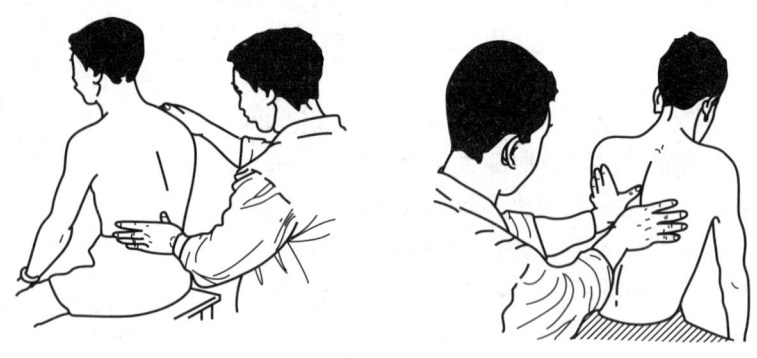

图 2-6　脊柱侧弯临床触诊法示意图

（4）X线影像诊断法（图2-7）。全脊柱的正侧位X片，能准确判断脊柱侧弯的情况。

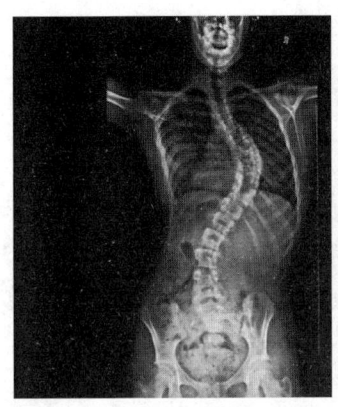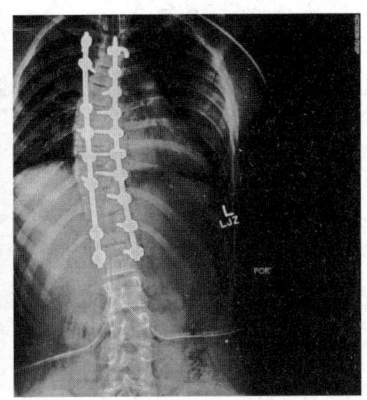

图2-7　X线影像诊断法

2. 评价方法

脊柱棘突与中线距离小于1 cm，为正常。若大于1 cm，为脊柱侧弯。

按侧弯的形态，可分为"C"形和"S"形两种。按侧弯的程度，可分为轻度、中度、重度三类。侧弯严重程度分级如下：

（1）轻度侧弯。侧弯最突出点与垂线距离小于2 cm，这种侧弯具有可逆性，积极进行康复可矫正。

（2）中度侧弯。侧弯最突出点与垂线距离为2~5 cm，有一定的可逆性。

（3）重度侧弯。侧弯最突出点与垂线距离大于5 cm不具有可逆性。

### 三、胸廓形状检查

胸廓是由肋骨、胸骨、脊椎和肋间肌构成的骨性笼状支架。胸廓内容纳心脏、肺和纵膈等重要器官结构。胸廓的后方为脊柱，肋骨和肋间隙位于两侧，胸骨和肋软骨位于前方；胸廓具有一定弹性和活动性，它参与呼吸运动，同时，它能够支持和保护胸腹腔脏器。

（一）测量方法

使用测径规或骨盆测量器。

前后径：胸廓前点和胸廓后点之间的距离。前点位于左右第4胸肋关节上缘水平和前正中线相交点，后点为前点同一水平棘突点。

横径：指与前后径同一平面的胸廓两侧最宽处之间的距离。

## （二）评价方法（图2-8）

1. 正常胸廓

胸廓上方略小，下方稍宽，呈圆锥状，横径与前后径之比为4∶3，约为1.33。

2. 异常胸廓

（1）扁平胸。胸廓扁平，前后径较小，横径与前后径之比约为2∶1。常见于瘦弱体型者及慢性消耗性疾病患者。

（2）桶状胸。肋骨上提，胸口上方与下方宽度相近，呈圆桶状。横径与前后径之比约为1，常见于肺气肿和慢性支气管哮喘患者。

（3）鸡胸。胸廓前后径大，横径缩小，胸骨下部显著前突，似鸡的胸脯而得名，多见于佝偻病患者。

（4）漏斗胸。胸下部剑突处呈明显的凹陷，外形似漏斗，常见于佝偻病及先天性胸廓异常患者。

（5）不对称胸。胸廓两侧不对称，常见于胸膜疾病和胸椎结核等患者。

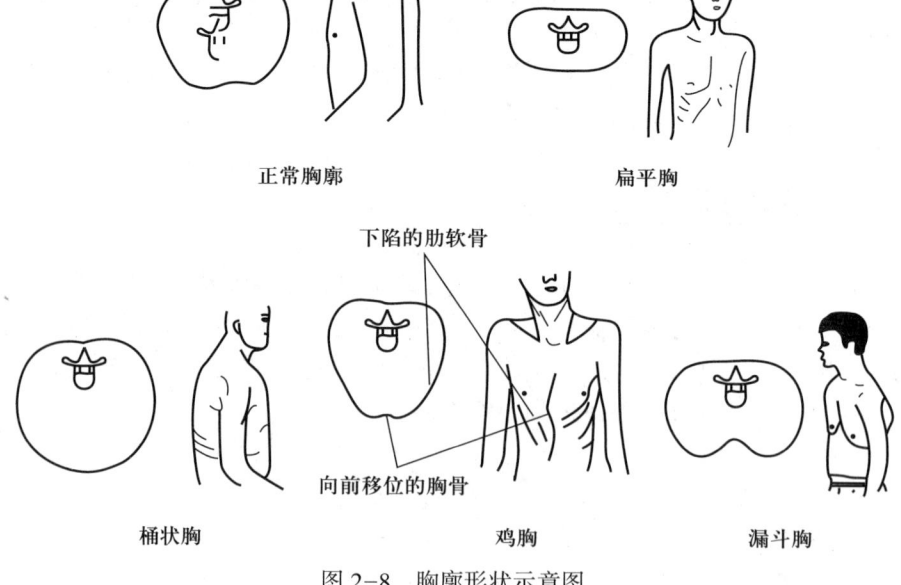

图2-8　胸廓形状示意图

## 四、腿的形状检查

### (一) 检查方法

令受试者双腿自然并拢站立,用特定的内径卡尺测量两膝之间和两足跟之间的距离。

### (二) 评价方法 (图2-9)

正常腿形:站立时两足和两膝均能靠拢。

"X"形腿:人体在直立的状态下,两膝关节可靠拢,而踝关节之间间隙超过 1.5 cm。

"O"形腿:人体在直立的状态下,两足跟能并拢,两膝关节之间间隙超过 1.5 cm。

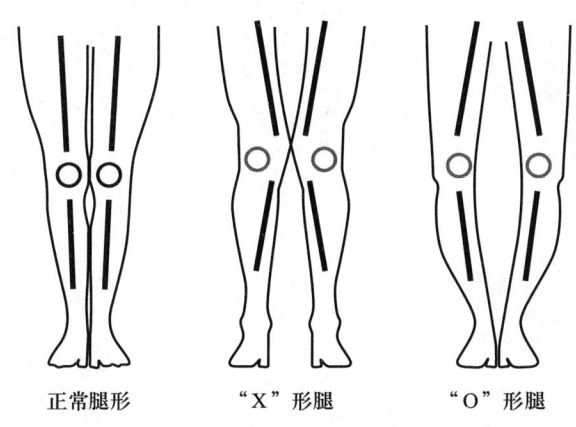

图 2-9 腿的形状示意图

## 五、足弓的形状检查

足弓呈弓形结构,它使足具有弹性并可承受较大的压力,它能缓冲行走、跑、跳时身体的震动,同时还可保护足底的血管和神经等免受压迫。先天遗传或者后天足部肌肉、韧带松弛,足弓下陷或消失,会导致扁平足。足弓变形对参加耐力性项目如中长跑、马拉松、竞走和野外负重行军等活动会有一定影响。

足弓简易判断

### (一) 检查方法

检查足弓的方法有印迹法、足高测量法、简易判断法和 X 线影像诊断法。X线影像诊断法最为准确,印迹法最常用。

印迹法。在一托盘内铺上 5~6 层纱布或海绵垫,用淡红、淡蓝色墨水将纱布或海绵垫浸透备用,再准备 A3 白纸两张。令受试者坐在凳子上,赤足,双脚同时踩在托盘内站立,使足底蘸上颜色之后坐下,移去托盘,换上白纸放在地面。受试者双脚与肩同宽站立于白纸上,纸上即印出一双带色的足迹。

### (二)评价方法

**1. 印迹比例法**

在足内侧和外侧各画一条切线,找到足迹空白区最宽处,测量此处至两切线的距离,根据足印空白区最宽距离 a 和带色印区最窄距离 b 的比进行评定(图 2-10)。

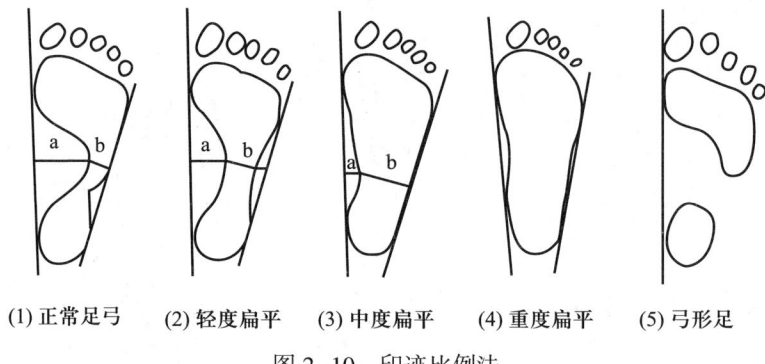

(1)正常足弓　(2)轻度扁平　(3)中度扁平　(4)重度扁平　(5)弓形足

图 2-10　印迹比例法

正常足弓:a∶b = 2∶1;

轻度扁平足:a∶b = 1∶1;

中度扁平足:a∶b = 1∶2;

重度扁平足:足印无空白区;

弓形足:足印区狭窄处断离,不连续。

**2. 印迹画线法(图 2-11)**

画 3 条线:第 1 条线,在足内侧画 1 条切线;第 2 条线,从足跟中心至第 3 趾中心点连线;第 3 条线,画第 1 条线和第 2 条线之间夹角的等分线。

正常足弓:足内弓在第 2 条线外侧。

轻度扁平足:足内弓越过第 2 条线,但未越过第 3 条线;

中度扁平足:足内弓越过第 3 条线,但未越过第 1 条线;

重度扁平足:足内弓越过第 1 条线;

弓形足:足印不连接。

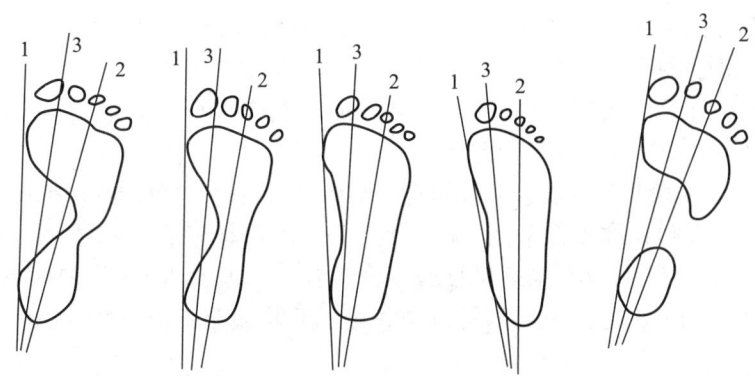

(1) 正常足弓　　(2) 轻度扁平足　　(3) 中度扁平足　　(4) 重度扁平足　　(5) 弓形足

图 2-11　印迹画线法

## 第三节　人 体 测 量

　　本节对人体的外部形态，包括体重、长度、宽度、厚度及围度等常用指标的检测进行了初步介绍。人体测量反映了受试者的生长发育情况和体质水平，对运动员选材有重要意义。

### 一、人体测量的注意事项

**（一）受试者须知**

（1）进行身体测量时，除对头部及坐高进行测量时取坐位外，其他一律取直立位，并注意保持耳眼水平位（即左右耳屏点与眶下点在同一水平面）。

（2）男性受试者着装为上身裸露，下着短裤，赤足；女性受试者为上着背心，下着短裤，赤足。

（3）测试前受试者应排便、排尿。

**（二）测试者须知**

（1）在未提出特定测量要求时，一般测量受试者的右侧肢体。

（2）测量仪器要保持洁净，测量前必须检验校正测量仪器。测量过一定人数后，必须随时校正仪器，保证测量的精度。

（3）掌握测量方法，熟悉测量点。要求在进行精度较高的小样本测量时，应由专人在受试者身上标出测量点，以提高测量的准确性。身高、体重等易受时间因素影响的指标，一般在上午 10 时左右测量为宜。

（4）在测量仪器读数时，测试者的视线应垂直于测量仪器上的标度部分，不可斜视，避免产生测量误差。

（5）测量长度、宽度、围度时，以厘米（cm）为单位；皮褶厚度以毫米（mm）为单位；体重以千克（kg）为单位。测量与记录一般取小数点后一位。

（6）测量中，应注意尽量减少测量误差。身高及较长身体部位测量误差不得超过 0.5 cm，其余肢体环节长度的测量误差不得超过 0.2 cm，体重测量误差不得超过 0.1 kg。

## 二、人体测量常用的形态学标志点（图 2-12）

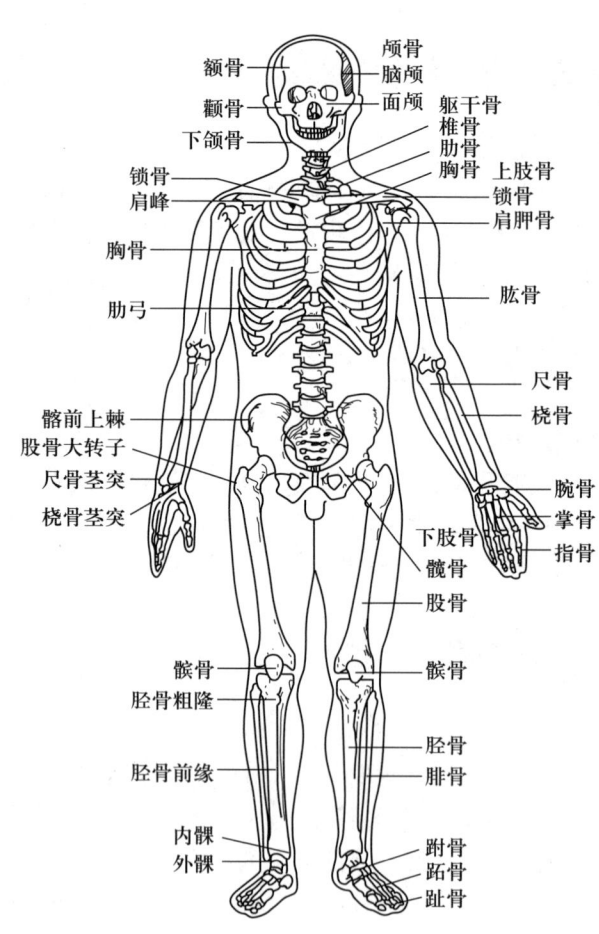

第三节 人体测量

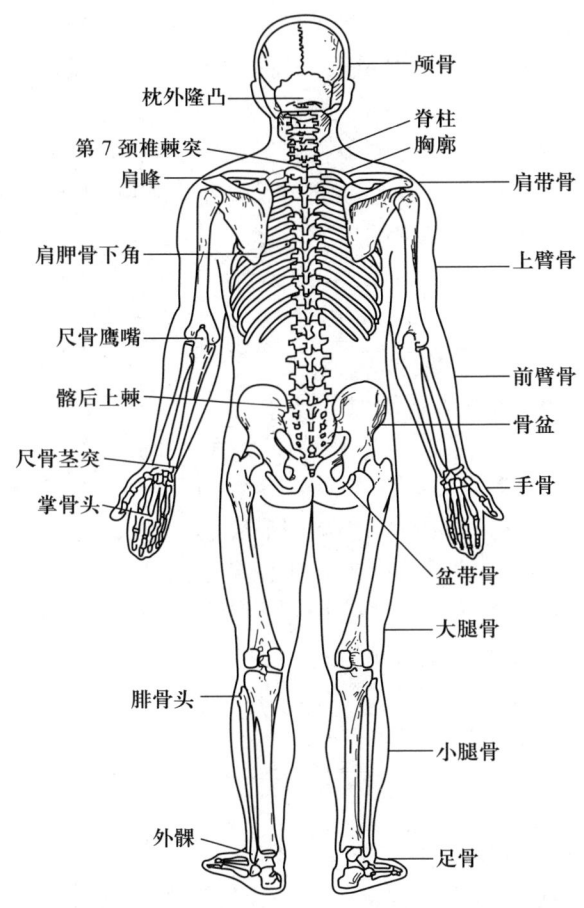

图 2-12 人体测量常用的形态学标志点示意图

形态学测量标志点

### （一）头及躯干常用标志点

（1）头顶点。位于头顶部的最高点。

（2）颈点。第 7 颈椎棘突后端的中心点（第 7 颈椎棘突是颈椎棘突最隆起的一个）。

（3）胸中点。左右两侧第 4 胸肋关节连线与胸骨中心线相交的一点。

（4）肩胛骨下角点。肩胛骨下角最下缘点。测量胸围时，作为背面的固定点。

（5）脐点。脐的中心点，测量腹围时以此点作为基准点。

（6）腰点。第 5 腰椎棘突后端的中心点。

### （二）上肢常用标志点

（1）肩峰。肩胛冈向外侧延伸的扁平突起。

（2）肱骨内上髁、外上髁。肱骨远端两侧突起。
（3）鹰嘴。尺骨上端膨大突起，屈肘时形成明显隆起。
（4）桡骨茎突点。桡骨远端手腕外侧最尖端点。
（5）尺骨茎突点。尺骨远端手腕内侧最尖端点。
（6）桡尺茎突中间点。桡骨茎突与尺骨茎突连线中点。
（7）指尖点。手指指尖顶端点。

### （三）下肢常用标志点

（1）髂嵴点。髂骨最高突点。
（2）髂前上棘。髂嵴前端圆形突起。
（3）股骨大转子。股骨颈与股骨体连结处外上方较大突起。活动下肢可摸到其在皮下转动。
（4）股骨内上髁。股骨远端内侧明显突起。
（5）股骨外上髁。股骨远端外侧明显突起。
（6）膝关节外侧关节间隙。股骨外上髁下缘膝关节线。
（7）内踝点。胫骨远端内侧隆凸。
（8）外踝点。腓骨远端外侧隆凸。
（9）趾尖。足趾尖的顶点。

## 三、体重

体重控制

体重是指身体的重量。它可以反映机体的营养状况；结合体脂，它还可以反映肌肉的发育程度。运动员有必要不断关注自身的体重情况。若体重明显下降，可能存在训练量过大、饮食紊乱、患消耗性疾病、过分控制体重以及营养不良等问题。运动员体重有明显变动时，需要仔细分析原因。对于举重等按体重分级的比赛项目，科学地控制体重是一个难点。

通常使用杠杆秤、弹簧秤或电子秤测量体重，使用前要校准测试仪器，而后将其置于平坦地面。受试者轻轻站于体重计中央，测试者读数记录。

体重在一天内会有变化，所以运动员测量体重的时间最好相对一致；测量时尽量着装轻便一致；体重计应定期进行校准。

体格检查与身体机能测试

## 四、身高

身高是人体立正姿势站立时，从头顶点至地面的垂直距离。它是反映机体骨骼生长发育状况的重要指标。身高在一天内会有 1～3 cm 的变化，晨起最高，傍晚最低。

使用身高坐高计进行测量时，令受试者赤足，足跟并拢，足尖开立，站立于身高计的底板上。头部正直，两眼平视前方，躯干自然挺直，上肢自然下垂，两肩胛间、骶骨、足跟紧靠立柱。测试者站在受试者侧方，用手将水平压板下滑，接触受试者头顶后，使水平压板与头顶接触松紧适度，然后平视水平压板读数。测量误差不得超过 0.5 cm（图 2-13）。

## 五、坐高

坐高是人体坐位时，头顶点到坐凳面的垂直距离。它反映躯干的高度，同时也可反映躯干和下肢的比例关系，对运动员选材有重要意义。

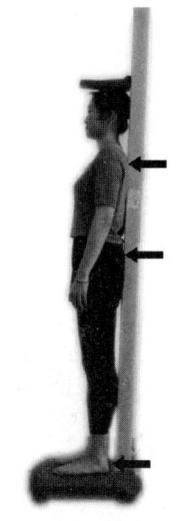

图 2-13　身高测量

受试者坐在身高坐高计的座板上，先弯腰，使骶部靠紧立柱，然后伸直躯干，使两肩胛间、脊柱、骶骨紧贴立柱，头部正直、两眼平视，上肢自然下垂不得支撑于座板上，两腿并拢，大腿与地面平行，大腿与小腿尽可能呈直角，双足平踏于底座。检查者下滑水平压板，使水平压板与头顶接触松紧适度，然后平视水平压板读数。

## 六、四肢长度

四肢长度包括上、下肢长度及各肢节长度。人体上、下肢的长度受遗传的影响很大，是选材的重要指标。坐高与下肢长度之差可作为运动员选材的指标。例如，游泳运动员选材通常选择躯干长、腿短、臂长、坐高与身高的比值比较大的个体。跳高等项目多会选择身材较高、躯干短、下肢长的运动员。

四肢长度的测量多采用带游标的直钢板尺或皮尺

（1）上肢长。受试者自然站立，右臂伸直下垂，手与前臂成一直线。测量肩峰至中指尖的距离。

（2）下肢长。受试者自然站立。测量髂前上棘至地面的垂直距离或测量股骨大转子至地面的垂直距离。由于前者所测的值较下肢实际长度大，而后者则较实际长度小，所以，目前常以身高减坐高的值来代表下肢长度。

（3）足长。受试者站立，将一条腿踩在凳面上，用直钢板尺测量足跟至最长趾趾端的距离。也可用专门的足长足高计测量。

## 七、跟腱长

令受试者自然站立后尽量提踵，用笔在腓肠肌内侧肌腹最下缘标记后令受试者恢复自然站立，测量腓肠肌内侧肌腹下缘至跟骨结节的距离。跟腱长对于球类及跳跃、奔跑类的运动员选材具有重要意义（图 2-14）。

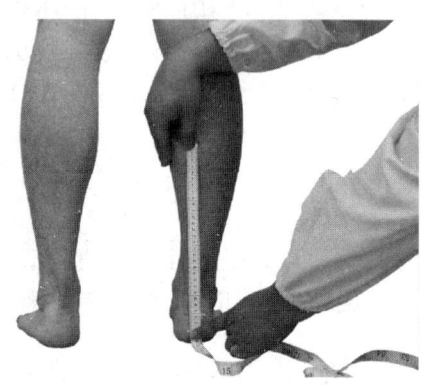

图 2-14　跟腱的测量

## 八、胸围和呼吸差

胸围是胸廓的围度，它反映了胸廓及胸背部肌肉的发育状况，同时，它能间接地反映肺容量。胸围受后天的影响比较明显，经常从事体育锻炼的人，胸围会较一般人群大 5% 以上。

受试者平静呼吸，测量其呼气末吸气开始前的胸围。胸围的测量需要使用带尺。令受试者自然站立，两臂自然下垂，双脚开立。测试者将带尺环绕胸部一周。背部带尺的上缘放置于肩胛骨下角下缘；胸前带尺的下缘放置在乳头上缘（对于乳腺发育成熟的女性，带尺应放置在乳头上方与第 4 胸肋关节水平）。注意受试者的姿势，同时注意带尺应处于一个水平面，不要偏歪。误差不得超过 1 cm。

呼吸差是最大吸气和最大呼气时胸围的差值，在一定程度上反映了呼吸器官的发育情况、呼吸肌肌力、胸廓活动范围以及肺组织的弹性。一般人的呼吸差只有 6~8 cm，而经常锻炼的人可达 8~10 cm，优秀运动员甚至可以超过 12 cm。其测量方法同胸围测量方法。注意在深吸气和深呼气测量时，要防止带尺移动或滑落。测量误差不得超过 1 cm。

## 九、腰围和臀围

### （一）腰围的测量

（1）测量意义。腰围是间接反映人体脂肪状态的简易指标。男性腰围超过 85 cm，女性腰围超过 80 cm，表明腰围较大。成年人肥胖多属向心性肥胖，腰围常超过此标准。腰围的大小不仅可以反映出人的体型特点，而且保持腰围的适当比例关系，对人的体质、健康及寿命有着重要意义。

（2）测试方法。受试者两腿靠近自然站立，两肩放松。双手交叉抱于胸前。测试者面对受试者将带尺经脐上 0.5~1 cm 处（肥胖者可选在腰部最粗处）水平绕一周，测量其围度。注意带尺的松紧度应适宜。

### （二）臀围的测量

（1）测量意义。臀围的大小可以反映出人的体型特点，腰臀比常作为评价人体健康和运动选材的重要指标。

腰臀比，即腰围和臀围之比，正常男子应小于 0.95，女子小于 0.85，如超过即为向心性肥胖。向心性肥胖的危害远大于离心性肥胖，主要因为腹壁脂肪堆积，可增高腹压，使膈肌上抬，妨碍呼吸和使心脏处于横位。

（2）测量方法。受试者两腿靠近自然站立，两肩放松。双手交叉抱于胸前。测试者面对受试者沿臀大肌最粗处将带尺水平位经背部绕至前方读数。记录员应在受试者背面观察带尺位置是否正确。注意测量时受试者不能挺腹，应在腹部平静状态下测量（图 2-15）。

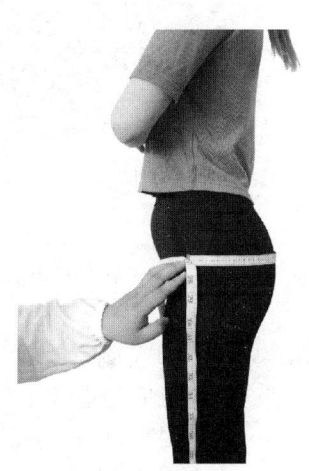

图 2-15　臀围的测量

## 十、肩宽和骨盆宽

肩宽指两侧肩峰之间的距离，它反映身体横向发育的情况。肩的宽窄对肩带肌肌力的发挥有一定影响。骨盆宽指两侧髂嵴最宽处之间的距离，它反映骨盆的发育情况。骨盆过宽对很多运动项目都是不利的。

（1）测量意义。肩宽和骨盆宽两者的比例关系决定了肩窄臀宽或肩宽臀窄体型。肩宽和骨盆宽一般作为运动员体型选材的重要指标。

（2）测量方法。

肩宽测量。使用测径规进行测量。受试者两肩放松自然站立，测试者立于其背后进行测量。用食指沿受试者两侧肩胛冈向外上方触摸，直至摸清两侧肩峰，再进行测量（图2-16）。

骨盆宽测量。使用测经规进行测量。用食指沿受试者两侧髂嵴触摸至髂嵴最宽处的外缘，再进行测量（图2-17）。

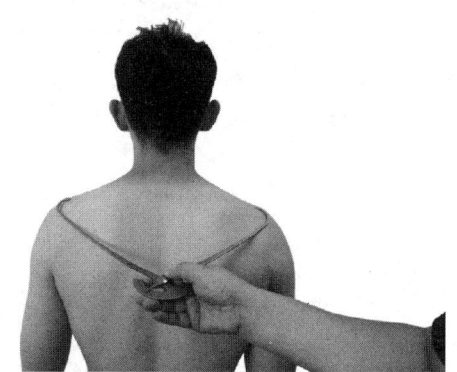
图 2-16　肩宽的测量

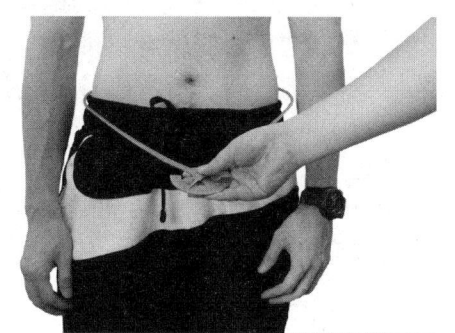
图 2-17　骨盆宽的测量

## 十一、四肢围度

（1）测量意义。四肢围度在一定程度上反映四肢肌肉发达程度，但在评定时应考虑皮下脂肪对皮褶厚度的影响。围度的测量均使用带尺进行，误差不得超过 0.2 cm。

（2）测量方法。

上臂紧张围和放松围：受试者自然站立，手臂向斜前方（与身体矢状面约呈45°）平举，掌心向上握拳，用力屈肘。测试者将带尺放在肱二头肌隆起最高处绕臂一周，测量上臂紧张围（图2-18）。之后，在带尺位置保持不变的情况下令受试者慢慢将前臂伸直，手指放松，测量上臂放松围。

前臂围：受试者自然站立，上肢自然下垂，带尺水平绕前臂最粗处测量。

大腿围：受试者两腿分开与肩同宽，平均支撑体重。测试者站在受试者的侧面，将带尺环绕大腿根部，后面将带尺上缘放在臀纹处（即臀与腿之间的凹陷处）。前面放在与后面同高处，带尺呈水平位读数（图2-19）。

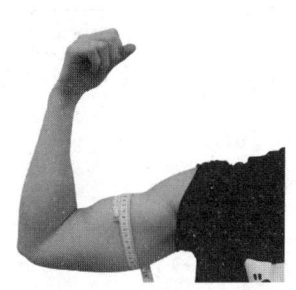 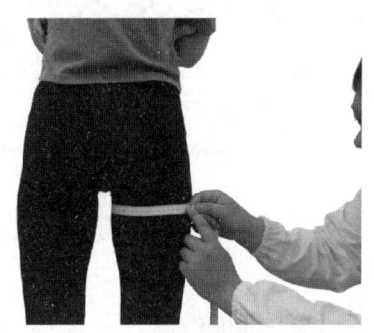

图 2-18　上臂紧张围的测量　　　　图 2-19　大腿围的测量

小腿围：受试者姿势同上，带尺水平绕小腿最粗处测量。

## 第四节　身体成分的测量和评价

每个人的身体成分都是不一样的，对于经常运动的人而言，肌肉的发达程度往往高于疏于运动的普通人群，但除了肌肉成分以外，身体成分的测评还包含很多方面。通过本节的学习，可以更好地使学习者了解身体成分有关知识。

### 一、身体成分的概述

准确评价身体成分是运动员营养策略和健身运动的重要组成部分。过多的身体脂肪常影响体育比赛成绩和健身效果，尤其是那些要求高水平生理功能的运动项目与体重和身体成分的关系更加密切。运动员耗费大量的时间和能量去改变他们的身体成分，试图获得去脂体重，减少脂肪体重，以达到理想中的肌肉发达程度和最佳竞技水平。

身体成分是指人体的组成成分，它由脂肪、肌肉、皮肤、骨骼和内脏器官等组成。身体的脂肪分为基本脂肪和储存脂肪。体内所有无脂肪的化学成分和组织，包括水、肌肉、骨骼、连接组织以及内脏器官，称为去脂体重（Fat Free Mass，FFM）。去脂体重加上身体的基本脂肪称为瘦体重（Lean Body Mass，LBM）。身体成分示意图见图 2-20。

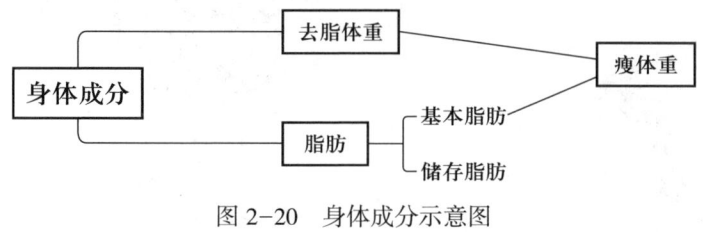

图 2-20　身体成分示意图

## 二、身体脂肪

在身体成分组成中，脂肪和肌肉可变性较大，易受身体发育程度、健康状态、营养状况、身体活动、种族及遗传因素的影响，其他成分相对比较稳定。

### （一）基本脂肪

基本脂肪是指维持人体正常生理功能需要的脂肪，包括心、肺、肝、脾、小肠、骨骼肌中的脂肪，以及中枢神经系统和骨髓中的脂肪。基本脂肪是人体生物代谢所必需的，基本脂肪低于正常范围会影响人体健康。在 Behnke 的理论模型中，女性基本脂肪占体重的 12%，男性基本脂肪占体重的 3%。

女性基本脂肪还包括特殊基本脂肪，特殊基本脂肪又称隐藏脂肪，这类脂肪包括乳腺和生殖器官的皮下脂肪等，占总体重的 5%~9%。目前，它们在能量代谢中的作用尚不清楚，可能在胎儿分娩和激素相关功能中发挥着重要作用。

### （二）储存脂肪

储存脂肪是指胸腔、腹腔内保护内脏免受创伤的脂肪组织和储存皮肤下的大量脂肪组织。储存脂肪中有大约 83% 的纯脂肪，以及 2% 的蛋白质和 15% 的水。尽管男女储存脂肪的比例大致相同（男性为体重的 12%，女性为体重的 15%），但女性基本脂肪的重量相当于男性的 4 倍。

## 三、身体成分测量

身体成分的测量方法很多，可以从原子、分子、细胞、组织和整体 5 个水平进行测量。测量技术可分为直接、间接和双间接测量法。因直接测量身体成分比较困难，一般多采用间接测量法和双间接测量法。可根据研究的目的选择测量方法，大样本测量多选用双间接测量法，如 BMI、围度、皮褶厚度和生物电阻抗法；小样本的个体研究可采用间接测量法，如身体密度法、双能量X线分析法和药物稀释法，这样可降低偏差。个体水平研究要求准确测量身体成分的，可采用核磁共振法等。

## （一）皮褶厚度测量

皮褶厚度测量是指对皮下脂肪厚度的测量。由于身体脂肪总量的一半存在于皮下，因而皮褶厚度的测量结果可以用来评定身体成分，推算全身脂肪重和瘦体重，还可以反映身体内脂肪分布的状况，对体型和健康有着重要的形态学和医学意义。过胖、过瘦均会给健康带来很大影响，如成年后的心血管疾病、肥胖症和营养不良等的发生，都与人体内脂肪含量和分布状态有着密切的关系。

皮褶法测试人体密度和体脂率

皮褶厚度的测量必须用特制的皮褶卡钳。令受试者只穿背心短裤，自然站立。测试者右手持卡钳，左手捏起测量部位的皮褶（注意切莫将肌肉捏在内），用卡钳钳住。钳头应放置在离左手手指约1cm处，读数后松开左手手指。对受试者进行上臂部、肩胛下部、腹部、髂部、大腿部和小腿部皮褶厚度的测量，然后根据公式进行计算。皮下脂肪的比例与性别、年龄和种族有关。因此，选择计算公式时要考虑到这些因素，以便获得准确的结果。

## （二）生物电阻抗法

人体的导电性反映身体的水含量，水含量与人体瘦体重密切相关。人体导电性阻抗的大小可反映身体中的脂肪及瘦体重含量。测量前不宜剧烈活动，不能大量饮水，需安静并排空大小便，测量时电极置于肢体远端。

测试仪适用于各类人群，但易受如电极形状、月经周期、皮肤温度、测量前的体位、口服避孕药和运动脱水等因素影响。随着电阻抗技术的不断发展，已研发出站立式、手捏式、手脚并用式测量仪，目前在医疗康复机构、健身俱乐部和营养研究机构使用较为普遍。

## （三）空气置换法

空气置换法的技术原理与水下称重法基本相同，水下称重法是通过水下称重求得人体的体积；而空气置换法通过人体进入测试舱（BOB POD）内几秒钟，利用电子感受器压力，测出人体排出的空气量来计算人体体积，结合精确测量的体重（精确度0.01 kg）即可计算身体密度，根据身体密度估算体脂百分比和FFM。

空气置换系统由仓体、计算机、电子感受器和数值标尺等组成。操作方法简单，5 min 即可完成整个测量过程，但测试设备价格昂贵。

### （四）双能量 X 线分析法（DEXA）

双能量 X 线分析法（Dual Energy X-ray Absorptiometry，DEXA）是一种无创、准确、重复性好的低辐射新测试方法，最初用于人体骨矿含量的测试，现已发展用于测试全身的 FFM 和 LBM。其原理是应用两种能透过机体的不同能量光子，根据不同密度组织中光子能量衰减程度的多少计算出体脂量、脂肪分布和骨密度。这种测量方法较为简单，可把全身分成头、上肢、下肢、躯干等部位进行测量。测量时间只需 15 min，使用的放射剂量仅相当于 X 线照相的 1%，这种方法被许多运动科学专家认定为评估体成分的标准技术。但因其测量基础数据的限制及测试费用昂贵，应用有局限性。因而，众多的学者仍在探讨一些更为简单易行的身体成分测量评价方法。

## 四、身体成分的评价

### （一）最低正常体重标准

最低正常体重标准是指维持人体健康水平和正常生理功能的最小体重。小于此标准将会对人体健康和生理功能造成不良影响。尤其是女性的最低正常体重标准中至少含有 12% 的基本脂肪，低于这个标准可能会导致女性激素水平变化，影响女性的月经和妊娠。男性运动员的最低正常体重标准视项目而异，马拉松运动员体脂变化范围是 1%~8%，而其他项目则相对略高一些。

### （二）理想体重

理想体重可用身高（cm）和体重（kg）来进行简便评价：

理想体重（kg）= 身高（cm）-105

正常体重 = 理想体重 ±10% 理想体重

超重：体重超出理想体重 11%~20%

轻度肥胖：体重超出理想体重 21%~30%

中度肥胖：体重超出理想体重 31%~40%

重度肥胖：超出理想体重 40% 以上

低体重：低于正常体重

上述方法可以对理想体重做简便评价计算，但对于体型评价不够准确。

例如，某个健美运动员，身高 180 cm，其正常体重应等于或小于 82.5 kg，然而他的真实体重为 90 kg，超出正常体重 20%，为超重范围，但实际上他的体脂仅为 11.7%，其超重部分实际上可能是肌肉。因此，要准确判断运动员身体成分，除了利用身高、体重计算理想体重，还应结合体脂、瘦体重和肌肉等指标综合判断。

### （三）体重指数

在实际运用中，经常运用体重指数（Body Mass Index，BMI），即 BMI = 体重（kg）÷ 身高$^2$（m$^2$）的数值，用于评价受试者体重是否正常。BMI 与诸多疾病，如心血管并发症、某些癌症、糖尿病和胆结石等的发生、发展相关（表 2-1）。

▶ 表 2-1 我国成年人超重与肥胖体重指数关系

| 分类 | BMI | 相关疾病发病危险性 |
| --- | --- | --- |
| 体重过低 | < 18.5 | 低 |
| 体重正常 | 18.5～23.9 | 平均水平 |
| 超重 | 24.0～27.9 | 增加 |
| 轻度肥胖 | 28～34.9 | 中度增加 |
| 中度肥胖 | 35～39.9 | 严重增加 |
| 重度肥胖 | ≥ 40 | 非常严重增加 |

### （四）体脂百分比

体脂百分比是指身体脂肪重量占总体重的百分比。体脂越多，体脂百分比越高。人体健康需要体脂百分比控制在合理范围内，这种适宜的状态即理想身体成分。

### （五）不同运动项目运动员体脂百分比

对于优秀运动员而言，脂肪多少在一定程度上反映了其训练程度高低。因此，确定运动员的理想体重和身体成分，可以帮助运动员达到最佳体重及身体成分，对发挥其运动潜力和提高运动能力具有重要意义。不同运动项目运动员的体脂百分比范围如表 2-2 所示。

▶ 表 2-2　不同运动项目运动员体脂百分比范围

| 运动项目 | 体脂 /% | | 运动项目 | 体脂 /% | |
| --- | --- | --- | --- | --- | --- |
| | 男 | 女 | | 男 | 女 |
| 健美 | 5~8 | 6~12 | 自行车 | 5~11 | 8~15 |
| 橄榄球 | 6~12 | — | 划船 | 6~14 | 10~18 |
| 棒球/垒球 | 8~14 | 12~18 | 皮划艇 | 6~12 | 10~16 |
| 壁球 | 6~14 | 10~18 | 滑冰 | 5~12 | 8~16 |
| 体操 | 5~12 | 8~16 | 滑雪 | 7~15 | 10~18 |
| 击剑 | 8~12 | 10~16 | 跳台滑雪 | 7~15 | 10~18 |
| 举重 | 5~12 | 10~18 | 游泳 | 6~12 | — |
| 摔跤 | 5~16 | — | 定向越野 | 5~12 | 8~16 |
| 篮球 | 6~12 | 10~16 | 径赛 | 5~12 | 8~15 |
| 网球 | 6~14 | 10~20 | 田赛 | 8~18 | 12~20 |
| 排球 | 7~15 | 10~18 | 三项全能 | 5~12 | 8~15 |
| 冰球 | 8~16 | 12~18 | 赛马 | 6~12 | 10~16 |
| 足球 | 6~14 | 10~18 | 高尔夫球 | 10~16 | 12~20 |

## 第五节　身体机能检查与评估

身体机能是指人的整体及其各系统、器官所表现的生命活动。探究身体机能的奥秘便是阐明人体机能规律、特点及其影响因素。具体的测量指标，一般应选用简便易行并能客观地反映人体正常机能水平及运动前、后水平的指标。

肌肉是否饱满有力、心血管是否存在"隐患"、反应是否及时迅速、供能方式是否正确合理、长期运动是否可以改变身体机能……身体机能检查与评估现已成为运动医务监督工作中的重要环节，通过机能检查，我们可以了解运动员的身体机能状况及训练水平。掌握常用的机能检查方法是进行科学训练的重要技能。

## 一、运动系统机能检查

运动系统是人体完成各种动作的"执行者",构成人体的骨骼支架,在"指挥官"神经系统的支配下完成各种运动,对身体起着重要的支持和保护作用。举重、跳远、100 m 跑、3 000 m 跑,不同运动项目直接与运动系统机能不同方面密切联系,如肌肉力量、爆发力、耐力的测试评估方法也不尽相同,在这一单元,首先介绍运动系统机能的具体测试指标与测试方法。

运动系统机能检查

### (一)肌力测试

1. 力量测试

(1)握力测试。

目的:测量受试者手部肌肉的抓握力量。

方法:根据受试者手掌的大小调节握把间距,至合适为宜。受试者手持握力计尽全力抓握,左、右手各测两次。要求身体必须保持正直,双臂自然垂于体侧。每次抓握后,记录读数,并使指针回零。

评价:分别取左、右手两次测试中的最大测量值,除以自身体重,以其商为成绩。如不考虑体重因素时,该测试可作为绝对力量测量方法(图2-21)。

(2)背肌力测试。

目的:测量受试者背部肌肉的力量。

方法:受试者双足站在背力计的底盘上,调节拉杠高度(握柄高度与受试者膝关节上缘平齐)。受试者上体前倾,双手正握拉杠,身体用力上抬。要求肘、膝关节保持伸直,不要猛然用力。测两次,记录各次测试的读数,然后使指针回零。

评价:取最佳测量值除以自身的体重,以其商为成绩。该测试若不考虑体重因素,可作为绝对力量测量方法(图2-22)。

(3)过头拉引。

目的:测量受试者双臂肌肉的力量。

方法:受试者双臂上举,调节拉杠高度(以受试者双臂上举刚好能握住拉杠为宜)。双足开立与肩同宽,全脚掌着地,体重落在两脚上,两臂上举正握杠,用力向下拉引。要求身体保持直立,足不离地,不屈膝,允许微屈肘。测两次,记录各次测试的读数,然后使指针回零。

图 2-21　握力测试

图 2-22　背肌力测试仪

评价：取最佳测量值除以自身的体重，以其商为成绩。该测试若不考虑体重因素，可作为绝对力量测量方法。

（4）向下推压。

目的：测量受试者双臂向下推压时的肩胛肌肉力量。

方法：受试者双足开立与肩同宽，全脚掌着地，体重落在两脚上。调节握杠高度（杠上缘与受试者脐部平齐），双手正握杠，两臂用力下压。要求身体保持直立，双足不得离地。测两次，记录各次测试的读数，然后使指针回零。

评价：取最佳测量值除以自身的体重，以其商为成绩。该测试若不考虑体重因素，可作为绝对力量测量方法。

（5）向上推举。

目的：测量受试者双臂上举伸臂时肩臂肌肉力量。

方法：受试者双足开立与肩同宽，全脚掌着地。调节握杠高度（杠的下缘与受试者眉弓上缘平齐），双手握杠，垂直用力向上推举，要求同前。测两次，记录各次测试的读数，然后使指针回零。

评价：取最佳测量值除以自身的体重，以其商为成绩。该测试若不考虑体重因素，可作为绝对力量测量方法。

（6）坐蹲起。

目的：测量受试者坐蹲起时的腿部肌肉力量。

方法：根据受试者的负荷能力，选用适当重量的杠铃。受试者两脚开立与肩同宽，站在凳前。由同伴将杠铃置于其肩颈部，双手正提杠，缓慢地下蹲，端坐在凳子上，然后双腿用力站起。同伴抬下杠铃重新调节重量再进行测验，直至不能承担所增加的负荷为止。测试时应注意保护帮助，选择重量要适宜,尽量减少测试次数。

评价:取最大负荷值除以自身体重,以其商为成绩。

(7)屈膝仰卧起坐。

目的:测量受试者腹部的肌肉力量。

方法:依受试者情况,选择适当重量的杠铃片。受试者仰卧于垫,杠铃片落在颈部处,双手紧握杠铃片,屈膝成90°,用力收腹使身体坐起。记录测试的负荷。然后,调节杠铃片重量再进行检测,直至不能完成动作为止(图2-23)。

图2-23 屈膝仰卧起坐

2. 爆发力测量

(1)纵跳。

目的:测量受试者垂直向上跳跃时,腿部肌肉快速收缩的力量。

方法:受试者右手中指沾些粉末,身体直立右侧靠墙,右臂上举,手伸直。先测其原地摸高的高度,然后令受试者离墙20 cm,用力跳起摸高。测试者丈量其手触点上缘的高度,记录丈量的读数,测三次。

评价:用最大测量值减去原地摸高值即可得测量成绩。

(2)立定跳远。

目的:测量受试者向前跳跃时,腿部肌肉快速收缩的力量。

方法:在起跳线上放一条标志带。受试者赤足,脚跟沾些粉末,两脚并拢站在标志带后,屈膝摆臂尽力向前跳。丈量标志带至落点(后缘)的距离,测三次。

(3)推实心球。

目的:测量受试者肩部肌肉快速收缩的力量。

方法:受试者端坐在椅子上(脊柱贴着椅背),两手持球于胸前。令同伴用一皮带绕过受试者胸前,并向后拉紧,以防其推球时背部离开椅背。受试者双手一起用力将球推出,丈量球的落点与基准线之间距离,测三次。

除以上介绍的方法外,常用的爆发力测试还有推铅球、垂直引臂、爬杆和爬绳等项目。

3. 力量测量注意事项

（1）进行负重测量时，要根据受试者的身体情况，选择适当的重量，避免负荷过重或过轻而导致测试无效。

（2）测验前，受试者应做好充分的准备活动，加强安全保护措施，经常检查器械，以免损伤。

（3）使用留针式仪器时，每次测试后应使指针回零。每测 100 次就应校对仪器，误差不得超过 0.5 kg。

### （二）肌肉耐力测试

1. 耐力分类

耐力是人体在长时间内进行肌肉活动的能力。从整体来说，耐力应包括肌肉一般耐力、肌肉力量耐力、肌肉速度耐力和肌肉静力耐力等。

（1）肌肉一般耐力。指人体进行一般工作的抗疲劳能力。常见项目有 1 500 m 跑和 12 分钟跑等。

（2）肌肉力量耐力。指肌肉长时间对抗疲劳的能力，即肌肉在长时间内进行收缩活动的能力。常见项目有俯卧撑和引体向上等。

（3）肌肉速度耐力。指人体在较长时间内快速运动的能力。常见项目有 400 m 跑等。

（4）静力性耐力。指肌肉在长时间内进行静力性收缩的能力。常见项目有手倒立和屈臂悬垂等。

2. 常见测试方法

（1）定量计时。是以受试者完成待定动作（或距离）的时间作为测量值的测验。

（2）定时计量。是以受试者在规定时间内完成规定动作的次数来区分优劣的测试。

（3）极限式。是以受试者竭力完成规定动作的次数或距离的测验。

3. 测试的注意事项

（1）测试时，应做必要的宣传鼓励工作，以帮助受试者尽力完成测试。

（2）进行肌肉耐力测试时，每个测试者负责一名受试者的测试，并应及时明确指出错误动作。不计错误动作次数。

（3）耐力测试测一次，测试后应嘱受试者自行放松。

（4）以上介绍的肌肉耐力测试均可用定时计量的形式来进行，时间可选择 30 s 或 1 min。

## 二、心血管系统机能检查

▶ 心血管机能评定

心血管系统,由心脏、动脉、毛细血管和静脉组成,是一个密闭的循环管道,心脏作为一个"动力泵",推送着"搬运工"——血液将氧、营养物质、激素等供给器官和组织,又将代谢废物运送到排泄器官,以保持机体内环境的稳态、新陈代谢的进行和维持正常的生命活动。心血管系统功能可以反映人体内脏器官发育水平、体质强弱和训练水平。经常进行合理、规律的运动训练,可促使心血管系统的形态、功能、调节能力产生良性的转变,提高心血管系统机能水平。

为什么长期从事耐力运动的运动员心率常常低于普通人?为什么可以用"晨脉"监测训练强度?"收缩压""舒张压"究竟谁高谁低?随着年龄和运动训练负荷递增,心血管系统机能水平会发生怎样的变化?对心血管功能测量即可解释这些问题。心血管功能测量一般分为安静状态时的测量和运动负荷状态时的测量。

### (一)常用测试指标

心脏是人体内泵血的肌性动力器官,约重 300 g,相当于一个人拳头的大小。它的强弱也常与"拳头"的强弱成正比。

"心跳"实际上就是心脏有节律地收缩和舒张。其测量常选用手腕处桡动脉自行测量,也可用电子血压计测量。

1. 心率

心率是指每分钟心脏搏动的次数(心搏次数)。安静时,成年人的心率为 60~80 次 /min。小于 60 次 /min,为心动过缓;高于 100 次 /min 则为心动过速。运动员心率可低于正常人,在 50 次 /min 左右,个别可低至 38 次 /min。心率是控制运动强度较为可行的一个指标,现在用以控制耐力强度最为普遍。

心率的测量分为安静心率测量和运动后即刻心率测量。

安静心率测量:让受试者静坐(或卧床)10 min 以上,保持情绪稳定,周围环境安静。测试者将听诊器置于受试者心前区或心尖部听诊,计算 1 min 的心搏次数。

运动后即刻心率测量:常测量 10 s 心搏次数乘以 6 换算成心率,或者采用运动后即刻 30 次心搏所需要的时间($t_{30}$)来计算心率,计算公式为 $HR = 1\,800/t_{30}$。

德国的可莱丝提出耐力负荷适宜的强度公式为:

耐力负荷适宜的强度＝（本人最高心率－运动前安静心率）÷2
＋运动前心率

最高心率＝220－年龄。

> **知识拓展**
>
> （1）初级公式：针对健康状况较差的人群。
>
> 目标心率＝（200－年龄）×（60%～80%）
>
> 60%～70%主要用于减脂；70%～80%主要用于提高心肺功能。
>
> （2）普通公式：针对普通人群。
>
> 目标心率＝（220－年龄）×（60%～80%）
>
> 60%～70%主要用于减脂；70%～80%主要用于提高心肺功能。
>
> （3）卡福能公式：针对身体素质较高的人群。
>
> 目标心率＝（220－年龄－安静心率）×（65%～85%）＋安静心率
>
> 65%～75%主要用于减脂；75%～85%主要用于提高心肺功能。
>
> （4）简易算法：成年人可用170－年龄来控制有氧运动强度。

2. 脉率

心脏搏动所引起压力的变化，沿着动脉管壁向外周传递，形成动脉脉搏。每分钟的脉搏称为脉率。脉率可以更为简便地帮助判断心率。

脉率测量分为安静脉率测量和基础脉率测量。

安静脉率测量方法：令受试者静坐，保持情绪稳定，前臂放在桌上，掌心向上，测试者用食指、中指、无名指触摸受试者右腕部的腕横纹近端桡动脉。连续测量三个10 s的脉搏数，判断脉搏数没有波动，处于相对安静状态，则将脉搏数乘以6，获得每分钟脉率。

基础脉率是指清晨起床前的安静脉搏。正常情况下，基础脉率应保持相对稳定。测量方法与安静脉率测量方法相同。当基础脉率比平时增加超过12次以上时，应考虑可能有身体状况不良、运动量过大、过度疲劳或感染疾病等情况，需引起高度重视。

3. 血压

血液对血管壁产生的侧压力为血压。血压有动脉血压、静脉血压和毛细血管血压之分。通常血压是指动脉血压。常用血压计测量（图2-24）。

血压测量方法：受试者取坐位，手臂自然前伸，平放在桌面，掌心向上。血压计零位与受试者心脏和右臂袖带应处于同一水平。测量者捆扎袖带时，应平整、松紧适度，肘窝部要充分暴露。摸准肱动脉的位置，将听诊器

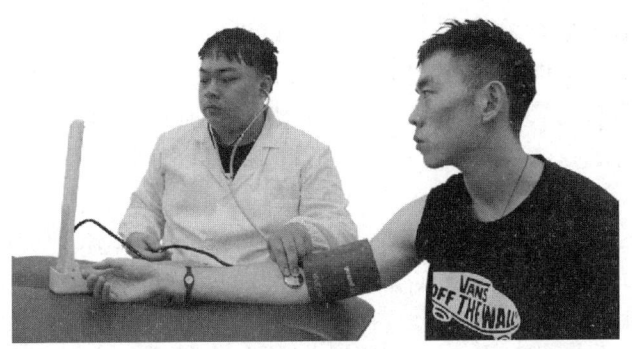

图 2-24 血压测量

的听诊头放置其上，使听诊头与皮肤密切接触，但不能用力紧压或塞在袖带下。打气入带，使水银柱急速上升，直到听不到肱动脉搏动声时，再升高 20~30 mmHg。随后缓缓放气，当听到第一个脉跳声时，水银柱高度值即为收缩压；继续放气，脉跳声经过一系列变化，脉跳声消失瞬间的水银柱高度值为舒张压。血压测量应力求一次听准，否则须重新测量。分别记录收缩压（高压）和舒张压（低压），以 mmHg 为单位。

运动训练与比赛现场的血压测量：

（1）受试者站立位快速测量血压，需要使血压计零位与受试者心脏和手臂袖带处于同一水平。

（2）运动现场跪姿位快速测量血压，需要使血压计零位与受试者心脏和手臂袖带处于同一水平。

（二）运动负荷试验测试

1. 运动负荷试验的目的

（1）了解机体运动的功能水平。

（2）早期发现功能紊乱。

（3）了解和评定运动员对速度、力量和耐力等负荷的适应能力。

（4）动态比较运动员的机能水平。

（5）有利于发现潜在的病理变化，提高诊断的敏感性。

2. 运动负荷试验的基本原理

（1）定量负荷时机能节省。

耐力训练对心血管系统最重要的影响是在运动中获得较大的每搏输出量。心率在安静状态和亚极限运动中较低，而在极限运动过程中不变，这意味着在各种情况下心脏受的刺激较小，而得到的心输出量却相似或较大。

收缩压和舒张压在训练状态中都有偏低的倾向。训练促进了毛细血管的增生，有助于增加骨骼肌的血流活动，使肌细胞氧的摄入更有效，并且扩大了动脉和静脉的氧差。因而，训练有素的运动员在定量负荷实验中常表现为血压、脉搏的变化幅度小、恢复快、心力储备水平高。

（2）极限负荷时机能提高。

训练有素的运动员每搏输出量较大，极限运动中可较长时间地维持较高的心率水平，因而可以获得更大的每搏输出量，长时间维持较高的呼吸循环水平。

（3）诊断的敏感性提高。

研究表明，人体心肌的摄氧能力在安静时已接近最大值，因而，心肌的供氧取决于冠状动脉口径的扩张能力，而不取决于心肌对氧的利用能力。如果冠状动脉发生病变、堵塞而影响了冠状动脉的扩张能力，则会影响到心肌的血液供应。

冠状动脉粥样硬化是一个长期缓慢的发展过程，斑块形成初期，人们常常没有临床症状。大多数情况下，冠状动脉粥样硬化的斑块堵塞达到冠状动脉口径的70%~75%时，安静时才有临床症状。但是，在运动负荷的条件下情况则不同。运动提高机体的代谢水平，增加了心肌的需氧量，使心肌需氧与供氧之间的矛盾激化，一旦冠状动脉有病变，冠状动脉的管径不能随机体代谢水平的提高而扩张，就会导致心肌的供血、供氧不足，各种体征和症状就会表现出来，因而，从另一方面讲运动负荷试验也有助于早期发现心肌供血、供氧不足等问题。

由于人的许多机能在安静状态下无法表现出来，所以了解人体的机能水平往往需要施加一定负荷。

3. 设计运动负荷试验的要求

（1）运动负荷所涉及的动作应是人类常规模式，或受试者已熟练掌握的，如篮球运动员可以采用运球跑为负荷手段，但同样的方式不适合游泳运动员。所以，负荷手段常采用走、跑、骑自行车这类人们普遍掌握的运动形式，此类运动形式负荷方式容易重复。

（2）完成负荷时的条件不能过于苛刻，应使受试者可以容易地重复试验过程，即具有良好的可重复性。同时，测量指标要可靠。

（3）在进行负荷过程中或结束时，需要测定一些指标作为评定的依据，要求客观、可靠。常用的指标：心率、血压、呼出气体成分、血液成分和反应时等。

4. 运动负荷试验的常用方案

在运动医学领域，常用的心肺机能检查方法可以分成两大类。一类是安静状态下的心肺机能检查,用于评价运动员在相对安静状态下的心肺机能;另一类是运动负荷试验,用于评定运动员在运动应激状态下的心肺机能,如跑台试验、台阶试验等,以下介绍一些运动负荷试验常用方案。

(1)哈佛(Harword)台阶试验。

哈佛台阶试验是一种用于测定心功能的简便易行的定量运动试验方法。测试时,要求受试者在高度为50.8 cm(男子)或42 cm(女子)的台阶上,以每分钟30次的速度,持续运动5 min。试验要求按照节拍上下台阶负荷,上台阶后膝关节、髋关节要充分伸直,下台阶要全脚掌着地。不允许测试者跳跃,左、右脚上下台阶不分先后,试验结束后测定第2、3、5 min的前30 s脉搏,将持续运动时间和所测三次心率数值代入下列公式进行计算:

$$台阶指数 = \frac{蹬台阶持续运动时间(s)}{2 \times 3次30 s脉搏数之和} \times 100$$

评定标准:< 55为差,55~64为中下,65~79为中上,80~90为良,> 90为优。如运动中有连续20 s跟不上节奏,则记下持续时间,并将测定负荷后第2、3、5 min的前30 s心率代入公式进行计算。

案例:某学生台阶试验结束5 min,测量第2、3、5 min的前30 s心率各为62、50、44。可计算:

$$台阶指数 = \frac{5 \times 60}{2 \times (62 + 50 + 44)} \times 100 = 96$$

指数大于90,评定为优。

(2)一次负荷试验。

适用于健康人或初参加体育锻炼的人。较常用的方法为30 s 20次蹲起。受试者静坐片刻,测量安静时脉搏数(以10 s计算),取其稳定值。当连续测三次10 s脉搏数基本一致时,受试者起立,两足开立同肩宽,两臂自然下垂,接着做蹲起动作。下蹲时,足跟不离地,两膝要深屈,上肢前平举;起立后,两臂恢复原状,重复20次。要求动作速度均匀,并在30 s内做完20次。蹲起结束后,每分钟测量一次脉搏(测前10 s),共测3 min。

评定方法:负荷后脉搏上升不多且恢复快是机能良好、训练水平较高的表现,反之则为机能较差、训练水平较低。据资料统计,30 s 20次下蹲后,第一个10 s的脉搏升高数一般不应超过安静时的70%,3 min内应恢复。

(3)改良联合机能试验。

经典的联合机能试验内容包括30 s内20次蹲起、15 s原地疾跑和3 min原地高抬腿跑(跑速180步/min);每次负荷后分别测量第3、4、5 min恢复期的脉搏和血压。但是,此试验时间长、第一项负荷量小,不能满足训练实践的需要,因此有人结合现代训练或比赛最后要"冲刺"的模式,提出在 3 min 内先进行中速原地跑(180 步/min)165 s,接着进行 15 s 全速跑,然后每分钟测量 5 次恢复期的心率和血压(每分钟前 10 s 测心率,后 50 s 测血压),根据心率、收缩压和舒张压的变化进行机能评定的方法。其反应类型可以分为三种。

良好反应:心率、收缩压适度增高,舒张压下降,负荷后 5 min 内恢复到安静水平,此为机能良好的表现。

一般反应:心率、收缩压明显增高,但心率和收缩压变化曲线基本稳定,舒张压变化不大,负荷后 5~6 min 恢复,此为训练水平差、机能不良的表现。

不良反应:心率明显上升,收缩压升高不明显,舒张压上升或下降幅度较大,恢复时间延长至 8 min 以上,此为机体疲劳、机能水平差的表现。

## 三、呼吸系统机能检查

呼吸系统机能检查

呼吸系统由呼吸道和肺组成。肺是机体与外界进行气体交换的"司令官",主要功能是进行气体交换,也就是吸入氧气、排出二氧化碳。除此以外,呼吸系统还有发音、嗅觉、协助静脉血回流入心和内分泌等功能。有规律地进行呼吸与运动相协调配合的练习,呼吸机能会出现节省化现象,能够长时间保持工作能力,并且具有很大的机能储备力,它能够使机体适应和满足更高强度的运动对呼吸机能的要求。

经常训练的人都知道"会呼吸"训练效果才明显,无论是力量训练,还是极其看重呼吸模式质量的瑜伽和普拉提。肺活量到底有多大潜力,深而慢的呼吸与浅而快的呼吸相比哪个更有助于训练?除了肺活量测试之外,还有哪些呼吸系统机能检查的方法?带着这些问题,让我们走进"一呼一吸"的世界。

### (一)肺活量测试

1. 肺活量定义

正常人在平静呼吸时,每次吸入或呼出的气体称为潮气量(成年人约为 500 mL)。平静吸气后再继续用力吸气直至不能再吸为止,这时所增加的吸气量称为补吸气量(正常成年人约为 1 500 mL)。平静呼气后再继续所能呼出的最大气量称为补呼气量(正常成年人约为 1 000 mL)。肺活量是潮气量、补吸气量和补呼气量之和,也就是人尽力吸气后呼气所能呼出的气体量,代表人体呼吸系统的最大工作能力。

肺活量的大小与性别、年龄、身高、体重、胸围及体育锻炼等因素有关。我国正常成年男子的肺活量为 3 500~4 000 mL，女子为 2 500~3 000 mL。训练水平高的运动员可达到 5 000 mL 以上。

2. 测试仪器及方法

（1）器材。

肺活量计、橡皮吹嘴、1∶100 新洁而灭溶液和消毒棉球等。

（2）方法和步骤。

受试者站立，先做几次扩胸动作或深呼吸，然后用力深呼吸，尽量吸气后憋住，立即将肺活量计（图 2-25）的吹嘴紧扣于嘴上，然后以中等速度吹气，直到不能再呼气为止。待回旋桶停稳后，按游标指示器所指的一点读出肺活量的数值。每人测量三次，每次间隔 15~30 s，取最大值（精确到十位数）。

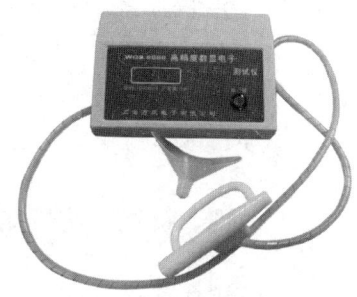

图 2-25 肺活量计

（3）评定。

肺活量是评价呼吸系统功能的生理指标之一。肺活量越大则表明肺功能越好。一般到 40 岁以上后肺活量逐渐减少，运动员肺活量一般大于普通人。

按身高（H）、体重（W）预测肺活量：

男子：肺活量 = 40H + 30W − 4 400

女子：肺活量 = 40H + 10W − 3 800

注：身高单位为 cm，体重单位为 kg。

### （二）5 次肺活量试验

取站立位，每 15 s 测量一次肺活量，共测 5 次，在 75 s 之内完成 5 次肺活量测量，5 次测量结果相近或逐次增加为机能良好，反之，逐次下降则为机能不良。

### （三）肺活量运动负荷试验

先测安静时肺活量，然后做定量负荷（如 30 s 20 次蹲起、1 min 台阶试验或 3 min 原地高抬腿跑等），运动后立即测肺活量，每分钟一次，共测 5 次，记录结果。负荷后的 5 次肺活量结果逐渐增大或保持安静时水平为机能良好，如果运动后的 5 次结果逐渐下降，到第 5 min 仍未恢复到负荷前水平，说明机能不良。

### (四)屏气试验

1. 安静下的屏气试验

测定屏气时间,以及深吸气和深呼气后的闭气时间,反映缺氧的耐受力及碱储备等重要生理机能水平。闭气时捏住鼻孔,一般男子吸气后的闭气时间为 40 s 左右,女子为 30 s 左右,而呼气后的闭气时间,男子为 30 s 左右,女子为 20 s 左右,经常进行体育锻炼的人,闭气时间可达 1 min 以上。

2. 运动负荷后的屏气试验

专项运动 1 min,连续测定恢复期 5 min 的每分钟屏气时间,并测定闭气结束后的呼吸频率。呼吸频率不增加,说明呼吸系统机能良好;呼吸频率增加,说明呼吸系统机能较差。

## 四、神经系统机能检查

机体所完成的一切活动,都是在神经系统的统一规划支配下完成的,反之,各种运动也会对神经系统产生一定的影响,使其机能发生一定的变化。反射弧、中枢神经、外周神经成为连接运动系统与神经系统的桥梁。要判断神经系统机能如何,有无中枢疲劳,有无神经系统受损,可进行以下机能检查。

### (一)反应时测试

反应时测试:反应时是指机体从接受刺激到做出反应动作所需的时间,也就是从刺激到反应之间的时距。

实验器材:JGWB 型心理实验台中反应时单元,计时计数器单元,手键一个。

实验原理:反应时从刺激感受器到效应器开始发生反应所需要的时间。通过对反应时的测定,了解并评价人体神经系统调节机能中反射弧的 5 个环节。简单反应时检测人对事物变化的简单反应,即信号发出到食指按键的时间,接受刺激至效应器开始产生反应所需要的时间。

### (二)膝腱反射检查

目的:检查神经反射功能。

器材:叩诊锤。

方法:受试者端坐,屈膝垂足,测量者用叩诊锤敲击受试者股四头肌肌腱(髌尖下缘)。检查时,两腿分别试验(图 2-26)。根据反射的程度可将结果分为4种：

反射消失（-）——小腿完全没有活动。

反射微弱（+）——小腿稍有伸展。

反射中等（++）——小腿伸展15°~20°。

反射亢进（+++）——小腿强烈伸展，可完全伸直。

评定：疲劳或尚未恢复时，反射减弱或消失；过度疲劳时，反射明显消失。

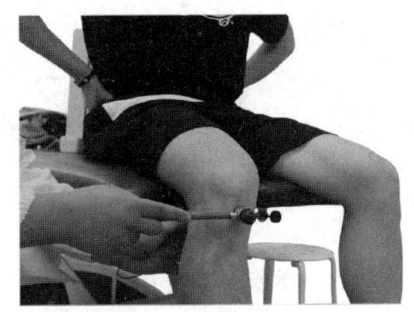

图2-26　髌腱反射测试

### （三）直立-卧位试验

目的：反映交感神经和副交感神经迅速转换的协调能力。

器材：秒表。

方法：直立时，测1 min心率。令其仰卧床上，隔15 s后，测1 min心率。

评定：卧位时比直立时HR减少6~10次为副交感神经兴奋性正常，如减少10次以上表示副交感神经兴奋性增强，减少6次以下表示副交感神经兴奋性减弱。

### （四）卧位-直立试验

目的：反映交感神经和副交感神经迅速转换的协调能力。

器材：秒表。

方法：令受试者安静卧床2~3 min，卧位时测1 min心率。令其站立，立即测1 min心率。

评定：直立时比卧位时HR增加12~18次为交感神经兴奋性正常，如增加18次以上表示交感神经兴奋性增强，增加6次以下表示交感神经兴奋性减弱。训练水平高的运动员，由卧位转直立位时脉搏增加不明显。

## 五、感觉机能的检查

上肢定位测验

目的：测量位置感觉机能，测定上肢运动感知觉的精确再现能力。

器材：固定在墙上约50 cm长的垂直标尺。

方法：令受试者面墙站立，有利肢正对标尺前平举，中指尖不能触及标尺，记录中指尖所指的标尺高度，然后令其将臂抬高 30 cm。如此反复练习数次，体会肌肉感觉。再将双眼蒙住，重做上述动作，并以厘米（cm）为单位记录误差值（以抬高 30 cm 时中指所指的高度为准），不足 1 cm 不计，共测三次，求出的平均值为测定成绩。

## 六、平衡机能的测量

### （一）单足及单足前脚掌支撑测验

目的：测量单足及单足前脚掌支撑维持静态平衡的能力。

对象：男女大中学生均适用。

器材：平坦地面、计时秒表。

方法：受试者在地板或平地上，先用单足（左、右足均可）站立 10 s，然后立即提踵成单足前脚掌支撑，测量维持平衡的时间。站立时，要求两眼平视前方，两手叉腰，非站立足向前抬起，共测三次，记录最佳成绩。

注意事项：① 如支撑足移动或足跟着地，计时应立即停止。② 如非支撑足触及任何物体，计时应立即停止。

### （二）鹤立测验

目的：测量受试者前脚掌支撑时的静态平衡能力。

对象：男女少年儿童至大学生均适用。

器材：平坦地面、计时秒表。

方法：以有利腿的足底支撑，另一足置于支撑腿的膝部内侧，两手叉腰，听到开始信号后提踵，以前脚掌支撑不移动，足跟不能着地，尽量长时间保持平衡。计算提踵至失去平衡的时间。测量三次，取最佳支撑时间作为测验成绩。

### （三）动态平衡评估训练系统

目的：跌倒风险测试、运动单腿稳定性测试、稳定范围测试和姿势稳定性测试。

器材：美国 BIODEX 动态平衡评估训练系统 950-440。

方法：美国 BIODEX 公司生产的平衡系统可以进行静态和动态两种形式的测试和训练。通过在不同等级的平衡板上对患者双侧和单侧下肢进行动态、静态平衡能力的定量测试，评估神经肌肉控制能力。平衡系统可以测试身体重心在各个方向的位移及人体的平衡能力，将测试结果和参考数据对比，并以此为依据制订康复计划。美国 BIODEX 平衡系统可提供快速、较精确的摔倒风险评估和防摔倒训练，并为下肢损伤患者提供闭链、重量承受能力的评估和训练，也可以作为一个专业的提高神经肌肉控制能力的设备，促进受伤之后的本体感觉反射机制的重新建立。

### 七、代谢机能测试

热爱运动的人一定对供能系统和能量代谢并不陌生。今天是做"有氧"还是"无氧"，是练"心肺"还是"力量"。无论是我们日常所摄入的各种形式的糖、脂肪、蛋白质作为能量的来源，还是 ATP 是生物体内能量供应的"通用货币"，仔细想想，肌肉收缩、神经传导、体温维持等，我们的生命活动无时无刻不在进行着能量代谢。

在生命运转过程中，机体通过合成代谢将从外界摄取的营养物质转化为自身物质并储存能量，通过分解代谢将自身物质分解并释放能量，完成各种生命活动。一般将生物体内物质代谢过程中所伴随的能量储存、释放、转移和利用称为能量代谢。物质代谢和能量代谢是人体各种器官机能活动的基础，应用物质代谢和能量代谢的规律来掌握运动员机能水平，可以帮助教练员了解运动员对比赛的适应情况，为教练员制订训练计划、掌握运动量、确定休息间歇和解决运动员的合理营养提供理论依据。

有氧和无氧是能量代谢的基本过程，其可细分为三大供能系统，即磷酸原供能系统、糖酵解供能系统和有氧氧化供能系统。

磷酸原供能系统主要由 ATP、CP 组成。特点是储量少、供能速度快、输出功率大，是短时间极限运动的主要供能物质，在高强度运动时供能时间为 6~8 s。

糖酵解供能系统是在高强度运动时，肌浆中 ADP、AMP 浓度上升，激活无氧酵解酶系活性，肌糖原进入无氧酵解，产生乳酸的过程。糖酵解系统供能速率仅次于磷酸原系统，最快供能时间为 30~90 s。糖酵解供能系统是速度耐力项目的主要供能方式。

有氧氧化供能系统是在较长时间运动时，体内氧供应充足的情况下，糖、脂肪、蛋白质等能源物质在有氧代谢酶系的催化下，充分氧化释放能量合成 ATP 的过程。有氧氧化供能速率低，但时间长，是长时间耐力运动时的主要供能方式。

不同专项运动时的能量代谢类型和供能比例都不相同，因此对三个供能系统的准确评定，将为运动员选材和训练效果的客观评估提供重要的参考依据。下面分别对这三种供能系统代谢能力的评定方法进行介绍。

**（一）磷酸原代谢能力的评定**

磷酸原供能系统（ATP-CP 系统），通常是指 ATP 和磷酸肌酸（CP）组成的系统，二者均属高能磷酸化合物，提供能量较少，能量消耗迅速，恢复的时间在 3~6 min。磷酸原供能系统是短距离跑、跳跃以及投掷等运动项目的主要供能系统。通过与项目有关的最大强度训练，可以保证所需能量全部由 ATP 和 CP 提供，每组的间歇时间控制在 1~2 min，保证 ATP 与 CP 能够在间歇期恢复原始的 80% 左右，保持血乳酸浓度维持在安静水平值上。

1. 磷酸原能商法（实验室测试法）

先测定安静时血乳酸，然后让受试者在自行车功率计上做 2~3 min 准备活动后，再以 100 r/min、600 W 最大用力运动 15 s，记录在 15 s 期间完成的总功（TWP，以千焦耳表示），并在运动后 6 min 取血测定血乳酸，求出血乳酸增值，通过下列公式计算出磷酸原能商（AQ）：

$$磷酸原能商 = TWP（15 s）/ 血乳酸增值（15 s）$$

评价：求得的磷酸原能商值越大，表示磷酸原供能能力越强。

2. 10 s 最大负荷运动测试法（运动场测试法）

采用 10 s 最大负荷运动进行测试，如自行车功率计、活动跑台，也可根据具体运动专项进行评定。先测定安静时血乳酸值，然后进行 10 s 内最大负荷运动，记录完成的功率或跑速，并测定运动后的血乳酸峰值，求出运动中血乳酸增值。若完成功率大或跑速快，而血乳酸增值低者，则磷酸原供能能力强，可定性分析。

3. 尿肌酐系数评定法

肌酐是体内 CP 或肌酸的代谢产物，不能为人体利用，随尿液排出体外，故称为尿肌酐。正常情况下，尿肌酐日排出量稳定，与肌肉中 CP 和肌酸的含量有关，故常用尿肌酐排出量评定运动员尿肌酐系数。

运动员尿肌酐系数明显高于同龄非运动员，尤其在短跑、举重、投掷等速度、力量或爆发力项目的运动员中。因此，尿肌酐系数与专项运动成绩密切相关。尿肌酐系数在运动员机能评定中常被作为速度、力量素质的选材、训练效果等检测指标，其数值高是肌肉机能好的反映。反之，可能是肌肉机能下降的表现。尿肌酐系数具体应用如下：

（1）不同受试者之间比较。

方法：① 10 s 以内最大负荷运动；② 测定安静时的血乳酸值、运动后血乳酸峰值；③ 求出运动中血乳酸增值。

评定：完成功率大，血乳酸增值低，代表磷酸原供能能力强。

（2）同一受试者不同训练阶段的比较。

方法：阶段训练前、后各进行一次 10 s 以内最大负荷跑，记录成绩，测定跑后 3~5 min 的血乳酸。

评定：将阶段训练后的成绩、血乳酸与阶段训练前进行比较。血乳酸降低，成绩升高，表明磷酸原系统能力升高；血乳酸升高，成绩降低，表明磷酸原系统能力降低；血乳酸升高，成绩升高，影响性较小。

### （二）糖酵解代谢能力的评定

糖酵解系统，反映肌肉组织中肌糖原的酵解作用，肌糖原在缺氧的条件下，经过一系列的酶促反应最后转变成乳酸的过程。肌糖原的酵解作用是糖类供给组织能量的一种方式，当机体突然需要大量的能量，而又供氧不足时（如剧烈运动时），此途径可暂时满足能量消耗的需要。

1. 30 s 最大负荷测试法（实验室测试法）

在 30 s 全力运动时，主要的供能系统是糖酵解（约 70%）供能系统，机体尚未达到或尚未发挥糖酵解最大输出功。

一般使用改良的 Monark 或 Fleisch 功率自行车分别测定腿或臂肌肉的做功能力。阻力负荷的选择为：

Monark 型：测臂——50 g/kg 体重，测腿——75 g/kg 体重；

Fleish 型：测臂——30 g/kg 体重，测腿——45 g/kg 体重。

测定时，要求受试者尽可能快蹬，在 3~4 s 调整到规定的阻力负荷，同时开始计时，进行 30 s 全力蹬车运动。分别记录 30 s 平均功率、输出总功、5 s 内最大输出功率和 5 s 内最低输出功率，按公式计算出疲劳指数：

$$疲劳指数 = [最高功率（5 s）- 最低功率（5 s）] / 最高功率（5 s） \times 100\%$$

平均输出功率和输出总功值大、疲劳指数小是糖酵解供能能力强的表现。

2. 60 s 最大负荷测试法（运动场测试法）

这是一种评定最大糖酵解供能能力的方法。让受试者全力跑 400 m 或 60 s 跑台，记录成绩，分别测定运动前安静时血乳酸值和运动后血乳酸峰值。如果运动后血乳酸浓度在 14~18 mmol/L，说明糖酵解供能能力好；如在 9 mmol/L 以下，则能力差。在一个训练阶段结束后，如果运动成绩提高了，血乳酸值也升高了，说明糖酵解供能能力提高、训练效果好；如果成绩提高，血乳酸值仍为原水平，则是有潜力的表现；如果血乳酸不变或升高，但成绩下降，说明训练效果差或机能水平下降。

3. 90 s 最大负荷测试法

进行持续 90 s 的最大负荷运动时，无氧和有氧供能比例比较接近，可以反映运动员无氧代谢运动能力随时间衰减的变化过程，间接评定 90 s 做功过程中每一供能系统相对变化的情况。

让受试者在自行车功率计上做 90 s 全力蹬车运动，分别记录 90 s 的输出总功、最高功率和最低功率，计算其疲劳指数。持续 90 s 所完成的总功值表示无氧代谢能力，疲劳指数则反映肌肉耐乳酸能力。90 s 最大负荷测试法具体应用如下：

（1）不同受试者之间的比较。

方法：一次性全力跑 400 m 或其他方式 1 min 最大强度运动，测定跑后 3~5 min 的血乳酸。

评定：血乳酸 > 10 mmol/L，表明糖酵解能力较差；血乳酸 10~14 mmol/L，表明糖酵解能力一般；血乳酸 14~18 mmol/L，表明糖酵解能力较好。

（2）同一受试者不同训练阶段的比较。

方法：训练阶段前、后各全力跑一次 400 m，记录成绩，测定跑后 3~5 min 的血乳酸。

评定：将阶段训练后的成绩、血乳酸与阶段训练前比较。血乳酸升高，成绩升高，表明糖酵解能力升高；血乳酸降低，成绩降低，表明糖酵解能力降低；血乳酸降低，成绩升高，表明糖酵解能力升高（仍有潜力）。

### （三）有氧代谢能力的评定

目的：在运动前进行有氧代谢能力的评定，了解机体心肺功能能够承受的最大运动能力，观察运动状态下心肺功能储备，为运动训练提供科学的指导，同时发现运动中可能存在的潜在风险，降低运动中发生猝死的概率。

对象：特殊运动群体（如运动员、计划参与马拉松的人群、平日无运动习惯但要突然进行剧烈运动的群体等）。

1. 最大摄氧量的测定

目的：最大摄氧量（Maximal Oxygen Consumption，$\dot{V}O_2max$）是反映人体有氧运动能力的重要指标，最大摄氧量越高，有氧运动能力越强。

(1) 最大摄氧量直接测定法。

最大摄氧量直接测定法是指运动员在运动场或在实验室利用自行车测功计、运动平板（跑台）等进行极限运动，使用气体分析仪直接测定摄氧量。测量值精确可靠，可获得多项参数，能综合评定心肺功能，但要求仪器设备的精密度高（图 2-27）。

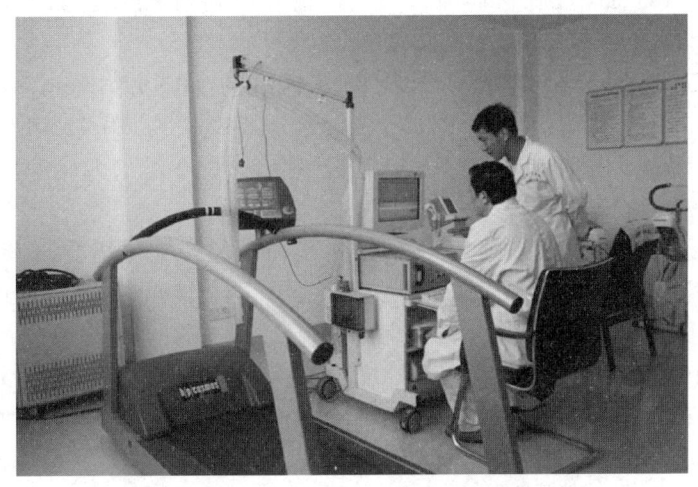

图 2-27　最大摄氧量直接测定法

(2) 最大摄氧量间接测定法。

可用 12 分钟运动试验推算最大摄氧量。

库珀（Cooper）的研究表明，12 分钟跑的成绩与每千克体重最大摄氧量之间高度相关，相关系数达 0.897。日本学者以日本人为对象的研究结果也证实它们之间的相关系数达 0.897，与库珀的研究结果十分相近。这一结果提示，可以由 12 分钟跑的成绩间接推算每公斤体重的最大摄氧量。试验要求受试者在 12 min 内，在可度量的场地里，以其最大的能力完成所从事的运动。然后按照运动过程中的总位移距离换成最大摄氧量进行评定，计算公式如下：

实验器材：秒表、超微量血乳酸测定仪、运动场。

实验方法：运动员全力连续跑 12 min，测跑的距离。

评定方法：$\dot{V}O_2 max\ mL/(kg·min) = [跑动距离(m) - 504.9] \div 44.73$

(3) 最大摄氧量的其他间接测定法。

其他间接测定法包括 Fox 法、Astrand-Ryhnuiy 最大摄氧量的推测、台阶负荷时心率和体重推测最大摄氧量、极限强度（150 W 功率自行车）负荷时的心率估测。

Fox 法：

方法：在功率自行车上以 150 W 骑行 5 min，以获得亚极量心率来计算最大摄氧量，公式如下：

$$\dot{V}O_2max(L/min) = 6\,300 - 19.26 \times 亚极量心率（次/min）$$

评价：$\dot{V}O_2max$ 反映机体吸入氧、运输氧和利用氧的能力，是评定人体有氧工作能力的重要指标之一。

标准：我国正常成年男子最大摄氧量为 3.0～3.5 L/min，相对值为 50～55 mL/（kg·min）；女子略低于男子，其绝对值为 2.0～2.5 L/min，相对值为 40～45 mL/（kg·min）。

2. $PWC_{170}$ 机能试验。

目的：$PWC_{170}$ 机能试验是一种定量负荷试验。它是指受试者在运动负荷中心率达到 170 次/min 稳定状态下，单位时间内身体做的功（即功率）。功率越高，表明身体机能越好。

心率和功率在一定范围内（心率 120～180 次/min）呈直线相关，根据此原理可以制订 $PWC_{170}$ 机能试验的间接测定法。

设备：功率自行车（图 2-28）。

方法：做骑车准备，选择递增负荷，连接 12 导联心电及臂式血压，让受试者完成两个功率不同的负荷（$W_1$、$W_2$），根据两次负荷后的心率（$f_1$、$f_2$），代入下面公式，便可算出 $PWC_{170}$ 功率 $W_{170}$，并根据数值进行评价。

图 2-28　功率自行车

$$PWC_{170} = W_1 + (W_2 - W_1) + (170 - f_1)/(f_2 - f_1)$$

根据卡尔普曼的资料，女运动员 $W_{170}$ 平均为 780 kg·m/min，男运动员为 1 520 kg·m/min，一般成年女子为 580 kg·m/min，男子为 1 060 kg·m/min。

3. 乳酸阈功率的测定

目的：能准确反映出机体当前处于的有氧代谢与无氧代谢的转换状态，从而判断机体当前处于的运动状态。可以比较不同运动员个体有氧代谢能力的差异与优劣，可以根据运动员个体选择最佳训练强度和训练计划，也有助于专项选材。

方法：以乳酸-功率曲线为原理，采用逐级递增负荷方法测定。根据每级血乳酸值和相应的功率（W或跑速），在坐标纸上画出乳酸-功率曲线，取对应于 4 mmol/L 血乳酸浓度的功率值，即乳酸阈功率。

注：起始负荷和递增负荷的大小取决于运动员的性别、年龄和训练程度。跑台的起始负荷，一般无训练者为 2.5 m/s，中等训练水平的男子或具有高度耐力训练的女子为 3.0 m/min，高水平耐力训练的男子为 3.5 m/min。

### （四）运动可穿戴设备的重要功能

如今运动手环是最为常用的运动心率等指标的检测设备，其主要功能有运动追踪、血压监测、心电图监测、动态心率、睡眠监测、久坐提醒和多运动模式。

## 复习思考题

一、简答题

1. 简述脊柱侧弯的严重程度分级。
2. 简述"X"形腿和"O"形腿的概念。
3. 阐述理想体重的计算方法，以及超重、轻度肥胖、中度肥胖、重度肥胖和理想体重的关系。
4. 肌肉耐力测试包括哪几方面？常见的测量方法有哪些？
5. 三大供能系统的供能特点和常用评价手段是什么？
6. 运动负荷试验可以实现哪些目的？
7. 髌腱反射检查，根据反射程度不同，可以分为哪几类？

二、填空题

1. 肺活量的大小与（　　）、（　　）、（　　）、（　　）、（　　）及（　　）等因素有关。我国正常成年男子的肺活量为（　　）mL，女子为（　　）mL。训练水平高的运动员可达（　　）mL 以上。
2. 心血管系统，由（　　）、（　　）、（　　）和（　　）组成，是一个密闭的循环管道，（　　）作为一个"动力泵"，推送着"搬运工"——血液将氧、营养物质、激素等供给器官和组织，又将代谢废物运送到排泄器官，以保持机体内环境的稳态、新陈代谢的进行和维持正常的生命活动。
3. 肺活量是（　　）、（　　）和（　　）之和，也就是人尽全力吸气后呼气所能呼出的气体量，代表人体呼吸系统的最大工作能力。

扫一扫：即测即评

# 第三章
# 运动医务监督

### ▶ 本章导读

运动医务监督是指运用医学生理学和生物化学的方法,对体育运动参加者的健康和身体机能进行监护和评定,帮助和指导体育运动参加者进行科学的锻炼和训练,防止运动中各种风险因素可能对身体造成的危害,并采取各种有效措施加速人体疲劳的消除,促进人体机能的改善和运动成绩的提高。本章主要介绍运动前的健康风险评估、运动负荷的评定、运动性疲劳的医务监督、比赛期间的医务监督和特殊情况的医务监督5个方面内容。

### ▶ 学习目标

1. 了解运动医务监督的意义和作用。
2. 熟悉运动前的健康风险评估方法、运动性疲劳的消除方法、比赛期间的医务监督方法及体重控制、兴奋剂、时差反应等特殊情况的医务监督手段。
3. 掌握自我监督的方法及运动负荷的科学评定方法,具有初步应用运动医务监督理论与方法的能力。

## 第一节 运动前的健康风险评估

运动对健康的益处毋庸置疑，但运动员与运动参与者却无法完全规避运动风险的发生。运动中，除会发生运动损伤外，一些非损伤性疾病对运动员与运动参与者的危害也不可小觑，如急性心血管事件风险发生率虽然较低，但其危害极大，可能诱发猝死，造成无法弥补的遗憾。因此，运动前首先要明确运动中存在某种程度的风险，其次需做好运动前健康风险评估。

### 一、运动风险

运动风险是指由于参加运动而导致不良健康效应产生的可能性。尽管规律运动可产生良好的健康效应，但是对于身体条件不允许参与某一项或某些运动项目的人来说，运动风险会显著增加。

运动导致的不良健康效应通常包括两大类：一类是运动损伤，如肌肉拉伤、擦伤、骨折等；另一类是非损伤性病症，包括感染性疾病、胃肠功能紊乱、运动性哮喘、运动性贫血和运动性闭经等疾病，或者高血压病、中风、心肌梗塞等心脑血管疾病，甚至猝死。

运动风险评估是对人们参加运动出现不良健康效应特征的描述，是对个体或群体参与运动时发生伤害的量化评估，其核心是基于目前的信息采集与分析量化预测伤害风险。

运动风险评估通常包括运动伤害鉴定、剂量-反应评估、暴露的危险因素和风险描述4个部分（表3-1）。

▶ 表3-1 运动风险评估内容

| 运动伤害鉴定 | 剂量-反应评估 | 暴露的危险因素 | 风险描述 |
| --- | --- | --- | --- |
| 明确运动会引发哪些伤害，如何鉴定 | 明确在多大运动负荷下产生危害 | 包括对运动者本身的身体因素、环境因素和装备因素评估 | 通过对上述结果的综合分析，描述运动对健康的影响 |

## 二、运动前健康风险自我筛查

健康风险筛查的目的是筛查高危个体，合理防范运动风险。筛查运动风险中高危个体的基本依据包括个人目前的体力活动水平，是否存在已知的心血管疾病、代谢性疾病或肾病的体征或症状，以及预期运动强度（表3-2）。依据这些因素决定是否需医生许可后才能进行体育运动，以降低运动风险。

▶ 表3-2 医生许可情况

| 健康情况 | 医学许可 |
| --- | --- |
| 健康，无心血管疾病、代谢性疾病或肾病的疾病史，也无相关的症状和体征 | 继续当前的运动量和强度或进阶，不需医疗许可 |
| 有心血管疾病、代谢性疾病或肾病的疾病史，但无症状和体征（稳定阶段） | 中等强度运动，不需医疗许可；进阶到高强度运动，提倡有医疗许可 |
| 不管疾病的状态如何，有心血管疾病、代谢性疾病或肾脏疾病的症状和体征 | 不能继续运动，再继续任何强度的运动前需听从医生的建议 |

下面是自我筛查问卷基本部分（运动前风险一般健康筛查问卷）。如果问卷的7个问题回答皆为否，则可从中低强度开始，依循序渐进地参加体育活动，如要参加大强度运动则需有运动医学专家的检查和建议；如有一项或多项问题回答是，则需对体育参与者进行更深入的问卷调查，以决定是否需医生许可。

### 运动前风险一般健康筛查问卷

请仔细阅读下面7个问题，并诚实地回答每一个问题，选是或否。

1. 医生是否告诉过你你患有心脏病或高血压病？
2. 当你安静时、进行日常活动或体力活动时是否感觉胸痛？
3. 近12个月来，你是否因为头晕跌倒或曾失去意识（如果头晕与过度呼吸有关，包括长距离运动过程中，请回答否）
4. 你是否曾被诊断过除心脏病或高血压病外的其他慢性疾病？
请列出疾病（       ）
5. 你当前在服用治疗慢性疾病的处方药吗？
请列出疾病和药物（       ）

6. 你当前（或过去的 12 个月）有骨、关节或软组织（肌肉、韧带或肌腱）问题并随身体活动的增加而恶化吗（如果你过去有问题，但对当前的运动没有产生限制请回答否）？

请列出疾病（　　　）

7. 你的医生曾对你说过你只能做医学监控下的身体活动吗？

> **知识链接**

### 心血管疾病、肺部疾病或代谢性疾病的主要症状或体征

| 症状或体征 | 解释或意义 |
| --- | --- |
| 胸部、颈部、颌部疼痛，或其他心绞痛类似感觉 | 心脏疾病，尤其是冠状动脉疾病主要表现出的局部缺血。其主要特点包括：<br>① 性质：收缩感、压榨感、烧灼感、沉重感；<br>② 位置：胸骨下、胸部正中前面，单侧或双侧臂部、肩部、颈部、面颊、牙齿、前臂、手指、肩胛间；<br>③ 诱发因素：运动或竭力、兴奋、应激、冷环境和餐后。<br>非局部缺血的主要特点包括：<br>① 性质：钝痛、"刀割样"痛、锐痛、刺痛、呼吸时刺痛加重；<br>② 位置：左侧乳腺部位、左半胸；<br>③ 诱发因素：运动后、某一特定的身体动作 |
| 休息或适度运动时气短 | 异常的劳力性呼吸困难表明心肺功能失调，特别是左心室功能紊乱或慢性阻塞性肺部疾病 |
| 头晕眼花或晕厥 | 头晕眼花，特别是运动过程中晕厥，可能是由于心脏功能失调障碍导致心输出量正常上升引起的。这种心脏功能失调有潜在的致命危险，包括严重的冠状动脉疾病、肥厚型心肌病、主动脉狭窄和严重的室性心律失常 |
| 端坐呼吸或夜间阵发性呼吸困难 | 端坐呼吸是发生在卧位休息时的呼吸困难，坐起或站立后能得到缓解。夜间阵发性呼吸困难通常在睡眠 2~5 h 后开始发生，能通过坐在床边或下床得到缓解。两者都是左心室功能紊乱的症状 |
| 脚踝水肿 | 夜间明显双侧脚踝水肿是心力衰竭或双侧慢性静脉功能不全的典型体征。单侧下肢水肿通常是由该肢体的静脉血栓或淋巴回流障碍引起的。无显著特点的水肿（全身水肿）通常发生在有肾病综合征、严重的心力衰竭或肝硬化的患者中 |

续表

| 症状或体征 | 解释或意义 |
| --- | --- |
| 心悸或心动过速 | 心悸是指心脏快速或强用力地跳动而产生的不舒适感觉，可以由各种心律失常引起。心律失常包括心动过速、突然发作的心动徐缓、异位节律、代偿间歇各瓣膜反流引起的每搏输出量增加。心悸通常是由于焦虑或高心输出量（或功能亢进）引起的，如贫血、感冒、甲状腺功能亢进、动静脉瘘和先天性心脏功能亢进综合征 |
| 间歇性跛行 | 间歇性跛行是外周动脉供血不足（通常是动脉粥样硬化的结果）引起的肌肉疼痛，运动后加重。在站位或坐位时疼痛不发生，每天重复发生，上楼梯或爬山时加重，常被描述为"抽筋"，停止运动后 1~2 min 症状消失。冠状动脉疾病在有间歇性跛行的人中更常见。糖尿病可增加间歇性跛行的风险 |
| 明确的心脏杂音 | 心脏杂音可能意味着有瓣膜疾病或其他心血管疾病。从运动的安全角度出发，要特别注意排除由肥厚型心肌病和主动脉狭窄引起的心脏杂音 |
| 日常活动时异常疲劳或呼吸困难 | 虽然这些症状可以由正常原因引起，但是它们也可能标志着心血管疾病、肺部疾病或代谢性疾病的发生 |

## 第二节 运动负荷的评定

运动负荷也称"运动量"或者"运动刺激"。运动负荷过小，不能提高运动员的运动能力；运动负荷过大，运动员无法承受，会造成机体的损伤。因此，实际运动中更好地把握运动负荷，以获取良好的运动效益，可减少运动可能引发的伤害。

在进行运动负荷评定之前，必须了解以下几个问题。

运动负荷的评定

## 一、生理负荷与心理负荷

任何负荷皆由负荷强度和负荷量所决定。所谓负荷强度是指人体在完成一个完整动作时或在单位时间内所承受的刺激量。负荷量是指人体在一个运动全过程中所承受各种刺激量的总和。例如，用 150 m/min 速度跑 100 m，50 kg 杠铃负重深蹲 10 个。

运动负荷通常是指运动时机体所承受的物理负荷，它由运动时物理负荷强度和负荷量所决定。人体承受运动负荷时引发的机体生理反应（包括生理功能变化的程度和组织器官受累范围）即为生理负荷，而引发的机体心理变化的程度即为心理负荷。生理负荷强度和负荷量通常由生理、生化指标来反应，如体重、脉搏、血乳酸、尿蛋白、血尿和心电图，而心理负荷则由主观感受程度的改变来衡量，如运动心情、注意力和心境状态。

运动负荷与生理负荷或心理负荷如同刺激与反应的关系。通常运动负荷越大，生理负荷和心理负荷也越大，反之则小。由于人体生理功能差异，同样的运动负荷量，对不同的人，也会有差异，如某一运动负荷量对体力差的人可能是巨大刺激，超过了安全界限；对同一个人刚开始可能在靶强度范围，但体质增强后则可能低于靶强度有效界限。同样的运动负荷，若运动员的疲劳状态改变，也可能出现心率高低或自感劳累能力高低的改变，即生理负荷和心理负荷发生改变。在体育实践中，往往通过运动的生理负荷指标（生理测定指标、生化测定指标及心理感觉）来衡量运动负荷的大小。

## 二、运动负荷的评定方法

### （一）自我监督

运动负荷的自我监督是运动员在训练和比赛过程中自身反应最直接的资料。自我监督是指运动员在训练或比赛的过程中，对健康状况进行自我检查，并将检查结果定期记录于训练日记中的方法。它对调整训练计划、合理安排运动负荷、预防运动伤害具有一定意义。

自我监督一般以监督表（表 3-3）的形式融入每晚的训练日记中。自我监督内容一般包括主观感觉和客观检查两部分。

▶ 表 3-3 自我监督表

姓名：　　　　　　　　　　填写日期：　　　年　　月　　日

| | | | |
|---|---|---|---|
| 主观感觉 | 精神状态 | 良好　　一般　　不好 | |
| | 运动情绪 | 渴望训练　　愿意训练　　不愿意训练 | |
| | 不良感觉 | 肌肉酸痛　　心悸　　头晕　　其他 | |
| | 睡眠 | 良好　　入睡困难　　易惊醒　　嗜睡 | |
| | 食欲 | 良好　　一般　　不好　　厌食 | |
| | 排汗量 | 增多　　正常　　减少　　盗汗 | |
| 客观指标 | 晨脉 | 　　次/min　　规律　　不规律 | |
| | 体重 | kg | |
| | 运动成绩 | 增长　　不变　　下降 | |
| | 背力 | kg | |
| | 握力 | kg | |
| | 肺活量 | mL | |
| | 呼吸频率 | 次/min | |
| 备注：女性月经情况、其他客观指标及伤病自我检查、具体不良感觉等 | | | |

注：直接选择或直接填入数据。

1. 主观感觉

（1）精神状态。精神状态反映了整个机体的功能状态，尤其是中枢神经系统的状态。身体健康者，精神状态好、精力充沛、心情愉快、积极性高。患病或过度训练时，常会感到精神萎靡不振、疲倦、乏力、头晕及容易激动等。在进行记录时，如果自觉精神饱满、心情愉快，可记为"良好"；如果有精神不振、疲倦等不良感觉时，记为"不好"；如果精神状态一般，但又未出现上述不良现象时，可记为"一般"。

（2）运动心情。正常状态时，运动前的状态应该是精神饱满，体力充沛，渴望训练。如果运动员对参加训练冷淡，甚至对进训练场感到厌倦，如游泳运动员"怕水"、田径运动员"怵"跑道、球类运动员"厌"球、柔道运动员"怵"垫等，应详查原因。

（3）不良感觉。不良感觉指运动训练或比赛后的不良感觉，如肌肉酸痛、关节疼痛、四肢无力等。正常情况下，剧烈运动或比赛后，大部分人会产生上述不良的感觉，但经过适当休息后就会消失，训练水平越高，这些现象消失得越快。但是除了出现上述现象外，还出现了心悸、头晕、头痛、气喘、恶心、呕吐、胸痛或其他部位的疼痛时，则表示运动负荷过大或健康状况不良，在自我监督记录时应写清具体感觉。

（4）睡眠。一觉睡到天亮为心气平衡的表现。心主神，运动员白天训练，神当精神，夜晚睡觉，神当潜藏。良好的睡眠应为正常按时就寝后能快速入睡，不做梦或少做梦，早晨醒来感觉神清气爽，全身有力。如想睡睡不着，入睡后睡不熟、多梦、早醒，睡后到时不醒或睡醒后感到头昏、乏力，这些都可能是疲劳未消除或过度训练的表现。

（5）食欲。正常的食欲为脾、胃功能正常，到点肚子饿，饭量适中，不暴饮暴食；训练期间食欲旺盛，或是在一次大负荷训练后食欲暂时下降，但能很快恢复。如果出现食欲不佳，且在一定时间内仍不见恢复，需要考虑运动负荷安排不当或健康不良。

（6）排汗量。正常情况下，训练时会出一些汗，流完汗后及时补充水分，精神很好。排汗量的多少与温度、湿度、饮水量、衣着有关，也和训练量、身体机能、神经系统紧张程度、运动负荷等有关。如果在适宜的外界条件和运动负荷下，出现大量出汗或安静时出汗，甚至盗汗，表明身体机能状况不良、健康状况下降或近期运动负荷过大。训练良好的运动员，在同样条件下大量出汗，可能是过度训练的征象或极度疲劳。在高温环境中或大运动负荷下出汗减少可能是机体脱水的征象，会引起体温升高、中暑等。记录时可填写出汗正常、减少、增多和夜间盗汗等。

2. 客观指标

客观指标包括脉搏和体重（见下部分），其他还包括肌力和运动成绩等。正常时，握力和背力等肌肉力量稳定或逐渐增强，如肌力下降表示机能不良。运动成绩长时间无增长或下降，常表示机能不良或早期过度训练。

3. 其他

还应关注大小便情况。正常大便应为干稀适中，呈长条样，1~2次/d，颜色为黄色，当大便频率、色质改变时，应当注意运动员身体情况。小便在正常饮水的情况下，4~7次/d，颜色淡黄。

## （二）常用评定指标

运动负荷的运动监督不仅有自我监督形式，还有实验室或运动现场生理、生化检测与运动负荷试验等，用以反映运动员承受的运动负荷或身体机能状态。这对科学训练、预防过度训练综合征和运动损伤具有重要价值，以下为运动负荷的常用评定指标。

1. 脉搏（图3-1）

正常成年人安静脉搏与心率一致，运动员安静脉搏多为44~80次/min，可低至40次/min以下，搏动有力。通常认为这是由于心率受自主神经系统（包括交感神经和副交感神经）调控，长期训练后安静时交感神经紧张性降低而迷走神经紧张性增高所致，一般是运动适应良好的标志。运动员如果安静时心动过速则需查找原因。

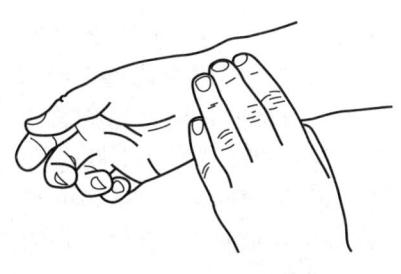

图3-1 脉搏

脉搏在运动实践中的应用：

（1）晨脉监测机能状态。晨脉即早晨醒后起床前所测的脉搏。通常情况下，训练时晨脉基本稳定，或者随训练水平提高略有减少的趋势。如果晨脉较平时升高超过10%，且持续2~3 d或以上，常提示机能不良。如果发现脉搏节律明显不齐，则需做心电图方面的进一步检查。

（2）运动后脉搏可评定运动量。运动后即刻脉搏主要反映运动强度，而正常情况下，恢复期脉搏则主要反映运动强度和运动时间（疲劳程度）。运动中或运动后测量即刻脉搏，可控制负荷的强度。根据下表有助于评定运动负荷大小（表3-4）。

▶ 表3-4 运动后即刻脉搏、恢复期脉搏与运动负荷关系

| 运动后即刻脉搏 | 运动后5~10 min恢复期脉搏 | 运动负荷 |
|---|---|---|
| 小于144次/min | 能恢复到运动前水平 | 小 |
| 144~180次/min | 比运动前快2~5次/min | 中 |
| 大于180次/min | 比运动前快6~9次/min | 大 |

注：此表中运动后即刻脉搏范围仅适用于运动员及体质好的青年人。

（3）定期测定完成某专项耐力练习后的即刻脉搏和恢复期脉搏，结合

运动成绩进行前后比较，可以评定机能水平和训练水平。一般经训练后，在完成相同运动负荷后脉搏会降低，脉搏（尤其是运动恢复期前 1~2 min 脉搏）恢复快，如脉搏反而升高，恢复减慢，提示机能水平不良。

（4）测定运动后恢复期脉搏，可控制间歇训练时的负荷密度。

2. 体重

正常成年人体重较为稳定。青少年儿童随着生长发育，体重逐渐增加。体重在运动实践中的应用如下：

（1）长期监控体重。经常训练的运动员或普通成年人体重则保持相对稳定。监测时，通常每周称重一次。如体重持续下降，需排除有无过度训练、营养紊乱、营养不良或消耗性疾病。对于青少年儿童，如体重长时间持续不增甚至下降，则为不正常；对于女性，长时间较低体重还需注意排除"运动员三联征"。反之，若体重逐渐增加，皮褶也增厚，表明运动量过小，营养过剩。

（2）每次训练前后监控体重。一般一次大运动负荷训练之后体重下降可达 1~4 kg，但经 1~2 d 多能恢复至训练前水平。每次训练前、后丢失的体重可作为运动后补水的依据。另外，如训练中未饮水，排除气候因素，训练前、后丢失的体重也有助于了解运动量或强度大小。一般体重减轻小于 1.5 kg，次晨能恢复为小运动量；体重减轻超过 2.5 kg 以上，次晨尚不能恢复为大运动量。

3. 血压

血压是反映心血管机能的重要指标。血压同脉搏一样，不同时段对血压会有影响。清晨起床后血压升高，一般上午 6—8 时及下午 4—6 时各有一高峰，晚上 8 时以后血压缓慢下降。运动实践中，根据机体状态血压有清晨血压、运动前血压、运动中血压和运动后恢复期血压之分。血压在运动实践中的应用如下：

（1）清晨血压监测机能状况。正常清晨醒后，起床之前的血压较为稳定，如较平时升高 20%，且持续 2 d 或以上，即提示心血管机能不良。

（2）运动中血压评定运动负荷。正常动力性运动时，脉搏和收缩压随运动强度增加而升高，舒张压适度下降，但当负荷达到或接近机体最大摄氧量时，工作肌血管也可能收缩，从而舒张压升高。正常低强度运动时，收缩压可升高 < 30 mmHg，中等强度可升高 30~40 mmHg，大强度可升高 40~60 mmHg，最大负荷时收缩压一般可达 180~200 mmHg，甚至更高。

（3）定量负荷后血压变化评定机能状况。动力性定量负荷后，血压出现异常变化，如紧张性不全反应、梯形反应、无力反应则提示有机能不良。

另外，有些人也可出现紧张性增高反应，即运动性高血压。所谓运动性高血压是指在运动过程中或刚刚结束时，血压值超出正常人反应性增高的生理范围。由于运动中血压的变化与其检测的运动方式（功率自行车、跑台、台阶等）、年龄、性别、体能、测量血压的时间等诸多因素有关，所以到目前为止还没有统一的诊断标准，其中一种标准是运动时收缩压＞200 mmHg或舒张压＞95 mmHg；另一种判断标准是用功率自行车试验，运动3 min内收缩压＞220 mmHg或舒张压较运动前升高15 mmHg以上。一般认为，中等强度耐力运动时呈现运动性高血压是日后发生静息高血压的高危因素。另外，需注意的是在进行静力工作时，呼吸和循环机能变化没有运动后明显，这种生理反应称为林加尔德现象。

### 知识链接

#### 林加尔德现象

丹麦生理学家林加尔德曾经发现，在进行静止用力动作时，呼吸、循环机能变化没有运动后明显。这种现象叫做"林加尔德"现象。

"林加尔德"现象存在的事实，已在许多静止用力动作中得到证明，尤其在体操运动中出现得更多。其发生机制，一般认为是静止用力时，大脑皮层运动中枢产生强烈的持续的兴奋，这种兴奋产生负诱导，遂使呼吸和循环机能受到抑制。此外，静止用力时肌肉的持续收缩压挤了肌肉里的小动脉和毛细血管，使肌肉里血流不畅，氧气供应不足，这也是造成运动后机能变化超过运动时的原因之一。

4. 心电图与运动负荷试验

心电图既是临床上检查心脏疾病的一种重要方法，又是观察运动员机能状况的重要指标。如果心电图出现频发性早搏、显著窦性心律不齐或运动时出现异常心电图，常提示有过度训练、过度疲劳或疾患等引起的心肌损害、心功能下降。此时，运动员往往会有不良感觉，应做进一步临床检查，调整训练计划或暂停训练。

运动负荷试验，如心电图运动应激试验、最大摄氧量、Wingate无氧功、肌力测试等有助于评定运动效果，及时发现机能不良。$PWC_{170}$降低、联合机能试验异常等也有助于发现存在的机能不良。

5. 实验室监测指标

常用实验室监测指标包括一般生化指标和神经内分泌免疫指标。前者包括血常规、尿常规和血乳酸等；后者包括血浆睾酮、皮质醇、血浆谷氨酰胺和免疫球蛋白等。

（1）一般生化指标。

常用实验室指标、意义及评价方法见表3-5。

▶ 表3-5  常用实验室指标、意义及评价方法

| 常见指标 | 意义 | 评价方法 |
| --- | --- | --- |
| 血常规 | 监测运动量 | 血红蛋白浓度下降10%以上，成绩下降，应注意调整运动量 |
| 尿蛋白 | 监测运动负荷、训练量 | 晨尿蛋白>15 mg/dL，可能过度疲劳或过度训练 |
| 血乳酸 | 监测运动负荷 | 在冲酸训练和耐酸训练中使用 |
| 血清肌酸激酶 | 监测训练强度、肌肉损伤程度 | 正常小于200 U/L，训练数天后仍大于200 U/L，则提示机体尚未恢复 |
| 血尿素 | 监测饮食、训练量 | 血尿素正常值为1.8~7.1 mmol/L，训练中晨血尿素持续升高，提示运动负荷过大 |
| 血氨 | 监测运动负荷 | 大幅度升高说明机体功能不良或过度疲劳 |
| 血清睾酮 | 监测恢复促合成情况 | 升高可继续大强度训练，降低提示应调整训练量 |
| 血清皮质醇 | 监测神经疲劳、分解代谢 | 过高过低均不好，若连续3周<10 μg/dL，可能过度训练 |
| 促红细胞生成素 | 监测恢复能力、竞技状态 | 高于正常值 |

① 血常规检查：血常规检查中，血红蛋白（Hb）是评定运动员身体机能常用指标。在运动员营养评定中，血红蛋白可以了解运动员营养情况；大负荷训练时，可以了解运动量是否合适，运动员是否处于疲劳状态。身体机能良好时，血红蛋白含量常增加，反之则下降。大运动量训练初期机体疲劳，血红蛋白浓度常暂时下降，适应后机能提高，血红蛋白浓度也回升。在训练中，如果血红蛋白浓度下降10%以上，同时成绩下降，表示身体机能不良，应注意调整运动量。

② 尿常规检查：包括尿一般性状检查（如尿颜色、尿比重、气味）、尿

化学检（如尿蛋白、尿糖、尿酮体）和尿显微镜检查（如红细胞），其中尿蛋白是一较常用的生化监测指标。

正常人尿中每日排出蛋白质总量在 10~150 mg。运动后，排除病理原因，出现尿蛋白增多的现象称为运动性尿蛋白。运动后，运动性尿蛋白一般约在运动后 4 h 即恢复正常。运动性尿蛋白出现率、持续时间除与运动强度有关外，往往还与运动项目（速度耐力项目如短跑、足球、羽毛球、自行车、划船、游泳多见，而体操、举重、跳高、乒乓球等较少见）、精神因素（精神紧张多见）、年龄（年轻者比中老年多见）、环境因素（低温、高原环境多见）及个体因素有关。特别需要注意的是运动性尿蛋白存在较大个体间差异，而个体内则较恒定，因此，尿蛋白只能自身前后比较。

尿蛋白在运动实践中的应用如下：

第一，评定机体是否适应承受的运动负荷。大负荷训练尤其是大强度训练，开始时不适应，尿蛋白增加，继续训练数天后，尿蛋白会减少，提示机体能适应承受的负荷强度；相反，如尿蛋白不减少甚至增加，提示承受的负荷强度过大，通常减小运动强度即可改善，如仍无改善则提示机体有疾病。

第二，评定训练水平和机能状态。同一个体在完成相同形式负荷时，尿蛋白数量一般较稳定。如尿蛋白排出量减少，提示训练水平提高；若明显增加，恢复时间延长，则提示机能不良，此时要及时查明原因。

③ 血乳酸检查：运动时乳酸主要由骨骼肌产生，其浓度变化与运动强度有关。正常情况下，血液中浓度为 1~2 mmol/L，短时间剧烈运动后，乳酸浓度可大幅度增加。乳酸在运动实践中的运用：

第一，评定训练效果。对同一个运动员进行不同强度的训练，通过测定训练后的血液乳酸浓度，可比较不同强度训练的效果。同时，也可为教练员提供调整训练计划的依据。

第二，评定运动员的训练水平。速度型优秀运动员血乳酸值应高；耐力型优秀运动员在完成相同训练量时，血液乳酸浓度应低。

④ 血清肌酸激酶、血尿素检查：血清肌酸激酶正常小于 200 U/L，主要反映了运动时肌肉承受的负荷。运动后明显升高，提示运动强度大，适应后升幅减少，如训练数天后清晨肌酸激酶仍大于 200 U/L，则提示机体尚未恢复。需注意的是，肌酸激酶值的个体差异较大，且升高也可能与肌肉损伤有关。

⑤ 血尿素检查：血尿素正常值为 1.8~7.1 mmol/L，反映了机体能量

代谢系统所承受的负荷和机体的疲劳程度。机体对负荷的承受能力越差，产生的尿素越多。如训练中晨血尿素持续升高，提示运动负荷过大，机体不适应。另外，需要注意的是，血尿素受饮食改变的影响。一般认为机能良好时，血尿素不超过 8.3 mmol/L，否则，则提示存在疲劳，应调整训练量。

⑥ 血氨检查：安静时，血氨含量低，一般为 20～113 μmmol/L，运动时，骨骼肌产生氨增多，引起血氨增高。训练后，血氨水平受训练强度、训练效果、疲劳情况等影响。血氨在运动实践中的运用：

第一，用于短时间剧烈运动时运动强度的评定。短时间剧烈运动时，血氨水平大幅度增加。

第二，评定运动员的训练效果。在相同训练强度下，血氨水平与训练效果相关，训练效果好的运动员血氨浓度低。长期训练后运动员血氨水平应较之前下降，并且血氨升高的幅度也应减小。

第三，反应运动员的疲劳情况。训练后血氨水平与疲劳情况成正相关，血氨升高能反应磷酸原供能系统的失衡，氨的增加也能引起肌肉的疲劳。

（2）神经内分泌免疫指标。

神经内分泌免疫指标包括血清睾酮、皮质醇、血浆谷氨酰胺、免疫球蛋白（Ig）G、免疫球蛋白 A 和免疫球蛋白 M 等。

① 血清睾酮：血清睾酮为调节代谢的激素，可监测恢复促合成情况。正常情况下，睾酮含量不变，当过度疲劳不能恢复时，睾酮水平会下降。但睾酮的下降到体能的改变需要一段时间。故在运动能力并未下降，但睾酮水平下降时就意味着机体的恢复速率下降，应该及时调整训练计划，防止出现过度训练。

② 血清皮质醇：皮质醇是促进机体分解代谢的重要激素，可监测神经疲劳和分解代谢。血清皮质醇应处于一个正常状态。过高，机体分解代谢快，不利于消除疲劳；过低，机体分解代谢慢，不利于训练水平的提高。可用其下降或上升的幅度来评价运动员的训练水平，幅度越小，训练水平越高。但血清皮质醇水平受多种因素影响，如情绪，故应在安静状态下测量。

6. 其他

包括利用心理参数、中医手段等。运动训练会影响人的心境，通常适量锻炼会改善心境，而大负荷训练往往会使人出现焦虑、抑郁、易激惹等不良心境。利用心境状态量表（POMS）测评有助于对过度疲劳的诊断。另外，我国中医辩证地对运动疲劳的监控也有一定认识。例如，运动疲劳可表现为肾阴虚、气阴双虚或脾气虚。

医务监控手段众多，不同指标的作用不同。有些可反映负荷量，有些可反映机能状态，有些可评定疲劳状况等，但目前在区分生理性疲劳和病理性疲劳方面仍无良好手段。整个训练监控指标应根据不同运动项目的特点、训练周期、训练目标和监测条件等进行选择。

## 第三节　运动性疲劳的医务监督

疲劳是日常生活中十分常见的现象。在运动过程中，疲劳是把双刃剑，是所有竞技运动中几乎都会出现的一种生理现象，也是制约运动成绩的重要因素。在这一章节，将详细介绍什么是运动性疲劳，运动性疲劳监督常用的方法，以及如何消除疲劳。

### 一、运动性疲劳概述

1982年，第5届国际运动生物化学会议将疲劳定义为："机体生理过程不能持续其机能在一定特定水平和/或整体不能维持预定的运动强度。"由此可以看出，运动性疲劳定义有两个基本特点：一是疲劳是由运动引起的，而不是其他原因，如不是因为疾病、营养、环境等因素；二是疲劳是一种暂时的现象，经过休息、进食，疲劳是可以消除的。运动性疲劳是一种生理现象，也是一种保护性抑制，可以防止机体进一步衰竭。

根据超量恢复理论、应激理论和运动训练理论，运动水平的提高就是一个"疲劳—恢复—再疲劳—再恢复"超量恢复的良性过程。如果运动性疲劳没有得到及时的恢复而使疲劳累积导致疲劳过度，或者发生运动性疲劳时没有及时地进行调整，继续保持原有的运动，使疲劳程度加深导致力竭，这都会使运动性疲劳变成一种病理现象，从而对健康造成不良影响。所以应根据疲劳的产生机理，采用一定的客观判断方法测试疲劳，运用一些消除运动性疲劳的方法，使机体快速有效地进行超量恢复，从而达到更高水平的运动能力储备（图3-2）。

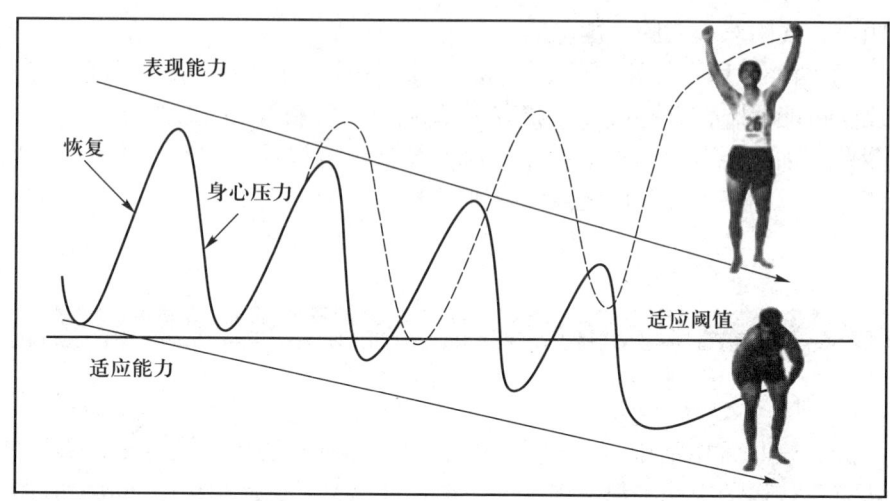

——— 过度训练状态的过程
---- 最佳表现的过程

训练负荷（周期化）和适应的变化，以及适应和表现能力的变化，会导致最佳表现和过度训练两种结果。恢复包括减量训练和影响加速恢复的因素。身体精神压力包括运动强度、运动量及其他内外因素。

图 3-2  超量恢复的过程

## （一）运动性疲劳的分类

常见分类方法如下（表 3-6）：

▶ 表 3-6  运动性疲劳分类

| 分类方法 | 表现 |
| --- | --- |
| 按疲劳时间 | 急性疲劳：运动员经过短时间的休息、营养补充后，可以完全的恢复<br>慢性疲劳：疲劳持续时间为数月以上，且短时间休息不能恢复 |
| 按疲劳累及范围 | 全身疲劳：指运动致使全身各器官功能下降<br>局部疲劳：指身体的某局部器官功能下降 |
| 按疲劳原因 | 生理疲劳：由身体活动或肌肉活动引起的，主要表现为运动能力下降<br>心理疲劳：指肌肉工作强度不大，但由于神经系统过度紧张造成的一种疲劳状态，主要表现为体力不支，注意不集中，思维迟缓，情绪低落，并同时伴有工作效率降低，错误率上升等现象。心理疲劳的持续发展，将导致头痛、眩晕、心血管系统和呼吸系统功能紊乱、食欲降低、消化功能不良以及失眠等 |

## （二）运动性疲劳产生的机制

运动性疲劳涉及人体的各器官系统，是体育科学工作者一直关注的问题，至今许多问题尚未得到解决，归纳起来主要有以下几种学说。

1. 能源物质耗竭学说

人们观察发现，肌肉活动至疲劳时能源物质如 ATP、CP 等含量出现下降。因此认为疲劳是由于这些物质耗竭而引起的；但也有人对此提出质疑，因为疲劳多发生在能源物质耗竭之前。

2. 疲劳物质蓄积学说

有人发现，肌肉或血液中的某些物质随着疲劳程度的加深而含量增加，如乳酸、丙酮酸和酮体增高。因此认为，疲劳是疲劳物质累积造成的。

3. 内环境失调学说

运动加剧了供氧与需氧的矛盾，由于人体在剧烈运动时供氧相对不足，能量物质氧化不全，乳酸、丙酮酸、氢离子浓度增加，使体内 pH 下降。当体内 pH 下降到一定水平，细胞内外的水分、离子浓度就会发生变化，人就能继续从事一定强度的运动。此外，运动中大量出汗，体内的水分、盐分大量丢失，血浆渗透压升高都会促使内环境失调，因而促进了疲劳的发展。

4. 中枢神经保护性抑制学说

不少学者认为，无论是体力疲劳还是脑力疲劳，均是大脑皮层保护性抑制的结果。运动疲劳时神经中枢（大脑）中 ATP、CP 水平明显降低，糖原含量减少。

5. 突变理论

这种理论认为，疲劳时运动能力的衰退形如一条链，其中的一个或几个环节断裂就会产生运动能力的下降，即能量供应不足，兴奋-收缩耦联机制遭到破坏，力量丧失，出现疲劳。

6. 神经内分泌失调学说

运动可引起机体的一系列变化，其中显著变化的是肾上腺素和肾上腺皮质激素分泌增多，使体内的分解代谢过程加强。大量研究证明，运动性疲劳时，内分泌失调是导致运动能力下降的主要因素，而内分泌失调的主要表现是神经内分泌系统的机能下降，结果使机体的机能水平下降，运动耐力水平下降，疲劳提前出现。

## 二、运动性疲劳监督的常用方法

疲劳的表现形式多种多样，主要表现在骨骼肌的疲劳、神经系统的疲劳和心血管系统的疲劳。目前有以下几种监督疲劳程度的方法。

### （一）主观感觉

运动时的主观感觉与工作负荷、心功能、耗氧量、代谢产物堆积等多种因素密切相关，因此运动时的自我感觉对判断运动性疲劳有一定的客观性。表 3-7 是主观感觉判断运动性疲劳程度的标准。Borg 疲劳量表也是一常用的判断疲劳程度的工具。

▶ 表 3-7 主观感觉判断运动性疲劳程度的标准

| 内容 | 轻度疲劳 | 中度疲劳 | 重度疲劳 |
| --- | --- | --- | --- |
| 自我感觉 | 无任何不舒服 | 疲劳、腿痛、心悸 | 有头痛、胸痛、恶心甚至呕吐等征象，且这些征象持续时间长 |
| 排汗量 | 不多 | 较多 | 非常多，尤其是整个躯干部分 |
| 呼吸 | 中度加快 | 显著加快 | 显著加快，且呼吸表浅，有时会出现节律紊乱 |
| 动作 | 步态轻稳 | 步态摇摆不稳 | 摇摆现象显著，出现不协调动作 |
| 注意力 | 较好，能正确执行指示 | 执行口令不准确，会出现错误的技术动作 | 执行口令缓慢，技术动作出现变形 |

### （二）骨骼肌指标

骨骼肌指标主要有肌肉力量、肌肉硬度和肌电图（表 3-8）：

▶ 表 3-8 骨骼肌指标

| 肌肉力量 | 肌肉硬度 | 肌电图 |
| --- | --- | --- |
| 运动引起肌肉疲劳最明显的特征是肌肉力量下降。一般常以绝对肌肉力量为依据，运动后肌肉力量明显下降，不能及时恢复，可视为疲劳，测试时根据不同的运动形式有针对性的测试肌肉力量 | 肌肉疲劳时，收缩机能下降，而且放松能力也降低，表现为肌肉疲劳时，肌肉不能充分放松，肌肉硬度增加 | 肌电图是肌肉兴奋时所产生的电位变化，也可反映肌肉兴奋收缩程度。运动过程中的肌电图变化可确定神经系统和骨骼肌的机能状态，通过肌电图可反映出肌肉是否疲劳 |

## （三）心血管系统指标

### 1. 心率

心率是评定运动性疲劳最简易、最直接的指标之一，一般常用基础心率、运动中心率和恢复心率对疲劳进行判断（表3-9）。

▶ 表3-9 心率判断疲劳的标准

| 基础心率 | 运动中心率 | 运动后心率恢复 |
|---|---|---|
| 反映机体最基本的机能状况。机能正常时，基础心率相对稳定；大运动负荷训练时，基础心率较平时有显著增加，认为有疲劳现象；连续几天持续增加表明疲劳累积，应调整运动负荷 | 用运动后即刻心率来代替。随着训练水平的提高，完成同样运动负荷时，心率有逐渐减慢的趋势，如增加则表示身体机能状态不佳 | 如运动后心率恢复到以前的状态的时间延长则可视为疲劳 |

### 2. 心电图

运动中心脏疲劳可使心电图出现异常变化，T波下降或倒置，S-T段下移，可作为判断心脏疲劳的依据。

## （四）其他（表3-10）

▶ 表3-10 其他判定运动性疲劳的标准

| 皮肤两点辨别阈 | 闪光频度融合 | 唾液pH值 |
|---|---|---|
| 疲劳时触觉机能下降，辨别皮肤两点之间最小距离的能力下降 | 疲劳时视觉机能下降，可根据闪光融合频率的阈值诊断运动性疲劳 | 剧烈运动后，乳酸生成增多，唾液pH值下降，因此可通过测定唾液pH值来判断运动性疲劳 |

## 三、消除疲劳方法

目前消除疲劳的手段和方法主要有以下几种。

### （一）改善血液循环和代谢

#### 1. 整理活动

整理活动是消除运动性疲劳，促进体力恢复的一种有效的主动恢复手段。一般是在运动结束后即刻进行。其内容主要有：一是慢跑和呼吸体操，目的是改善血液循环，加速下肢血液回流，促进代谢产物的消除。二是肌肉韧带牵伸练习，这种方法对减轻肌肉酸痛和僵硬，促进肌肉中乳酸的清除有良好的作用。

泡沫轴干预也是一种常用的有效方法，通过对肌肉组织局部产生压力与牵引力，缓解训练后延迟性肌肉酸痛，加快疲劳肌肉的功能恢复。

### 2. 温水浴

温水浴是一种简单易行的消除疲劳方法，训练或比赛后进行温水浴，可以促进人体血液循环，有利于疲劳肌肉的物质代谢清除。水温以 42 ℃ 左右为宜，时间为 10~15 min，勿超过 20 min。训练结束 30 min 后还可进行冷热淋浴，冷水 15 ℃，1 min；热水 40 ℃，2 min，交替三次。

### 3. 桑拿浴

桑拿浴是利用高温干燥的环境，使人体大量排汗，从而加速血液循环，使体内的代谢产物能及时排出体外。其时间不要过长，在 100 ℃~120 ℃ 环境中每次停留 5 min 左右，反复 4~5 次，组间可冷水淋浴 10~15 s，或温水淋浴 2~3 min。一般不要在运动结束后即刻进行，以免造成脱水或加重疲劳。运动结束后，休息一段时间，补充足够的水和营养物质后再进行桑拿浴，效果较好。

### 4. 按摩

按摩是消除疲劳的重要手段。按摩可以改善局部或全身血液循环，促进代谢产物的排除，减轻肌肉酸痛和僵硬，提高肌肉的收缩能力，改善关节的灵活性。按摩在运动前、运动中、运动后均可进行。运动后消除运动性疲劳为主要目的的按摩时间应根据疲劳程度而定，一般在 20~45 min（图 3-3）。

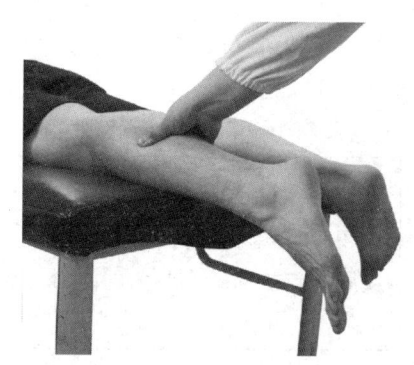

图 3-3 按摩

### 5. 理疗

利用声、光、电等物理治疗手段可促进血液循环，加速疲劳消除，同时具有治疗损伤的作用。理疗包括以下内容：

（1）电疗。电疗是借助专门的电疗机，通过电流对人体进行良好的刺激，以达到促进机体恢复的效果。电疗分交流电与直流电。交流电又分高频、中频和低频。直流电可与药物结合使用。许多电疗方法是对神经系统的放松，是对过度训练中失眠等治疗的措施之一。选用时，应根据各自的特点，因人而异选择。

（2）光疗。光疗中主要有红外线、紫外线与特定电磁波治疗器（TDP），这里仅介绍红外线疗法。红外线的作用是借助于温热效应改善局部神经和肌肉的血液循环，有利于营养物质的吸收和代谢产物的排泄。红外线分近红外线与远红外线两种。近红外线穿入人体组织较深，可达 1 cm，能直接作用到皮肤的血管、淋巴管、神经末梢及皮下组织。远红外线多作用于表皮组织。常用的器械有普通红外线灯和特定电磁波治疗器等，每次照射的时间一般为 20~40 min，温度在 45 ℃~50 ℃。红外线、紫外线疗法，也可在自然阳光下进行。

（3）热电磁疗。热电磁治疗仪，简称 RDC 治疗仪。它具有温热疗、电疗、磁疗的作用，把温热疗、脉冲电、磁场等物理因素结合成一体。

（4）蜡疗。石蜡的热容量大，导热性小，蓄热性能强，在冷却过程中可排放出大量的热能。石蜡用于恢复治疗有两大作用：一是温热作用，皮肤能耐受 60 ℃~70 ℃ 的石蜡而不被烫伤；二是机械压迫作用，对肌肉有软化、松解的功能。蜡疗可以扩张毛细血管，增加血管弹性，因此肌肉在疲劳情况下发紧、发硬，采用石蜡包敷，可取得较好的效果。

（5）牵引疗法。牵引疗法是积极有效的放松肌肉和关节的方法，即对疲劳肌肉和关节充分伸张，包括主动与被动的牵张。它主要是消除运动系统，包括肌肉、关节、骨骼和韧带等部位的疲劳。牵引的种类繁多，有人工牵引、机械牵引、牵引床、牵引椅和悬吊牵引（包括立式牵引与倒挂牵引）等。

（6）吸氧。利用高压氧舱吸入高压氧对缓解训练引起的极度疲劳、肌肉酸痛等有明显效果，而且对急性损伤也有良好疗效。

### （二）调节神经系统

1. 充足的睡眠

充足的睡眠是消除疲劳的基本方法，也是必不可少的体力恢复过程之一。运动员每天的睡眠时间不得少于 8 h，大运动量训练时，还要适当延长，全天训练还应增加 2 h 的午睡时间。

2. 心理恢复

根据运动员的爱好和具体条件，可以采用疗养、旅游、音乐欣赏等手段来放松运动员的神经系统，这些手段对由比赛时精神紧张而引起的疲劳有良好的缓解作用。

3. 其他

如放松练习。放松练习通过语言诱导使运动员用意念来调动肢体，进而使高级神经中枢得到暗示，放松肌肉，尽快消除疲劳。一般在整理活动结束时或在睡眠前安排放松练习，效果较好。

### （三）营养和药物手段

人体在运动过程中新陈代谢急剧增加，能源物质被大量消耗，所以运动能力恢复的关键在于恢复机体的能量储备、电解质的平衡和细胞膜的完整性等。营养和药物手段一般分为补充能源物质和补充调节物质两种。

1. 营养物质补充

运动中各种营养物质消耗增加，运动后及时补充有助于消除疲劳、恢复体力。例如，糖、蛋白质、维生素、电解质和水均需要补充充足。

2．中药调理

我国传统的中药在对提高运动员体质和运动能力，尽快消除疲劳，无违禁成分、无副作用的药物和实物方面具有独特的优势。目前，运用中医药抗运动性疲劳主要采用健脾益肾、抗疲劳专用方剂和药物型运动饮料等。例如，增加骨骼肌糖原含量的"四君子汤"；提高血红蛋白、增加耐力的"复方生脉饮"；抗疲劳、耐缺氧、耐寒冷的"复方党参液"；增强抗应激能力、抗疲劳的"益肾口服液"及"复方丹参"等。

## 第四节　比赛期间的医务监督

在比赛期间，运动员往往处于高度紧张状态，机体的各项机能都处于较高活动水平，有的运动项目体力消耗极大，还有的运动项目带有激烈对抗性和身体冲撞，因此容易引起一些运动性病症和运动性损伤。在这一节，主要讲解赛前、赛中和赛后的医务监督。

### 一、赛前医务监督

#### （一）做好赛前体检

体检的重点是心血管系统和运动系统。例如，有心电图异常、心脏病理性杂音、心动过速或有严重外伤未愈等，建议遵从医嘱，根据情况参赛。对运动系统存在的一些轻的慢性损伤，可在使用有效的治疗手段（如局部封闭等）和防护后参加比赛。

### （二）做好赛前准备活动

准备活动是调整赛前身体功能状态和缩短进入工作状态时间的重要措施，也是防止运动性伤病的主要手段，其强度和时间应根据不同项目的特点、运动员的赛前状态和赛场环境等因素来确定。

### （三）做好防范误服兴奋剂工作

赛前运动员喝的饮料、营养补剂和因病服药、打针，均须经医生确认不含违禁成分才能使用。

### （四）做好赛前检查工作

赛前检查工作包括对场地、器械、运动服装的检查工作以及对饮食、救护配备的准备工作，以保障运动员的安全和比赛的顺利进行。

### （五）处理好一些特殊问题

如调整时差，旅行途中及时处理各种疾病和晕车、晕船，人工降体重，人工月经周期（需要在医生指导下进行）等。

## 二、赛中医务监督

### （一）注意比赛组织安排的合理性

如项目间的时间间隔、比赛时间的天气情况等。

### （二）做好赛中意外损伤的急救工作

对比赛中出现的常见伤病，如腹痛、晕厥、肌肉痉挛、挫伤、撕裂伤、擦伤和韧带损伤等要随时注意观察，及时发现和处理。对一些严重伤病，应做现场紧急处理后送往医院急救。

### （三）做好赛中补液及能量补充工作

加强饮食饮水卫生工作，特别是在炎热的气候条件下，饮水及补充盐分是防止中暑和电解质紊乱发生的重要手段；此外，赛中适时适量补充运动饮料和能量胶等，可以补充运动消耗的能源物质，促进能量合成，延缓疲劳。

## 三、赛后医务监督

### （一）做好赛后体检

根据运动项目的特点，在赛后一定时间内测定某些生理、生化指标，如脉率、血压、体重、心电图和尿蛋白等，观察机体恢复情况，如发现异常，应分析原因并及时处理。

### （二）调配膳食

比赛时体内消耗很大，应合理安排膳食，促进其尽快恢复。赛后 2~3 d 仍应注意补充营养，但切忌暴饮暴食（图 3-4）。

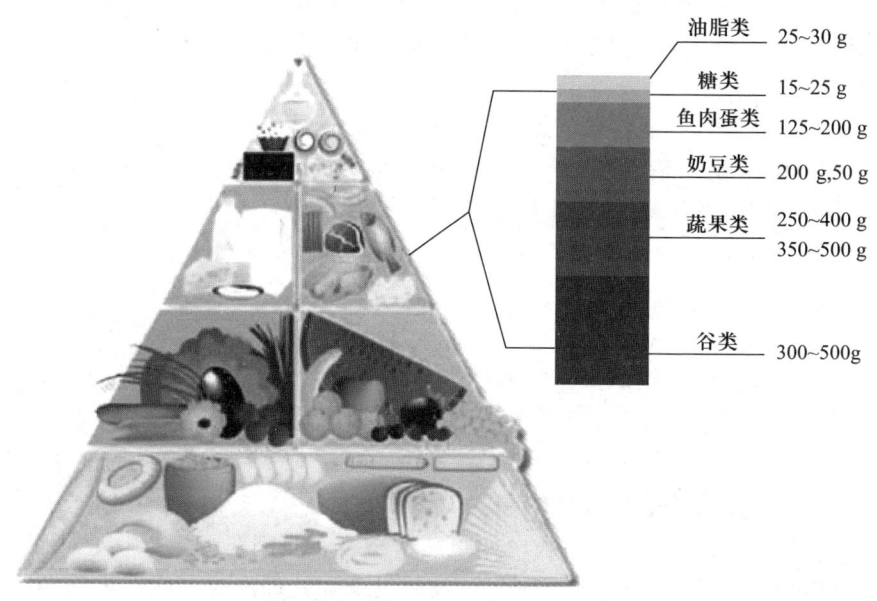

图 3-4　合理膳食

### （三）注意休息

赛后休整期内，要遵守各项生活制度，保证睡眠质量，使机体得到充分休息。此外，也还要适当进行训练，以防止产生"停训综合征"。

> **知识链接**
>
> **停训综合征**
>
> 停训综合征是指参与系统训练的运动员一旦停止训练，在大脑皮层原

来所形成的各种条件反射联系及动力定型会遭到一定程度的破坏，致使运动员出现一些身体机能紊乱的现象，如头晕、失眠、心悸、食欲减退、记忆力和注意力下降等，严重者会发生心律不齐等征象。由于这些由停止系统训练所引起的一系列临床表现涉及多个系统，故被称为停训症候群或停训综合征。进行适当的训练，可以预防有可能发生的停训综合征。

##  第五节　特殊情况的医务监督

### 一、体重控制的医务监督

维持合理的体重对运动员的健康和运动能力具有至关重要的作用。为了获取优异成绩，不同项目运动员对体重的要求也不相同。例如，要求体形和需完成高难度动作，或为了拥有级别优势的项目，如体操、跳水、花样滑冰和一些重竞技项目赛前需要减重。同时，为有利于冲撞或参加大级别比赛的项目需要增重。而合理控重应以不影响运动能力和健康为原则，否则将会损害健康，并使运动能力下降。

#### （一）运动员减体重

减体重是许多运动员为了达到最佳成绩常采用的手段，而常用的减重方式主要分为长期控重和快速减重两大类，下面来了解一下合理控制体重期间的医务监督。

1. 合理减重的要求

（1）减重是指减去多余的脂肪和适量水分。

（2）减去的重量应有一定限度，尽可能不影响瘦体重。

2. 长期控重

长期控重持续时间较长，主要丢失的是脂肪，通过热能负平衡来减少体重。

（1）长期控重的方法。长期控重的基本方式包括中低强度长时间耐力运动和控制饮食两方面。运动消耗热量，饮食减少热量的摄入，造成热量负平衡，使机体消耗体内储存的脂肪。一般每日负消耗 1 000~1 500 kcal 热量，每周可减 0.9~1.4 kg 体脂。体操、跳水、蹦床和花样滑冰等多采用此方法控重。一些重竞技项目，在冬训或夏训开始后如体脂百分比超标，在赛前1~2个月可采用此方式控重。

（2）长期控重可能导致的问题。主要有生长发育延缓、月经紊乱、初潮推迟、营养不良、精神负担过重、便秘和自我感觉无力等。

（3）长期控重的医务监督。

① 首先确定运动员自身的理想体重及减体重目标：运动员减体重的一个关键问题是找出"理想"的比赛体重。决定运动员自身理想的比赛体重有一定的难度，但一旦确定了理想体重与体脂率，对于体重的控制有参考意义。目前，运动员的理想体重可通过身高、体型、体脂百分比和运动能力来综合判定。有人提出，运动员理想体重应是：运动员最好成绩时的体重，运动员获得最大力量、速度和耐力时的体重，运动员获得最佳能力和最小体脂百分比时的体重。以下公式可作为参考：允许减体脂量 = 运动员现有体重 ×（现有体脂% - 自身"理想"体脂%）/（1 - 最低体脂%）。最低体脂百分比一般男运动员不低于5%，女运动员不低于10%。当运动员体脂含量已在最低限时，就不应再减脂肪了，只能有限度地设法减少体内水分。运动员平时应注意把体重控制在上一参赛体重级别左右，最好是将体重保持在不超过本级别体重3~4 kg，最高不超过5 kg。

② 热量负平衡要合理：训练期间热量负平衡主要是通过节制饮食获得。需要注意的是，负平衡要合理，在减体重时，由于进食的食物减少，容易导致一些营养素的缺乏。

3. 快速减重

快速减重是指通过急剧的限制能量摄入、脱水或两者结合的方法，在较短的时间内（一周内）减轻体重的过程，主要减少水含量。

（1）快速减重的方法。快速减重的具体措施很多，如采用限制饮食/饮水、增加运动、发汗。其中，发汗方式主要有两种：一是穿用橡胶或塑料制作的不透气衣服（即减重服）进行大运动量训练（以跑步等体能训练为主）发汗；二是高温室、桑拿浴、蒸汽浴发汗。研究表明，一次桑拿浴可减体重0.5~1 kg，丢失氯化钠3 g。发汗对赛前体重略高于规定体重级别（超重4%以内）的运动员，可作为一种补救方法。重竞技项目如体脂超标，经赛前减重后，若赛前一周体重仍略高于参赛体重时，常使用此法。

（2）快速减重的医学问题。快速减重引起的医学问题主要有：脱水、糖原耗竭、体温调节能力降低、有氧和无氧能力降低等。另外，反复升降体重会降低基础代谢率，增加饮食紊乱甚至死亡等危险性。

（3）快速减重的医务监督。① 快速减体重时，减去的重量应考虑赛前称重与比赛间隔时间等具体情况，合理地确定减体重目标。② 禁止使用食欲抑制剂、泻药、利尿剂和催吐剂等违禁方法减体重。③ 控制饮食和饮水时，注意蛋白质、维生素和矿物质的补充，保证充足睡眠。

4. 减重过程中的注意事项

（1）减体重应循序渐进。减体重的过程不可急于求成，如摔跤、柔道重竞技项目常在赛前 1~1.5 个月开始减重。降体重应根据热量负平衡设计减重方案，一般可分为三个阶段进行：第一阶段（开始 2 周）为准备适应期，食物的供给量为需要量的 80%~90%。第二阶段为降体重期，食物供热量为需要量的 60%~70%，每周减重宜小于 1.5% 体重（不超过 1.5~2 kg）。第三阶段（赛前 1~2 周）为降体重的巩固期，使下降的体重不再回升。

（2）减重期间膳食。减体重的目的是减去多余的脂肪，为了不影响身体的运动能力及降低肌肉力量，减重膳食是在控制总热量前提下，供给高蛋白、低糖、低脂肪和充足的维生素与矿物质，但不要控制饮水。例如，可以多食用一些牛奶、鸡蛋、蔬菜、水果，尤其可以多吃些蔬菜和水果等热量低，但含维生素和矿物质丰富的食物。

（3）减体重期间的疲劳感问题。对降体重期间的疲乏感应及时处理。首先应严格遵循逐渐降重的原则，在减低食物热量供给的同时，注意补充蛋白质、维生素和矿物质，保证睡眠，适当调整运动量。尽量采用少食多餐的进食方式，如由 3 餐改成 5 餐有助于减少饥饿感。明显饥饿时，可临时提供一些低血糖负荷的水果或蔬菜（如草莓、桃子、西红柿、黄瓜、白萝卜或胡萝卜泥等）以充饥。纠正偏食，防止吃零食。偏食会导致某些营养素的缺乏，零食会增加热量的摄入，故应当避免。

## （二）运动员增体重

运动员增体重的要求是增加肌肉，而不是脂肪。为了增加体重，能量摄入必须大于支出，一般不运动的人摄入的热量多会转成脂肪储存在体内。为了使增加的体重主要是肌肉，则必须在力量训练的基础上结合正热能平衡和高蛋白膳食。具体措施为：力量训练运动项目可选择各种抗阻力量训练进行复合练习，如负重深蹲、仰卧起坐、俯卧撑和推举等，运动强度可选择 6~12 RM 或 70%~80% 1 RM 负荷，动作重复 3~6 个/组，6~10 次/组，组间休息 2~3 min，动作速度中，运动频度则为 3~4 d/w。一般此时，每日多摄入 750~1 000 kcal 热量，每周平均约可增加 0.45~0.75 kg 瘦体重（每增 1 g 体重约需多摄入 8 kcal 热量）。增长肌肉期间蛋白质摄入可达 1.5~2.0 g/(d·kg) 体重，但也不要超过 2.0 g/(d·kg) 体重。不过单纯的增加蛋白质摄入并不能增加肌肉，反而对健康和运动能力有害。

增重的注意事项：

（1）每周增长体重不宜超 1 kg。

（2）为获得较好效果，力量训练前及力量训练后宜立即补充含适量糖和乳清的蛋白饮料（如含葡萄糖 34 g，乳清蛋白 32 g，肌酸 5 g）。

（3）增长肌肉期间往往也会伴有少量脂肪增加，所以此期间也要注意监测体脂。

## 二、反兴奋剂监控

现代竞技运动由于荣誉和金钱的诱惑，常使某些运动员采用各种不健康的辅助性手段以增进运动能力去赢得比赛。这种不健康的辅助性手段就是兴奋剂，其被禁止在赛场或训练场上使用。兴奋剂包括提高运动能力的药物、生理手段（如自我输血）。作为运动员，使用兴奋剂的后果是不可逆的。接下来一起来看以下几个案例：

在以往的重大国际赛事中，最为轰动体坛的兴奋剂丑闻，有加拿大短跑名将本·约翰逊于 1988 年在汉城奥运会上"创造"百米世界纪录，后因发现服用合成类固醇的康力龙而被宣布成绩作废；阿根廷的世界足球巨星马拉多纳，在 1994 年第 15 届世界杯足球赛的决赛阶段，因服用违禁药麻黄素等，被国际足联逐出世界杯；古巴世界男子跳高纪录保持者哈维尔·索托马约尔，于 1999 年在泛美运动会上，因被查出使用兴奋剂可卡因而被剥夺金牌；在 2000 年悉尼奥运会上，德国著名摔跤运动员亚历山大·莱波尔德因药检诺龙阳性（超标 10 倍）被剥夺 76 kg 级金牌；保加利亚女子举重运动员伊莎贝拉·德拉格涅娃因服用违禁的利尿剂，被剥夺女子 48 kg 级金牌。近年来，最为轰动的兴奋剂事件为 2014 年索契冬奥会，俄罗斯运动员集体服用兴奋剂事件。

### （一）兴奋剂概述

兴奋剂英文为"Dope"，原义为"供赛马使用的一种鸦片麻醉混合剂"。兴奋剂主要始于 19 世纪下叶，之后陆续出现了比赛中因使用药物而中毒甚至死亡的事件，但因运动员抵抗不了想提高运动成绩的诱惑，使得滥用兴奋剂现象有增无减，直至 1964 年国际奥委会才在东京奥运会上进行了小规模的兴奋剂检测。从 1968 年墨西哥奥运会开始，反兴奋剂逐渐走向正轨。从 1968 年的 8 种禁药，到目前单禁药就为 200 多种，且每年都在不断更新。

国际奥委会规定"某些基于药理作用能使身体机能超常提高的药物，尽管这些药物是治疗所必需的，也应看作兴奋剂，在比赛中严格禁用"。后来，兴奋剂不仅限于药物，还包括非常规方法摄入或非正常量摄入体内的生理物质，因此兴奋剂实际上是对违禁药或违禁方法的统称。使用兴奋剂是指运动员使用任何形式的药物或者以非正常量，或通过不正常途径摄入生理物质，企图以人为的和不正当的方式提高比赛成绩。

### （二）兴奋剂种类

根据2018年世界反兴奋剂机构（WADA）公布的清单，兴奋剂种类包括禁用药和禁用方法。其中禁用药包括所有场合禁用的药物、比赛时禁用的药物和特定项目禁用的药物（表3-11）。

▶ 表3-11 兴奋剂分类

| 分类 | 禁用的药物 | | | 禁用方法 |
| --- | --- | --- | --- | --- |
| | 所有场合 | 比赛 | 特定项目 | |
| 常用 | 未经批准的药物 | 刺激剂 | 乙醇：空手道、摩托艇、射箭、空中运动 | 篡改血液含量和血液成分 |
| | 蛋白同化制剂 | 麻醉止痛药 | β-阻断剂：射箭/射击（赛外也禁用）、高尔夫、台球、飞镖、滑雪、空中技巧 | 采用篡改欺骗手法改变样本 |
| | 肽类激素、生长激素及其类似物 | 大麻素类药 | — | 基因兴奋剂 |
| | β$_2$受体激动剂 | 糖皮质激素 | — | — |
| | 激素与代谢调节物 | — | — | — |

1. 禁用的药物

（1）未经批准的药物。未经任何政府健康管理部门批准用于人体治疗的药物（如尚在临床前或正在临床试验阶段或已经终止临床试验的药物、策划药物，仅批准作为兽药的物质）。此类药物在所有情况下禁用。

（2）蛋白同化制剂。所有的外源性、内源性合成类固醇及其他蛋白合成制剂，如睾酮、瘦肉精（克仑特罗）等。此类药物在所有情况下禁用。

（3）肽类激素、生长激素及其类似物。所有这类物质皆禁用，如促红细胞生成素、缺氧诱导因子、黄体生成素、促皮质激素、生长激素和胰岛素样生长因子-1。此类药物在所有情况下禁用。

（4）$β_2$受体激动剂。除指定部分可用于吸入治疗外，其他皆禁用，如克伦特罗。此类药物在所有情况下禁用。

（5）激素与代谢调节物。芳香化酶抑制剂、雌激素受体调节物、生长抑素抑制因子、胰岛素及过氧化物酶体增殖物激活受体δ（PPARδ）激动剂等。此类药物在所有情况下禁用。

（6）利尿剂与其他掩蔽剂。利尿剂及增加血容量物质，如速尿和甘露醇。此类药物在所有情况下禁用。

（7）刺激剂。包括指定的和一些非指定的刺激剂，如苯丙胺、可卡因、尼可刹明、咖啡因和士的宁。咖啡因、甲基麻黄碱和麻黄碱并不禁用，但其在尿中浓度不能超标；局部使用肾上腺素或与局部麻醉药联合局部应用也不禁止。此类药物在比赛时禁用。

（8）麻醉止痛药。指定的海洛因、吗啡和哌替啶等违禁药。此类药物在比赛时禁用。

（9）大麻素类药。天然和人工合成的大麻素类禁用。此类药物在比赛时禁用。

（10）糖皮质激素。口服、静脉、肌肉注射，直肠给药禁用。此类药物在比赛时禁用。

（11）乙醇。仅特定项目比赛时禁止，如空手道、摩托艇、射箭和空中运动。

（12）β-阻断剂。仅特定项目比赛时禁用，如射箭/射击（赛外也禁用）、高尔夫、台球、飞镖、滑雪和空中技巧等。

2. 禁用方法

（1）篡改血液含量和血液成分。包括血液兴奋剂及其他增加氧的摄取、转运、释放的方法等，如自我输血。

（2）采用篡改欺骗手法改变样本。包括在兴奋剂检查过程中篡改或企图篡改样品的完整性和有效性的行为，如导尿、替换尿样或使用某些药物；在6 h内，静脉输液或静脉注射剂量超过50 mL，但在医疗机构进行的合理治疗或临床检查过程中的正当使用除外。

（3）基因兴奋剂。指以非治疗为目的而采用基因工程技术将基因、基因成分或细胞转入机体，企图提高运动能力的方法。

> **知识链接**
>
> **基因兴奋剂的监测方法已经诞生!**
>
> 基因兴奋剂自出现以后通常难于监测,而国际奥委会在2016年里约奥运会期间宣布,监测基因兴奋剂的方法已经诞生,尽管里约奥运会尚没有使用这种方法检查违规物质,但新方法会在今后的奥运会兴奋剂检查样品复检中显示威力。
>
> 国际奥委会医疗科技部主任理查德·巴吉特透露,这种专门针对EPO(促红细胞生成素)的基因兴奋剂检测方法在澳大利亚反兴奋剂实验室研制成功。世界反兴奋剂机构已经证明方法有效。
>
> EPO是一种糖蛋白激素,负责控制红血球生成,临床用于治疗贫血,人体可以由肝脏和肾脏合成、分泌EPO。如果当作兴奋剂使用在体育运动中,它能够为肌肉输送更多氧气,增强耐力。目前主要通过尿检来检测运动员是否注射人工合成EPO,但专家们忧虑有人通过调整运动员基因促进自身EPO合成,使得现有检查方法难以发挥作用。
>
> 巴吉特表示,新的基因兴奋剂检测方法通过探测人体错误排列的EPO基因来确定运动员是否对自己的基因动过手脚。虽然里约奥运会新方法还不能派上用场,但在今后的复检中可能会用上。以前多是自行车、长跑、越野滑雪等耐力项目运动员使用EPO,但现在许多非耐力项目也有滥用趋势。今后他们将根据国际单项体育联合会和各国(地区)反兴奋剂机构提供的情报,有目的地复检奥运会样品。目前,国际奥委会已经对2008年北京奥运会和2012年伦敦奥运会的1 400多例样品进行复检,发现98例阳性。

### (三)禁用药物的危害(表3-12)

▶ 表3-12 禁用药物的危害

| 兴奋剂分类 | 危害 | | |
|---|---|---|---|
| 蛋白同化制剂 | 破坏内分泌和生殖系统 | 损害肝功能 | 引发心血管系统疾病 |
| 肽类激素、生长激素及其类似物 | 生长激素类 | 过敏反应 | 继发性糖尿病 |
|  | 促红细胞生成素 | 高血压、心脏病、血栓形成、中风、肺栓塞 | 心悸、皮疹、恶心和铁缺乏等 |

续表

| 兴奋剂分类 | 危害 | | |
|---|---|---|---|
| β₂受体激动剂 | 焦虑、颤抖、头痛 | 血压升高 | — |
| 激素及代谢调节物 | 糖脂代谢异常 | 骨质丢失、关节痛 | 胃肠功能紊乱等 |
| 利尿剂及其他掩蔽剂 | 肌肉痉挛 | 心律不齐 | — |
| 刺激剂 | 颤抖、焦躁不安或精神失常、失眠 | 心律不齐、冠状动脉痉挛和心肌缺血、血糖降低、心力衰竭 | 成瘾性 |
| 麻醉止痛药 | 降低损伤预警系统，使机体产生更严重的伤害 | 引起幻觉造成机体损伤，或者过分消耗体能 | 成瘾性 |
| 大麻素类药 | 幻觉 | 成瘾性 | — |
| 糖皮质激素 | 高血压、高血脂、低血钾、骨质疏松 | 诱发或加重感染、消化性溃疡 | — |
| β-阻断剂 | 心肌梗死，突然死亡 | 诱发支气管哮喘 | 头晕、失眠、抑郁、幻觉 |

### （四）禁用方法的危害（表3-13）

▶ 表3-13　禁用方法的危害

| 分类 | 危害 | |
|---|---|---|
| 篡改血液含量和血液成分 | 静脉血栓、静脉炎和败血症 | 传染性疾病的传播 |
| 基因兴奋剂 | 排异反应 | 影响免疫系统 |

### （五）兴奋剂监控

运动训练中，要重视兴奋剂规定，避免误服成为无辜受罚者，尤其是我国的一些中药或中成药可能含有违禁成分，要高度重视。当然运动员在运动训练时可以使用一些营养补剂，如支链氨基酸、β-羟基-β-甲基丁酸钙（HMB）、谷氨酰胺、左旋肉碱、牛磺酸、1,6-二磷酸果糖、肌酸等，尤其是大负荷运动消耗一些营养成分,适当补充有益于运动和健康,但过量补充多无额外益处,且同时也要注意目前一些营养补剂可能含有兴奋剂成分,肉类中可能含有瘦肉精,从而可能造成误服兴奋剂。另外,治疗用药必须经过队医批准,赛前、赛中、赛后饮料选择也不可忽视,以防误服。

**知识链接**

如何在运动中避免误服兴奋剂?

从国际奥委会对使用兴奋剂的定义里可以看到,体育运动中禁止使用的各种物质和方法,由国际奥委会统一列出一份名单,定期修改并公布在《奥林匹克宪章》第 48 条医务条例中。因此,不论是有意还是无意地使用或参与使用了该名单中的禁用物质或方法,即为使用兴奋剂。而一旦被确认使用了兴奋剂的运动员,将会受到严厉处罚。我国对兴奋剂的态度是"严令禁止、严格检查、严肃处理"。2001 年,我国对一些服用兴奋剂的著名运动员给予了严肃处理,由此可以看出我国反兴奋剂的坚决态度。

如何在运动中避免误服兴奋剂详细介绍

1. 注意治疗用药中可能含有的违禁成分

在一些治疗药物中会含有违禁成分,特别要注意的是用于治疗感冒、咳嗽的药物,治疗哮喘的药物,止泻药与镇静安眠类药物等。运动员若需吃此类药物,一定要严格、谨慎地控制,要经过教练和队医的批准。

2. 注意一些营养补剂中含有的违禁成分

德国的科隆兴奋剂检查中心在 2000 年 10 月至 2001 年 11 月对世界上 13 个国家生产的,声称不含有违禁药物的 215 种营养补剂的 634 个样品进行的检查发现,其中 94 个样品(占 14.8%)含有成分表中没有说明的激素前体成分,另外有 66 个样品中含有无法确定的成分。在这 94 个阳性样品中,有 23 例(占 24.5%)同时含有诺龙和睾酮的前体、64 例(占 68.1%)含有睾酮前体、7 例(占 7.5%)含有诺龙的前体。由此可以看到声称"安全"的营养补剂其实并非都安全。

3. 注意比赛期间饮用饮料要慎重

比赛期间,要慎重饮用他人打开的,以及在没人看守的情况下,自己打开的放置了一段时间的饮料。

4. 注意外伤后使用的消炎药成分

一些消炎药中含有激素类的抗炎物质,而这些物质是属于违禁物质,即使是在无意中使用,仍然要承担相应责任。

有关兴奋剂的详细内容可以从中国奥委会反兴奋剂委员会的官方网站

查询。有关使用违禁药品或者方法对运动员的处罚规定可以到世界反兴奋剂机构官方网站查询。

### 三、时差反应

当经过较长时间（3 h 以上）跨区飞行后，如何判断时差反应，可看是否出现以下症状：精神不能集中、萎靡、食欲不振、头晕、头痛、疲乏，睡眠紊乱，运动能力下降。

随着国际体育活动交往日益频繁，运动员经常在很短时间到达距离很远的另一城市训练或者比赛，于是出现了时差问题。例如，北京与伦敦时差为 8 h，当运动员中午 12 点从北京起飞，经过 8 h 到达伦敦后，还是中午 12 点。因而使运动员产生不适症状。这种跨时区所致的生物节律紊乱引发的运动员非特异性的不适症状，损害运动能力的现象，称为时差反应。

时差反应是由于外部的光暗循环与机体内在的生物钟不同步所致。每个人体内，都有一个生物钟维持每日的睡眠、觉醒，以及生理和心理参数的节律性变化。正常每日的生物钟周期为 24~26 h。一天最多可以缩短 60~90 min，或者加长 60~120 min。如果时差大于 3 h，往往就易引发机体对作息时间的不适应，即产生时差反应。另外，时差反应也与飞行方向、年龄、饮食、个体差异和到达目的地时间有关。通常向西飞行（生物钟加长）的时差反应要比向东飞行（生物钟缩短）的反应小，即一般人向西飞行时适应快。但习惯于早睡早起的老年人及晚上晚睡的人却是由西向东飞行时适应快。针对以上症状，飞行途中食用高碳水化合物饮食有助于睡眠；而到达目的地后采用高蛋白低碳水化合物饮食有助于觉醒；到达目的地后相对较早迎接新的一天（太阳升起）易于较快适应。

治疗时差反应，有以下几种方法：

#### （一）赛前尽早到达目的地

一般向东飞行每跨一个时区提前一天，向西飞行每跨一个时区提前 0.6 天。

#### （二）动身前预适应

动身前一周，适当改变作息制度，将睡眠时间提前或推后 2 h/d，就餐时间尽可能与目的就餐时间相一致，以便到达时尽可能同步。

## （三）选择适宜的飞行方向

跨 10 个时区时，选择由东向西飞行；跨 10 个时区以上时，最好选择由西向东飞行。

## （四）白天清醒，晚上入睡

到达目的地后，尽量在白天清醒，晚上入睡。另外，可在每天不同时间或者接受强光，或者避免光照。一般来说，从东到西飞行，接受傍晚时光照为佳；而从西向东飞行，则适宜接受清晨光照。但对于跨越 8 个以上时区的西向飞行，前两天则应避免傍晚光照。

## （五）服用药物

必要时，可在医生指导下服用药物，如褪黑素、镇静安眠药。如到达目的地第一天和第二天晚上睡前 30 min，各口服 3 mg 褪黑素片剂，第三天晚上服用 1.5 mg 褪黑素片剂，第四天和第五天晚上各服用 0.75 mg 褪黑素片剂，然后停用。

## （六）飞行中选择适宜的饮品

飞行期间可多饮水，但要尽量避免饮用咖啡、茶、酒等；到达后，清晨可饮用咖啡等提神饮料，但要注意有些对咖啡因敏感的人可能会因此影响夜间睡眠。

**复习思考题**

1. 运动员在运动前如何进行健康风险自我筛查？
2. 运动负荷常用的科学评定方法有哪些，该如何应用？
3. 比赛期间如何组织医务监督工作？
4. 运动性疲劳的常用消除方法有哪些？
5. 简述兴奋剂的分类及危害。

扫一扫：即测即评

# 第四章

# 运动员体育卫生

> ▶ **本章导读**
>
> 运动员体育卫生包括场地卫生、衣着用具卫生、饮食卫生、个人生活和健康卫生、精神卫生、运动训练卫生。了解并研究运动员卫生的基本内容及其与人体健康、体育锻炼效果之间的关系，对保护和增进运动员的身体健康、更好地培养运动员尤其是青少年及女子运动员的个人卫生、精神卫生习惯，选择良好的锻炼环境具有重要意义。
>
> ▶ **学习目标**
>
> 1. 掌握女子和儿童少年在体育运动中的体育卫生要求。
> 2. 熟悉儿童少年生长发育规律及运动员月经周期的医学问题。
> 3. 了解一般体育卫生的基本内容。

# 第一节　一般体育卫生

一般运动卫生

　　一般体育卫生包括场地卫生、衣着用具卫生、饮食卫生、个人生活和健康卫生、精神卫生、运动训练卫生，各个项目的运动员熟悉和掌握这些卫生知识，将有利于其健康的发展及运动成绩的提高。

## 一、场地卫生

### （一）场馆设施卫生

　　管理人员应定期对场地和器材进行安全检查，主要内容包括场地和跑道是否平整；跳远沙坑里的沙质有无杂物，是否符合标准；沙坑在使用之前需将沙子翻送耙平，并将铁锹用后归放原位；投掷场地应示以明显标识；体操等项目应该检查爬绳、爬杆、跳箱、单双杠等固定器械有无年久失修的潜在危险，地面是否有厚度足够、大小合适的海绵垫，海绵垫之间相互衔接是否严密；体操房保持整洁，勿放置其他障碍物；滑雪的固定装置是否得到良好维修、安装、固定；滑冰项目的冰场侧面保护墙是否可以提供足够的保护，冰面是否光滑平整。

### （二）其他

　　场馆或室外夜间灯光照明要好，室内通风要勤，通风口无污染；一般情况下，场馆内均应配备更衣室、淋浴室、饮水处和医务室等。

## 二、衣着用具卫生

　　在体育运动中，练习者身着符合运动项目要求的服装和其他装备进行运动，不仅有利于防止运动性疾病和运动创伤的发生，还能提高运动成绩。

### （一）服装应具备吸湿功能与透气性

　　人体在运动时，由于肌肉的物质代谢极具增强，体内产热量大增。当人体体温升高后，机体为了保持体温的相对恒定，会反射性引起皮肤血管的舒张，从而使汗液分泌增多进行散热。因此，当运动员参加田径、球类运动或在环境温度较高情况下进行运动时，穿着不吸湿、透气性差的服装，就会导致皮肤散热受阻，影响运动能力发挥；在夏季，还可能引起中暑等病症。而吸湿、透气性好的服装，可及时吸收人体排出的汗液，并通过织物纤维的间隙蒸发出去，加速皮肤表面的散热。

### （二）运动服应具备良好的伸缩性

运动中，随时随地都有可能做一些大幅度的动作，如快速跑、跳、滚翻等，若运动服的伸缩性（弹性）不好，就会使关节活动范围和身体的灵活性受限，影响人体运动能力的发挥和完成动作的质量。

### （三）运动服、运动鞋和其他护具的配置应与运动项目特点相适应

不同的运动项目有不同的项目特征，依据各项目的特点选择合适的运动服装，是保证运动员发挥竞技水平，避免运动损伤的重要措施之一。

现代的健身和竞技体育中，紧身衣、压缩服和护臂等装备逐渐普及。其主要材质为氨纶，具有很好的透气性、排汗性，并且紧弹的材质支撑性更好。压缩服甚至有梯度压缩的效果，有利于疲劳的消除，在降低风险的同时，还可提升运动表现。

## 三、饮食卫生

### （一）合理饮食

合理饮食有利于营养素的消化和吸收，有利于预防胃肠炎、消化不良等消化道疾患的发生，这对运动员充沛体力的保持和运动能力的提高有较好的益处。

### （二）讲究饮食卫生和营养

到正规商场购买食品，挑选时注意生产日期及保质期，不吃三无食品；少吃油炸、油煎食品；注意个人卫生，饭前便后洗手；饮食、饮水适量，不吃刺激性大的食物，不饮烈酒等。

具体应注意以下几个方面：

（1）运动后应休息 30 min 以上再进餐。剧烈运动或比赛后应至少休息 45 min；进餐后不能立即进行运动，一般需间隔 1.5~2 h 才可进行。另外，运动间隙或运动后不能立即吃冰冷食物，以免引起胃肠功能紊乱、消化功能失调和腹痛等。

（2）一日三餐食物的质量和热量要合理分配。主要根据一天的运动情

况和时间来安排。一般来说，运动前的一餐不宜吃太多，应选择热量较高、易消化的食物；食物安排应侧重于补充糖、维生素、蛋白质和磷等，少吃高脂肪食物。晚餐不宜吃辛辣刺激的食物，以免影响睡眠质量。

（3）运动中和运动后不宜过多饮水。整个运动过程补水的原则：少量多次、维持水平衡。运动前 40~60 min 补充 400~600 mL 液体，以增加体内水储备；运动中每 15~20 min 补充 125~250 mL 液体；运动后仍须少量多次补水以补充运动中体液的丢失。运动中每丢失 1 kg 体重，应补液 800~900 mL。运动饮料应为低渗、等渗溶液，运动中，切忌补充白开水、含酒精饮品、产气饮品和浓茶，温度以 8 ℃~14 ℃ 为宜。

## 四、个人生活和健康卫生

### （一）保证睡眠的质与量

赛季运动员睡眠小科普

睡眠是人们生活不可缺少的重要生理过程。对于运动员来讲，睡眠显得更为重要，不论是在运动员的体力恢复中，还是在其心理情绪的调节上，以及在其运动训练质量的提高和竞赛中运动水平的发挥里，都有非常重要的意义。因此，训练计划中必须要有目的和有科学依据地运用定量与定性的睡眠标准，否则会导致运动员机体的主要机能系统超负荷、过度疲劳、受伤和适应过程被破坏等情况发生。

### （二）杜绝不良嗜好

1. 吸烟

竞技体育是一项对体能要求很高的运动，运动训练对人体的神经系统、呼吸系统、心血管系统及消化系统都提出了相当高的要求，任何影响人体机能的因素都会使运动成绩下降。吸烟对人体健康有害是毋庸置疑的。那吸烟是通过哪些方面影响运动员的运动成绩的呢？

吸烟影响呼吸道的生理学机制

烟草燃烧产生的烟雾进入呼吸道，会使气道黏膜充血、干燥、黏液腺分泌增多。体内烟油的沉积，长此以往，会使黏液增多覆盖气道的纤毛，甚至使其脱落，破坏呼吸道正常的防御功能。

运动员戒烟方法与建议

香烟烟雾中产生的一氧化碳与氧气竞争性的结合血液中的血红蛋白，极大地影响了肺换气时氧的交换，从而使血液中碳氧血红蛋白增多，红血球携氧量减少，使各个组织得不到充足的氧供应，影响血液中氧储备和氧运输，破坏了运动中所要求的强有力的心血管功能，从而使运动员在运动中更容易疲劳，造成缺血性心血管疾病，促使心肌衰竭、心脏功能衰竭，冠心病发作。以上症状将影响运动成绩，甚至出现运动中猝死现象。

吸烟不利于运动员对营养物质的摄取、消化和吸收，使运动员所需的营养素不能及时通过物质代谢和能量代谢为运动时提供能量，从而限制了运动员运动能力的发挥，从而影响运动成绩。经常吸烟可以引起头痛、头晕、失眠、记忆力衰退、精神萎靡不振、易疲劳等不良反应，对完成高难度动作是有很大影响的。吸烟还会影响视力，使眼睛感到模糊，从而影响如射击、射箭、击剑项目的准确性及篮球投篮的命中率。

2. 饮酒过度

目前，有部分运动员对酒的认识存在着这样一种看法，认为酒能消除疲劳和心理紧张，平静情绪及减轻某些运动项目中的过重负担，情绪淡漠时可刺激兴奋过程。长期或过量饮酒对于运动员来说不仅会直接影响身体健康，而且还会影响运动训练及运动成绩的提高，降低运动能力。过度或长期饮酒会使运动员胃黏膜充血、水肿、糜烂，甚至引起消化道出血，破坏了运动中所要求的强有力的心血管功能，使心脏的弹性和收缩力降低，外周阻力增加，每搏输出量下降，心输出量降低，心力储备下降，从而令运动员在运动中氧与营养物质的供给受到限制，容易疲劳，降低运动能力；可使大脑皮质的兴奋及抑制过程遭到破坏，从而打乱抑制过程和兴奋过程之间的平衡，使兴奋过程占优势。但是，从本质上说，这种兴奋是因抑制过程削弱而产生的，并不是真正激发了兴奋过程。长期或过量饮酒可致神经衰弱、头晕、头痛、注意力涣散、情绪不稳、记忆力减退、精神萎靡不振等症状，从而破坏了兴奋及抑制过程。由于兴奋和抑制过程遭到破坏，从而导致脑力、体力工作能力下降，运动反应的速度和准确性降低。

饮酒对不同项目运动员运动能力的影响

3. 自我身体健康检查

运动员应随时观察自身的健康状态。首先，应观察近期运动后的精神状态，睡眠质量，有无失眠多梦惊醒的情况；在饮食方面，有无饮食过度或食欲降低，体重出现明显的变化；运动期间的情绪状态，是积极的还是消极的，是否存在对训练内容及场地设施产生厌烦的心理；积极注意运动前后的出汗量变化，有无骤然出汗的改变。其次，应注意在运动过程中保护好自己的皮肤，牙齿等；尤其是一些冰上运动项目对视力会造成损害，所以运动员要知道主动采取保护措施，保护眼睛。最后，身体肌肉力量对完成训练有非常重要的含义，应观察自己在以前能完成的技术动作上有没有出现不能完成的情况。运动员应时刻关注自身的健康状况，如有异常，及时向队医及教练进行汇报。

SCL-90量表

## 五、精神卫生

精神卫生帮助

精神卫生，又称心理卫生。所谓心理健康是指在身体、智能及情感上与他人的心理健康不相矛盾的范围内，将个人心境发展成最佳状态，其标准为：① 身体、情绪、智力十分调和；② 适应环境，人际关系良好；③ 有幸福感；④ 在工作中，能充分发挥所能，有效率。

在竞技运动研究领域，运动员作为心理卫生问题的高危人群，根据运动员从事的项目要求特点不同，其发生的概率会有所区别，高水平运动员需要注意预防的心理卫生问题包括：苛求完美、竞赛焦虑症、神经性饮食障碍及抑郁症。运动员的心理不良反应主要表现在人际关系敏感、焦虑和敌对等方面。他们常见的临床表现一般有：焦虑障碍、抑郁障碍、躁狂症、紧张症、进食障碍、睡眠障碍、性障碍和痴呆等。

## 六、运动训练卫生

运动员在增强体质，提高运动水平的同时，应遵循基本的运动训练原则，防止出现运动伤害的发生。任何运动技能的学习都应符合从易至繁，逐步学习与探索的过程。因此，在对运动员运动量的安排上，要符合科学的训练原则。

### （一）循序渐进原则

训练强度由小至大，次数由少至多，加强运动器官与内脏之间的适应性联系；控制肌肉群集中在一个准确的时间、空间、频率和范围之间，建立大脑皮质的条件反射，形成一系列的运动技能；稳定技能的形成，高度协调全身系统对运动的控制和发起。

### （二）系统性原则

运动训练必须长期系统、多次重复进行才能巩固运动技能，达到高训练水平，巩固肌肉和内脏器官之间的协调联系。已巩固建立起来的各种条件反射必须经常强化，否则就会消退。不仅如此，有训练的运动员突然停止训练也可能会引起停训综合征，影响身体健康。为了预防停训综合征，不再集训的运动员不宜突然停止全部训练活动，应逐渐降低运动强度，减少运动量，之后长期维持一定量的体力活动。

## （三）全面性原则

全面性原则是指全面发展身体素质，包括速度、力量、耐力和灵敏性等。全面发展身体素质对掌握和发挥运动技术有利，是创造优异成绩的重要条件。

## （四）个别对待原则

进行运动训练时，必须注意运动员的健康状况、身体素质、技术水平、年龄、性别和心理状态等个人特点，根据这些特点制订不同的训练计划。健康状况良好者，可进行较大运动量和较复杂的运动；体弱者，则要特别注意逐渐增加运动量；而患有某种慢性疾病者，更要注意根据具体情况安排体育活动。由于运动水平各有不同，训练水平较高者，可在全面训练的基础上做专项训练，并不断提高成绩；而训练水平较低者，应从事基本练习，进行全面身体训练。

# 第二节　女子体育卫生

随着社会的进步，越来越多的女性开始参加体育运动，适宜的体育运动可以促进女性身体发育、增进健康，使身体各部位协调发展，提高身体各器官、系统的功能水平。但是，也随之出现了一些与女性运动相关的问题，如月经失调、痛经，这些均是在运动训练中需要被重视的问题。因此，在运动项目和运动负荷的安排上，必须考虑到女性的特点，重视女子体育卫生。

## 一、女子身体发育及运动能力特点

### （一）身体发育特点

1. 交叉生长

10岁前，多数形态指标为男略大于女；至12岁左右，多数形态指标为女略大于男；约13岁以后，主要形态指标（如身高、体重）则一般男大于女。

2. 快速增长期较早

一般男子发育约晚于女子两年左右。女子在16~17岁，男子在19~20

岁生长速度逐渐减慢，约至25岁骨化完成后，生长停止。

**（二）女子各器官和系统功能特点**

1. 运动系统

女子的骨骼比男子短且细，骨皮质较薄，坚固度低，重量也轻（约比男子轻25%），抗压和抗弯的能力较差；脊柱椎间软骨相对男子较厚，腰部活动范围较大，弯腰动作如"弓腰""下桥"较男子更灵便；女子的肩部较窄，骨盆较宽，臀部较大，加之躯干相对较长，使其身体重心较低，因而稳定性强，有利于进行艺术体操、高低杠、平衡木及自由体操等项目；女子下肢相对较短，步幅小，易出现疲劳，因此影响跳的高度和远度；女子跑步能力相当于男子的86%，跳跃能力相当于男子的76%。

女子的肌肉重量相当于男子的90%左右，而肌肉力量为男子的70%~80%；其中，上肢肌肉力量比男子弱48%~63%（以肩带肌差异最大），下肢肌肉力量比男子弱27%；女子肌肉的生理横断面小，动力性及静力性力量均低于男子，易疲劳，且疲劳消除的时间长；女子的肩带肌、前臂肌力量较弱，加之肩部较窄，影响悬垂、支撑及负重动作；女子肌肉中慢肌纤维的比例高于男子，皮下脂肪较厚，有利于长距离运动，如马拉松和长距离游泳等；女子运动员关节囊较薄、弹性及柔韧性好，关节活动范围大，宜从事武术、体操及舞蹈等项目。

2. 心血管系统

女子的心脏体积较小（比男子小20%左右），重量较轻（与男子差异可达30%或更多），心肌收缩力较弱，加上每搏输出量较小（比男子小10%左右），常以增加心跳频率来弥补，所以安静时心率稍快于男子，而血压一般稍低于男子，在运动时，血压的增高也不如男子明显，且恢复期长。值得注意的是，心血管系统的男女差异在少年时期常不明显，青春期后差异才逐渐明显。

3. 呼吸系统

由于女子的胸廓、胸围及呼吸差均较小，呼吸肌较弱，女子又以胸式呼吸为主，因此女子的呼吸频率较快，肺活量、最大通气量、最大摄氧量均低于男子；特别是肺活量/体重指数差异非常明显，女子约比男子低20%。

4. 血液系统

女子的血液总量占体重的百分比（7%）较男子（8%）低，红细胞数量及血红蛋白含量均低于男子；加之女子每搏输出量、每分输出量等都低于男子，因而女子的运动能力和耐力均弱于男子。

5. 体成分

女子皮下脂肪较男子厚（平均为男子的 2.73 倍），有较好的保温作用，有利于从事游泳、滑冰和滑雪等运动项目。

综上所述，从各器官和系统功能特点来看，男女的差异是客观存在的，但也要充分评估女子可训练的潜力。女子也同男子一样，机能具有"可训练性"，因此，要辩证地分析女子的运动能力。

### （三）经期体育卫生要求

月经是女子的正常生理现象，体育运动可提高人体的机能水平，改善血液循环功能，改善腹肌和盆底肌的收缩和放松，从而有利于子宫经血的排出。因此，一般无须对女子经期进行运动提出不适当的限制，但也不能忽视月经期的特殊性，这一时期全身神经体液等方面有较大的变化，加之子宫内膜脱落、盆腔充血、生殖器官抗感染力下降，因此此时进行训练或比赛，应注意下列卫生要求：

1. 经期避免过冷、过热的刺激

特别是下腹部不宜受凉，以免引起痛经或月经失调。

2. 经期的第 1~3 d 应减小运动量、运动强度及运动时间

特别是月经初潮不久，周期尚不甚稳定的少年运动员更应注意，否则易造成月经失调。有痛经、月经过多或月经失调者，必要时需停止体育活动。

3. 经期不宜从事剧烈运动

尤其是震动强烈、增加腹压的动作，如疾跑、后蹬腿跑、高抬腿跑、跳跃、跳起扣球、跳起投篮和负荷过大的力量性训练等，以免造成经血量过多或影响子宫的正常位置。

4. 经期一般不宜下水游泳

以免在生殖器官自洁作用降低时病菌侵入造成感染。如需下水训练时，必须在严格消毒下应用阴道栓（体内卫生巾）。关于经期下水问题可因人而异。

### （四）经期的运动

1. 经期的运动能力

目前较为一致的看法是，一般运动员经前期机能状态最差，运动能力

低下。女运动员感觉在经前期竞技状态不良者占 65.5%，以速度、耐力、灵敏性及体力方面的下降为主，其中以耐力变化最明显。

有研究显示，经期运动后，血容量减少、心肌供氧量降低，有约 50% 的人出现窦性心律不齐、心率增加，甚至出现供血不足的现象，说明经期心脏对体力负荷的适应力有所下降。

2. 经期的训练与比赛

一般情况下，月经期不应停止训练，但应注意运动时间、训练强度及个人卫生。

（1）运动年限短、训练水平低、月经初潮者，经期不要参加大运动量训练或比赛，以免造成痛经或月经失调。适应经期训练和比赛的习惯应在月经初潮后尽早建立。

（2）运动年限长、训练水平高和经期不良反应少者，可参加训练和比赛，但应注意远期效果，定期观察女运动员经期运动前后的机能变化。

（3）经期能否参加训练和比赛，还应根据运动员月经期的表现类型来定。正常型者，如训练情况好可以参加；兴奋型和抑制型者，做好准备活动后也可参加，有些兴奋型者，经期运动成绩比平时可能还要好；病理型者，应在经期禁止参加训练和比赛。

3. 运动性月经失调

（1）月经失调。正常月经具有周期性，月经来潮的第一日为月经周期的开始，两次月经第一日之间的间隔时间称为一个月经周期。正常的月经周期一般为 21～35 d，平均 28 d（图 4-1）。月经周期长短因人而异，但每位女性有其自身的规律。若月经周期、月经持续时间或经血量超过正常范围的变化，即为月经失调。

（2）运动性月经失调。运动性月经失调是女运动员参加运动训练后常见的问题，主要表现为：月经初潮推迟，月经周期过长或过短，经血量过少，甚至可能出现闭经或功能失调性子宫出血及经前期综合征等。随着越来越多的女性参加激烈的训练和比赛，月经失调的发生率也相应增多。据报道，非运动员的月经失调发生率为 4%～5%，而运动员一般为 30%～35%，且大多发生于优秀运动员。

运动性月经失调与运动有密切的关系。女运动员月经失调与运动强度、持续时间及运动项目密切相关。训练强度大、精神应激大及过分的降低体重均易引起闭经。饮食失调、闭经和骨质疏松是女运动员经常出现的健康问题，称为"女运动员三联征"。

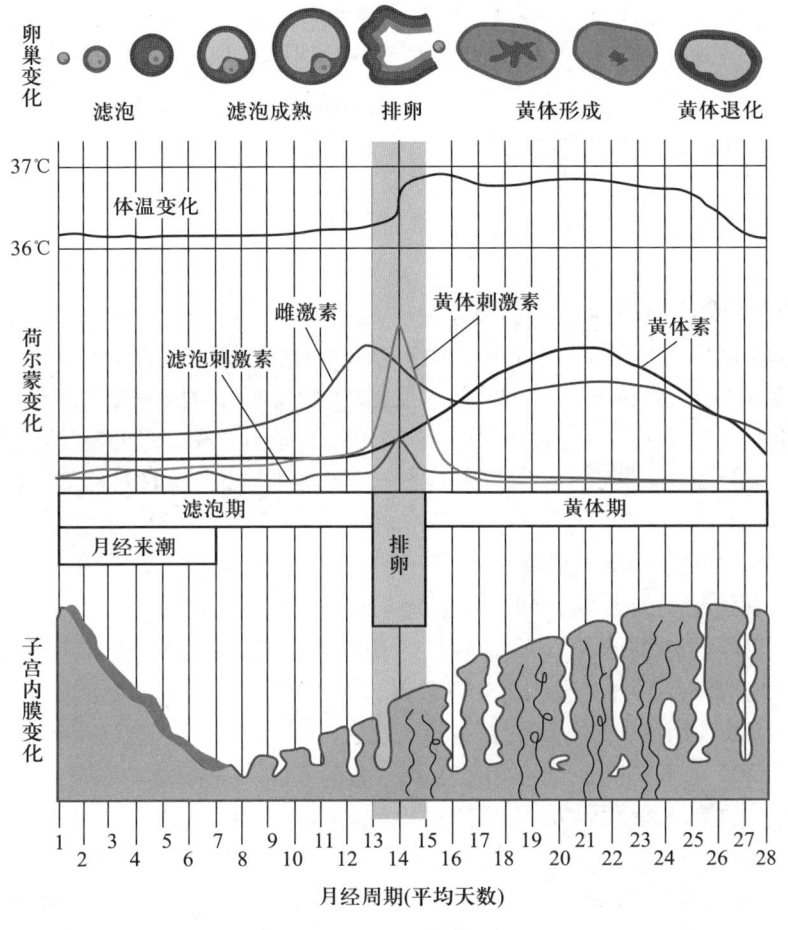

图 4-1 月经周期图

## （五）人工月经周期

1. 概念

对于不习惯经期参加比赛的运动员，可用内分泌制剂提前或错后月经期，人为地形成卵巢－子宫内膜的周期性变化，即为"人工月经周期"。这样可使运动员不受月经期的影响而参加比赛。

2. 人工月经周期的方法

人工月经周期有提前行经日期和推迟行经日期两种方法：

（1）提前行经日期法。在卵泡发育期用黄体激素制剂抑制排卵，形成卵巢黄体期子宫内膜变化；或在排卵进入黄体期后用大量的黄体激素制剂刺激子宫内膜，停药后引起撤药性出血，后者可避免影响排卵。一般运动员经前期机能状态最差，此法通过缩短月经周期，可使运动员在赛前一周进行适应性训练，身体处于较良好的竞技状态，有利于参加比赛。

（2）推迟行经日期法。用黄体激素制剂，使卵巢的黄体期延长，以推迟行经日期，即延长月经周期。

## 二、女子特殊生理问题

### （一）女运动员的月经初潮

月经是伴随卵巢周期性变化而出现的子宫内膜周期性脱落及出血。月经的第一次来潮称为月经初潮。我国健康少女的月经初潮年龄大多在13~14岁，最早可出现在11岁，最晚可出现在15岁。近年来月经初潮年龄有提前的趋势。但女运动员的月经初潮年龄则有推迟的趋势，这与运动训练有一定的关系。

女运动员的月经初潮特点：

1. 女运动员月经初潮年龄比非运动员迟2~3年

早期专门化训练使女运动员月经初潮年龄推迟。月经初潮后开始训练者，月经初潮年龄平均为$12.5\pm1.2$岁；月经初潮前开始训练者，月经初潮年龄平均为$15.1\pm1.5$岁。

2. 训练水平越高，训练年限越长，月经初潮年龄越迟

大多数高水平运动员月经初潮年龄较晚；一般每多参加训练一年，月经初潮年龄推迟约5个月。月经初潮的发生与体脂也有一定的关系，体脂较少者，月经初潮年龄较迟。如游泳运动员体脂较多，月经初潮年龄较早；体操运动员体脂较少，月经初潮年龄较迟。

此外，月经初潮年龄还受运动量、免疫力、营养状况、民族与环境等因素的影响。

### （二）女运动员的经血量

经血量为一次月经的总失血量，我国妇女一般经血量为20~60 mL，超过80 mL为经血量过多；运动员经血量平均为42 mL。经血量多少与运动项目有一定的关系：体脂较少的长跑、体操运动员经血量较少，速度型项目和重竞技项目（投掷、柔道、举重等）运动员经血量也较少，一般为12.0~62.7 mL。

经期运动时，经血量会发生一定的变化，一般在经期的第1~3 d出血量较多，因此在经期训练时，第1~3 d的训练量和强度应适当减小。训练

年限短，训练水平不高者，应循序渐进地适应经期训练。

### （三）女运动员的经期表现

不同的女运动员在月经期可以有不同的表现，归纳为以下 4 种类型：

1. 正常型

经期自我感觉良好，运动能力不变，心血管机能试验正常，此型约占 64%。

2. 抑制型

经期自感疲乏无力、嗜睡，体力及一般工作能力下降，厌烦训练，心血管机能试验恢复时间延长、心率慢、血压降低，此型约占 23%。

3. 兴奋型

经期情绪异常激动，各项生理指标有增高的趋势，肌肉发紧、动作僵硬，下腹有痉挛性疼痛，头晕，睡眠差，心率较快，呼吸频率增加，血压升高，此型约占 10%。

4. 病理型

表现为类似中毒现象的病理反应。自感腰背疼，头晕、头痛，睡眠不佳，口渴，恶心，全身不适，不愿训练，运动成绩下降，此型占 3%~5%。

从事系统训练的女运动员，月经期应加强自我监督，可填写月经登记卡，记录月经日期、经期的身体反应、参加运动的情况和运动后的反应等（表 4-1）。以便根据运动员月经期不同的表现类型及时发现问题，科学地安排训练和比赛。

▶ 表 4-1  月经登记卡

姓名：　　　　　　　　　　　　单位：

| 行经日期 | 年　　月　　日至　　年　　月　　日，共　　天 ||||||
|---|---|---|---|---|---|---|
| 经期身体反应 | ||||||
| 月经日程 | 第一天 | 第二天 | 第三天 | 第四天 | 第五天 | 第六天 | 第七天 |
| 经血量 | |||||||
| 经期参加运动的情况 | |||||||
| 经期运动后的反应 | |||||||
| 备注 | |||||||

注：1. 经期参加运动的情况分为：全休、见习、轻微活动、减量活动和照常训练。
　　2. 经期运动后的反应分为：差、一般和良好。

## 第三节 儿童少年体育卫生

### 一、儿童少年的生长发育规律

#### （一）生长发育的波浪式规律

儿童少年体育卫生

从儿童生长到成年的阶段身体是不等速的增长，发育过程中总共有两个突增期：第一个突增期是胎儿中期到两岁之前；第二个突增期是青春期，男生在13~15岁，女生在9~11岁，女生比男生提前两年，在这一期间女生与男生有明显的性征差异。女生侧重在体脂的增长，男生侧重于肌肉的增长，同时男生的下肢增长较快、腿较长。这些因素决定了男生和女生在某些运动上的差异，运动员选材要注意早熟和晚熟的问题。在突增期过后，生长发育逐渐缓慢下来，在20岁左右停止。

#### （二）儿童少年生长发育的不平衡性和统一性

1. 儿童少年体型发育的特点

第一次突增期，初生儿头部是身长的1/4，2岁时约为1/5，6岁时约为1/6，12岁时约为1/7，是按照头部、躯干和下肢的顺序，遵照"头尾发育规律"进行的；第二次突增期与第一次刚好相反，先发育的是下肢、躯干，然后是头部，但头部的发育不明显。

从出生计算，头增长约1倍，上肢增长约3倍，下肢增长约4倍。身体各部位发育结束的时期：足大约在16岁，上肢、下肢在20岁左右；手大约在15岁，躯干在21岁左右。

2. 儿童少年神经系统发育的特点

儿童少年时期的神经系统发育处于领先地位。神经系统发育较早，5~6岁时已接近成人水平，大脑重量达成人的90%，神经活动以兴奋过程仍占主导并易扩散，表现为活泼好动、注意力难以集中、运动动作精准性差。随着年龄增加，抑制的过程逐渐增强，最后兴奋与抑制达到平衡。因此，在儿童少年的体育教学中，应多以直观示范和活动性游戏的方式为主，并要求多样化。但每次活动时间不宜过长，否则易引起神经系统的疲劳。另外，儿童少年要保证每天1 h的户外运动。

3. 儿童少年运动系统发育的特点

儿童少年运动系统发育与全身生长发育一样，呈波浪式，阶段性强。

骨骼有机物多，无机盐少，比例为1∶1；骨的弹性大、可塑性强、硬度小且不易骨折，易弯曲变形。下肢晚于上肢发育，脊柱更晚。肌肉重量轻、质软，肌纤维细弱，肌肉水分含量多，含蛋白质和无机盐少。因此，进行体育运动时不要持续过长时间，运动量不要超过身体的负担，尤其不要进行静力性活动。在青春期由于肌肉的发育不均衡，要注意发展肌肉的协调性，勿使肌肉过度负担。体育运动要注意培养正确的站、走、跑和跳的姿势，以防不正确的动作给身体发育造成不良影响。如激烈地跳跃和不正确的落地姿势会影响女孩的骨盆发育，长期负重和站立会引起扁平足等。

4. 儿童少年心血管系统发育的特点

儿童少年的心率随年龄增加而减慢，心容积、心输出量等较成人小，但由于负荷后心率增加较快，只能适应短时间紧张的运动。若进行长时间大强度的运动时，可因缺氧而出现疲劳。

儿童少年的血压随年龄增长而增加，青春期后心脏发育迅速，血压增长较快，有时可出现收缩压超过正常标准，称为"青春期高血压"。2010年，有国内报告显示，6~12岁儿童收缩压从89.9 mmHg（1 mmHg = 0.133 kPa）上升至94.3 mmHg；舒张压从53.3 mmHg上升至62.7 mmHg。2016年的数据表明，我国儿童少年高血压的患病率为9%，发生的高峰年龄在15~16岁；我国7~17岁儿童少年高血压发生率男性为1.4%，女性为0.6%。综上所述，儿童少年体育运动应以发展有氧运动为主，不宜进行用力过大的运动、憋气运动或长时间静止用力的活动，运动强度要适当。

关于"青春期高血压"问题，如果不是高血压病，仅血压增高，又无异常自觉症状，一般多在青春期过后即可恢复正常。适当的体育运动能提高心血管功能，改善血压增高产生的不良影响。如果有头晕等不良症状，则应避免激烈运动，并进行规律监测。

5. 儿童少年呼吸系统发育的特点

儿童少年的呼吸肌发育较弱，胸廓窄，肺泡小，鼻腔短直，呼吸频率快，呼吸表浅，肺活量小。在体育运动中，主要靠加快呼吸频率来增大肺通气量，因此容易缺氧和产生疲劳。儿童少年参加体育运动首先要养成正确的呼吸模式，加强呼吸深度练习；另外，要做到呼吸和动作的协调配合。

（三）身体素质和运动能力

身体素质和运动能力联系紧密，其发展受身体形态和身体机能的制约。

1. 速度素质

速度素质的发育特点为：随年龄的增长而提高，10~13岁增长最快，之后缓慢并趋于稳定。为此，青少年在 13 岁以前可以接触一些频率快和练习反应速度的运动项目，如乒乓球、羽毛球、游泳和田径赛跑等。14 岁以后可适当安排长跑、球类活动，以便发展耐力。另外，女孩从 13 岁起，速度有所下降，特别是在青春期表现尤为明显。因此，要注意女孩青春期的速度发展。

2. 力量素质

力量素质的发育特点为：男孩在 16 岁以前随年龄增长而逐渐增加，此后有缓慢下降趋势，并在 22 岁前开始回升，22～23 岁达到高峰，之后趋于稳定；而女孩在 13 岁以后开始呈缓慢下降趋势，16 岁又有回升，18～22 岁达到高峰，之后趋于缓慢并稳定。由此可见，儿童少年在青春期以前不适宜进行过大的力量训练，但随着机体发育，16～18 岁以后可进行肌肉力量训练。

3. 柔韧素质

柔韧素质随年龄的增长而逐渐下降，年龄越小柔韧性越好。因此，柔韧性练习从幼年开始为宜。

4. 耐力素质

耐力素质发育总的趋势是随年龄增长而逐渐提高，20 岁达到高峰，之后随年龄增长而下降。女孩在 13 岁后开始下降，17～18 岁又逐渐回到 13 岁的水平，21 岁又逐渐下降。由此看出，16 岁以后宜进行耐力训练。

5. 灵敏素质

灵敏素质随年龄的增长而逐渐提高。10 岁以后开始提高，青春期尤为明显，15～16 岁增长趋势逐渐缓慢并趋于稳定。因此，从儿童时期就应该重视对灵敏素质的培养。

## 二、儿童少年体育运动卫生保健

### （一）儿童少年一般体育卫生要求

儿童少年正处于生长发育的变化过程中，身体形态结构和生理机能尚未成熟，特别是青春期，身体变化很大，合理地进行体育锻炼，能促身体发育，增强体质。

根据儿童少年运动系统的发育特点，除了在日常学习和生活中使他们养成正确姿势外，在体育教学和训练中，也应培养他们站、立、跑、跳的正确姿势。发现有身体姿势不正确或发育缺陷时，应及时矫正，必要时应到医院就诊。

根据儿童少年心血管系统、呼吸系统的发育特点，合理安排运动量，要求不得过高过急，密度应安排得小一些，间歇次数应多一些，练习时间不宜过长。在教学和训练中，应注意遵循循序渐进和个别对待的原则。在运动中根据动作的结构、节奏及用力情况，使其逐步掌握适宜的呼吸方法，并注意呼吸卫生。

根据神经系统的发育特点，儿童少年活动的内容和形式要生动活泼，多样化，可穿插一些游戏和小型地方特色的比赛等。教学过程中，应采用直观示范教学法，多运用简单、形象的语言进行讲解，多做一些模仿性练习，注意培养其思维能力，促进第二信号系统的发展。

由于儿童少年正处于身体全面生长发育时期，在进行体育教学、训练时，必须贯彻全面训练的原则，不应片面地强调过早地从事专项训练。在训练中，不应过早地要求儿童少年创造好成绩，也不宜过多地令儿童少年参加正式比赛，以免导致儿童少年神经系统过于紧张，更不应让儿童少年与成人进行对抗性比赛。另外需要注意的是，儿童少年应在教师或教练的指导和监督下安全地从事力量训练，进行训练时，一般针对成人抗阻训练的指南也可以使用，每个动作重复 5~8 次，以达到中度疲劳为度，且只有当儿童少年可以保质保量地完成预定的重复次数时，才可以增加阻力。

儿童少年的体温调节系统发育尚不成熟，应避免在炎热潮湿的环境下运动，并且应注意补水。超重或体力活动不足的儿童少年无法保证每天进行 60 min 中等至较大强度的体力活动时，应该以中等强度体力活动开始，适应后逐渐增加运动频率和时间以达到每天 60 min 目标。可以逐渐增加较大强度的体力活动直到每周至少运动三天。

对于有疾病或残疾的儿童少年，如患哮喘、糖尿病、肥胖、囊性纤维化及脑瘫者，应根据他们的身体状态、症状及体适能水平制订运动处方。儿童少年应努力减少静坐和静屏时间（如看电视、上网和玩视频游戏），增加有益于身心健康的体力活动和体适能活动（如步行和骑自行车）。

**（二）儿童少年早期专项训练的医学问题**

1. 儿童少年运动员的早衰

早衰是儿童少年在早期专项训练中由于片面追求单项训练，强调早出运动成绩，忽略身体发育特点，训练强度过大，比赛过多，致使身体不能适应而产生多种伤病，使运动寿命缩短，过早终止运动训练的现象。早衰的主要原因是没有根据儿童少年的解剖、生理特点进行全面训练。如只注重力量和速度训练，而忽视了对身体的一般耐力训练和内脏器官的功能训练。早衰的另一个原因是选材不当，如只看形态而忽视机能和素质，只顾专项成绩而

运动员早衰的因素

忽视身体全面发展。

2. 儿童少年训练比赛中的伤病问题

由于儿童少年时期骨骼尚未完全骨化，因此在早期专项训练中最容易导致骨骺损伤。如骨骺提前愈合、骺板分离、骨折和骨软骨炎等。此外，运动性贫血和血压偏高等也较为常见。

3. 关于开始专项训练的年龄

早期专项训练的开始年龄、达到最好运动成绩年龄与为达到最好运动成绩所需要的训练年限有关。一般推算的方法是：早期专项训练的开始年龄＝达到最好运动成绩的年龄－为达到最好运动成绩所需要的训练年限。

开始进行专项训练的年龄，一般按运动项目的性质分为三类：① 以速度和灵敏为主的项目（如体操、游泳、花样滑冰、技巧运动等）为 10～11 岁；② 足球、篮球、排球等项目为 12～13 岁；③ 以体力和力量为主的项目（如举重、长跑等）为 14～16 岁。目前，有些国家的运动员早期专项训练的开始时间更为提前，这已成为国内外体育工作者普遍重视和研究的课题，也为运动医学工作者所关注。

复习思考题

1. 简述运动场地设备的一般卫生要求。
2. 运动员饮食的一般要求有哪些？
3. 运动中补液的原则是什么？
4. 什么是人工月经周期？什么是女运动员三联征？
5. 试述女运动员在月经期的不同表现及经期的体育卫生要求。

扫一扫：即测即评

# 第五章

# 运动性病症

> ▶ **本章导读**
>
> 运动性病症是机体对运动不适应造成体内功能紊乱而出现的一类疾病、综合征或功能异常。本章由运动性病症的定义谈起,从常见运动性病症和与环境相关的运动性病症两个层面进行介绍,涵盖了过度训练、过度紧张、运动性心律失常、运动员高血压、运动性贫血、运动性腹痛、运动性血尿和运动性尿蛋白、肌肉痉挛、晕厥等多种运动性病症,在介绍每一病症时,都将论及每种病症的概念与原因、表现、处理及预防。
>
> ▶ **学习目标**
>
> 1. 掌握各运动性病症的预防及现场处理。
> 2. 熟悉各类运动性病症的原因及临床表现。
> 3. 了解各类运动性疾病的临床处理方法。

# 第一节　常见运动性病症

运动性病症是指运动引起的或与运动直接相关的病症。

## 一、过度训练

### （一）概念

过度训练是运动负荷与机体机能间不相适应，以至疲劳连续积累而引起的一系列功能紊乱或病理状态。

超负荷原则是现代训练学的重要组成部分，有研究认为它是对机体适应性的理想刺激。超负荷是指在运动训练中，负荷量逐渐增加，后一阶段的训练量超过前一阶段的负荷量。但当这种负荷量过大时，训练后机体不能得到恢复，以及未获得适应性，就会导致过度训练的发生。

### （二）原因

1. 训练安排不合理

在训练中未遵守循序渐进、系统训练的原则，运动量增加过快，超过了机体的承受能力，即可导致过度训练的发生。大运动量训练持续过久，又缺乏必要的节奏和间隙，超过身体的机能潜力，破坏了内在的稳定时，就会造成身体的过度疲劳状态，训练后易发生过度训练。训练内容单一，缺乏全面训练的基础就集中专项训练，再加上运动训练安排不当，也容易造成过度训练。

2. 患病后过早训练和/或训练量过大

运动员在伤病后身体机能不良，或在未完全恢复的情况下安排紧张的训练和比赛，易导致过度训练的发生。不少运动员的过度训练是由于感冒后过早训练或训练量过大造成的。

3. 生活规律遭到破坏

生活规律遭到破坏，休息和睡眠不足，身体过度劳累，易导致过度训练的发生。如比赛过多而间歇过短，运动员得不到充分的休息或社会活动过多，破坏了原有的生活规律；旅途劳累，时差反应尚未恢复或适应时，参加紧张的训练或比赛，也可导致过度训练的发生。

4. 饮食营养不合理

饮食营养不合理，致使消耗的物质得不到及时的补充，如脱水、热能

运动过程中的
机能水平状态

物质摄入不足、长期缺乏微量元素等，均可导致过度训练的发生。

5. 各种心理因素

如感情上的挫折、人际关系不协调、精神上的打击、舆论压力、学习训练不顺心和竞赛反复失败等，都是造成过度训练的诱因。

需要注意的是，运动员过度训练的发生，往往是几种原因同时存在所致，并不是由单一因素所引起的。在相同的训练条件下，运动员是否发生过度训练，取决于多种因素综合作用的结果。

（三）征象

过度训练的征象是多种多样的，可涉及各个系统和器官，而且可因过度训练的程度和个体特性而异。

1. 早期

在过度训练早期，运动员一般无特异性症状，很难与大强度训练后正常的疲劳感觉相区别。运动员常有以下表现：

（1）一般自觉症状。疲乏无力、倦怠、精神不振。外观看上去双眼无神，情绪低落。

（2）神经系统方面。出现头晕、记忆力下降、精神不集中、反应易激动；有的表现为入睡困难、多梦、早醒，严重时则出现失眠头痛；有的还出现耳鸣。

（3）对运动的反应。表现为没有训练的欲望或厌烦训练；过度训练较重时表现为厌恶或恐惧训练，而且在训练中疲劳出现得早，训练后疲劳加重而不易恢复，运动成绩下降，动作协调性下降。

过度训练的早期主要反应在神经系统和心理方面，如果上述症状出现后未能引起重视，未采取必要的措施，过度训练就会进一步发展。

2. 晚期

如果早期过度训练中的各种不良刺激因素持续存在，将会导致运动员心理和各系统生理方面的严重耗竭，并出现一系列全身多系统的异常表现：

（1）心血管系统。心悸、胸闷、气短、晨脉明显加快、运动后心率恢复缓慢和心律不齐等。如举重、投掷等力量性项目的运动员，安静时和运动负荷后血压常明显偏高。

（2）消化系统。除出现食欲不振、食量下降外，还会出现恶心、呕吐、腹胀、腹痛、腹泻和便秘等症状。个别运动员可出现消化道出血症状。

（3）运动系统。常表现为肌肉持续酸痛、负荷能力下降，易出现肌肉痉挛和肌肉微细损伤等。当出现下肢过度训练时，可表现为过度使用症状：

疲劳性骨膜炎、慢性疲劳性小腿间隔综合征、应力性骨折、跟腱周围炎和腓腱周围炎。

3. 其他

运动员主诉全身乏力，易发生感冒、腹泻、低热、运动后蛋白尿、运动性血尿、运动性头痛、脱发和浮肿等。

4. 检查

（1）体重。表现为成年运动员在大运动量训练后，体重持续下降（休息及进食后不恢复）。体重大幅度下降超过正常体重的 1/30，是诊断过度训练的重要依据之一。

（2）心血管系统。安静时心率较正常时心率明显增加，一般认为心率较平时增加 12 次 /min 以上，应引起注意。晨血压比平时血压高 20%，并持续两天以上，或短时间内超过正常值（140/90 mmHg），应引起注意。心电图变化可出现 ST 段改变、各种心律不齐（如室性早搏、阵发性心动过速等）及传导异常。

（3）呼吸系统。表现为最大摄氧量、肺通气量和肺换气功能下降。

（4）血液系统。可表现为血红蛋白水平较平时降低而并未达到贫血的标准，也可出现贫血。出现白细胞计数减少，特别是淋巴细胞减少。出现红细胞载氧能力的下降，进而导致运动能力的下降。

（5）消化系统。运动中或运动后可出现右季肋部痛，个别运动员肝脏肿大，但肝功能正常。目前没有资料显示运动强度大会导致便秘。但有研究发现，在一些大强度的运动训练及比赛中，运动者可能出现腹泻、腹痛、呕吐、恶心和吐酸水等胃肠不适症状，这种现象称为运动性胃肠综合征。其发病率与从事的运动项目、运动强度和运动持续时间等因素有关。对于普通健身爱好者，因为不会有较大的运动强度及比赛时的精神紧张，所以极少出现运动性胃肠综合征。

（6）泌尿系统。可出现运动性蛋白尿或运动性血尿。过度运动会增加泌尿系统的负荷，神经高度紧张也会引起抗利尿激素分泌不足，进而导致肾小球在进行重吸收时功能发生紊乱，对一些物质的重吸收不够充分而排出体外，致使运动性蛋白尿或运动性血尿发生，最终影响肾脏的功能和使泌尿系统发生功能紊乱。

（7）内分泌系统。女运动员可出现月经紊乱，严重时出现闭经。睾酮 /皮质醇比值的变化，被认为是诊断过度训练的敏感指标。一旦游离睾酮 / 皮质醇比值降低超过 30%，可以考虑为过度训练。但还应根据其他临床表现来综合分析判断。

（8）免疫系统。过度训练对免疫系统有不同程度的损害，可表现为淋巴细胞计数减少，血清免疫球蛋白、分泌型 IgA 和非特异性免疫功能的下降，易发生各种感染性疾病。

### （四）分类及分型

根据自主神经功能紊乱的假说，由耐力性项目的训练（有氧运动）引起的过度训练主要表现为：疲乏、淡漠、运动能力下降，又被描述为副交感型过度训练；而运动强度过大，在"无氧运动"训练中发生的过度训练，则被描述为交感型的过度训练，主要特征为：高度兴奋、坐卧不安、运动能力下降（表5-1）。

▶ 表5-1 过度训练的分类及分型

| 特征 | 副交感型 | 交感型 |
| --- | --- | --- |
| 安静心率 | 减慢 | 增加 |
| 体力 | 下降、活动后易疲劳 | 下降、活动后易疲劳 |
| 运动能力 | 下降 | 下降 |
| 运动后恢复 | 正常 | 缓慢 |
| 食欲 | 正常 | 降低 |
| 情绪 | 抑制、冷淡 | 兴奋、烦躁 |
| 睡眠 | 良好 | 失眠、多梦、易醒 |
| 体重 | 正常 | 下降 |

### （五）处理

由发生原因可知，训练安排不合理是造成过度训练的主要原因，因此过度训练的处理原则应包括：消除病因、调整训练内容和/或改变训练方法、加强各种恢复措施及对症治疗。

（1）早期和轻度的过度训练。

① 调整训练计划，减少运动量和运动强度，缩短运动时间，避免令运动员参加剧烈比赛，但不应完全停止训练，以免出现停训综合征。

② 合理安排休息时间，定时没收手机和电子产品，控制休息区的噪音等，增加睡眠时间的同时提高睡眠质量。

③ 注意加强营养和热能平衡，食用易消化吸收的食物，多吃蔬菜、水果，补充充足的维生素 C，维持体内的弱碱性环境，尽量少吃猪肉多吃牛羊肉，降低体脂含量。

（2）中晚期和较严重的过度训练。

① 一般应停止专项训练，应以健身活动为主，或转换训练环境，可进行核心或小肌肉群的专项练习，提高机体的核心稳定性和整体的灵活性，停止大负荷、大强度的训练。

② 增加睡眠时间，提高睡眠质量，增加文娱活动，进行积极性休息等。

③ 采取必要的药物治疗及恢复措施，如补充维生素，服用镇静剂或抗疲劳中药；采用按摩、水浴和理疗等恢复手段。

### （六）预防

（1）合理安排运动训练。

过度训练发生的主要原因是训练安排不合理，因此预防的关键在于根据运动员的性别、年龄、身体发育状况、训练水平和训练状态等具体情况制订合理的、切合实际的训练计划，逐渐增加训练量；遵循最佳训练负荷的原则，并加强队医、教练员、运动员之间的交流。运动员伤病后，应进行积极治疗，不宜过早恢复训练和比赛。对青少年运动员应加强全面训练。

（2）合理安排生活制度。

特别是在备战期，每天都要进行相对较高强度的训练，因此合理安排作息时间至关重要，膳食营养要合理搭配，多吃蔬菜、水果，每天要补充充足的水分。

（3）采用各种措施促进疲劳的及时消除。

训练结束后，首先需要做的就是主动拉伸，如果条件允许还可以将膝关节泡进冰水进行冰水浴，或队友之间互相放松一下腰背部和大腿的大肌群。还可以借助一些器械进行放松按摩，如泡沫轴、筋膜枪和中频治疗仪等。身体放松结束后，可以听一听音乐，洗一下热水澡，放松一下心情。

（4）加强医务监督，及时发现过度训练的早期表现，早调整、早治疗。

运动员若出现以下症状，可作为早期过度疲劳的信号，应及早采取相应措施调整和治疗。

① 训练课、定时跑或比赛时感觉非常费力，两组训练间的恢复时间延长，训练时动作不能较好地完成。

② 训练课结束后有持续疲劳感和恢复不足，并伴有睡眠不良、晨脉增

加、食欲不振、对周围事物不感兴趣等。

③ 处理日常事务时，表现出易怒和情绪化，在与他人交流时不愿说话或者情绪反常，焦虑难安等。

④ 情绪低落，心不在焉，缺乏训练热情，训练效果不佳。

⑤ 女运动员月经周期改变，甚至出现闭经。

## 二、过度紧张

### （一）概念

过度紧张是指运动员在训练或比赛时，体力负荷超过了机体的潜力而发生的生理功能紊乱或病理现象。它常发生在一次剧烈的训练或比赛后即刻或过后不久，在中长跑、马拉松、自行车、足球、划船和中长距滑冰等运动项目中较为常见。

### （二）原因

过度紧张主要是由剧烈运动超过了机体的耐受程度而引起的，主要原因如下：

1. 训练水平差和心理状态不良

心理状态不稳定，主要表现在注意力不集中、情绪波动较大，甚至还会出现焦虑、厌食、失眠多梦等诸多症状，此时对运动员的心理疏导尤为重要。

2. 因患病长期中断训练后突然参加剧烈运动和比赛

在运动员看来，身体的长时间休息往往会带来更大的心理压力，同时，运动技能也会随之下降，周而复始的恶性循环。因此，在运动员不能参与集体训练的时间里，为其安排定制的功能锻炼尤为重要，无论是对身体的恢复，还是对心理的安慰都具有很大的帮助。这样当运动员度过康复期之后，再回到运动场上时，也不会由于体力跟不上或是对运动感觉陌生而引发过度紧张。

3. 患心血管疾病者参加剧烈运动

患有高血压病、动脉粥样硬化或心脏病者，参加剧烈运动时可发生过度紧张，严重时可导致猝死。有以上病症的患者心肺功能和神经系统的调节能力都会较正常人低，因此在参与正常人感觉不怎么费力的运动时，此类运动参与者仍然会出现体力不支、呼吸急促，进而发展为过度紧张。

### （三）类型和征象

过度紧张的类型较多，轻重程度差异很大，可涉及一个或几个系统。常见为以下几种类型：

1. 单纯虚脱型

多见于径赛运动员，出现在剧烈训练或比赛后，多发生于训练水平不高或已中断一段时间训练突然参加比赛的运动员。跑后即刻出现头晕、面色苍白、恶心、呕吐、无力和大汗淋漓等，此类运动员多数神志清楚，能回答询问。轻者休息片刻好转，重者需卧床休息 1~2 d 才可缓解。

2. 晕厥型

多发生于举重、疾跑后突然停止或受到强烈刺激时。表现为在运动中或运动后突然出现一过性神志丧失。清醒后，全身无力、头晕、头痛，可伴有心、肺、脑功能降低的现象。

3. 急性胃肠综合征

表现为剧烈运动后即刻或不久出现恶心、呕吐、头痛、头晕、面色苍白，经过 1~4 h 逐渐缓解。较重者可呕吐咖啡样物，大便化验潜血阳性，提示有上消化道出血。

4. 脑血管痉挛型

表现为运动中或运动后即刻出现一侧肢体麻木、动作不灵活，常伴有剧烈的头痛、恶心和呕吐。

5. 急性心功能不全和心肌损伤

表现为运动后出现呼吸困难、憋气、胸痛、咳血性泡沫样痰、面色苍白、脉搏快弱或节律不齐、血压下降、右季肋部疼痛、肝脏肿大和全身无力等急性心功能不全症状。

### （四）处理

1. 单纯虚脱型

卧床休息、保暖、饮用热水或咖啡。较重者可吸氧，静脉注射葡萄糖等，以加速恢复。

2. 晕厥型

平卧，保持呼吸道通畅，吸氧，静脉注射高渗葡萄糖等，效果不明显者应迅速送往附近医院（详见晕厥）。

3. 急性胃肠综合征

发生急性胃肠综合征，尤其是发生胃出血者，应暂停专项训练，休息观察，吃流食、半流食和易消化食物，必要时服用止血药物。一般 1~2 w

可恢复训练。若反复出血,则应送往医院进行进一步检查治疗。

4. 脑血管痉挛型

平卧,保持呼吸道通畅,并进行脑部的相关检查以发现是否存在脑血管病变。

5. 急性心功能不全和心肌损伤

半卧、保暖、吸氧;伴昏迷者可针刺或点掐内关、人中等急救穴;如呼吸心跳停止,应做心肺复苏术。同时应尽快送往医院进一步抢救。

(五)预防

1. 做好身体检查

有心血管机能不良者,患有急性病,如感冒、扁桃体炎、急性肠胃炎等者,均不应进行剧烈运动或比赛。

2. 遵守循序渐进的原则

避免缺乏训练或训练不足者参加剧烈的比赛,避免伤病初愈或未完全恢复者参加大强度运动训练或比赛。

3. 加强运动训练和比赛时的医务监督

尤其是对新运动员、儿童少年运动员应加强训练和比赛时的医务监督;年老运动者要重视区别对待,坚持健身原则,不应过分追求比赛分数和成绩。

4. 训练、比赛前做好充分的准备活动

运动后要使身体各部分达到充分放松。放松身体的同时要做到心理的放松,在身体放松充分后,可通过听音乐、洗热水澡,愉悦心情。

## 三、运动性心律失常

正常的心脏以一定范围的频率不停地、规律地搏动。正常心脏的激动起源于窦房结,以一定的顺序传播到心房和心室。任何心脏激动的起源和传导的异常,都会导致心脏活动的频率和规律发生紊乱,称为心律失常。

心律失常多发生于疾病时(如心脏病、内分泌疾病、中枢神经系统疾病、电解质紊乱、药物毒性作用和手术麻醉等),但也可以是单纯功能性改变,见于健康人。运动员中出现心律失常的概率比患者少,但比健康人多(图 5-1)。

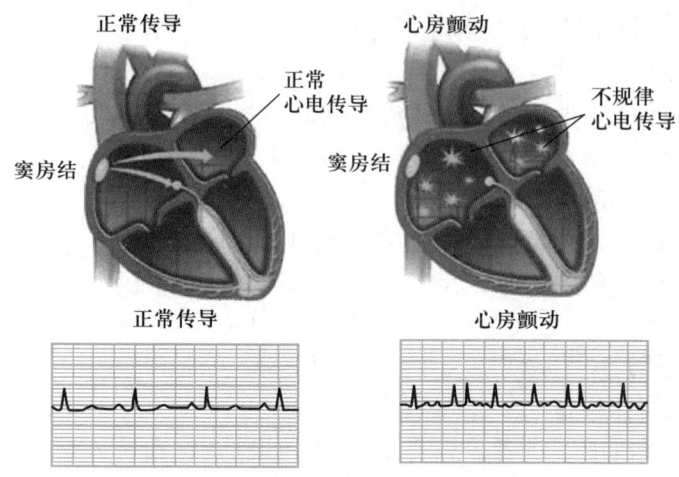

图 5-1 正常心率和心律失常

### （一）概念及原因

1. 窦性心律失常

（1）窦性心动过缓。

从窦房结发出的激动频率低于 60 次 /min，称为窦性心动过缓。在运动员中，安静时窦性心动过缓发生率较高，占 50% 以上，多数心率为 40~60 次 /min，少数低于 40 次 /min。多见于从事耐力训练（马拉松、公路自行车等）的运动员，也可见于足球、篮球、排球、短跑、跨栏、跳高、跳远、体操、投掷和举重等项目的运动员。

运动员窦性心动过缓是心脏对长期运动训练产生的适应性反应，是长期运动训练引起的心功能改善及交感神经紧张性降低，迷走神经紧张性增高。运动员安静时心率减慢，心肌耗氧量降低，心肌出现能量节省化；但运动时心脏动员得快，心率可以达到极限水平，运动后恢复也快，这是心脏储备能力高的表现。

（2）窦性心动过速。

从窦房结发出的激动频率超过 100 次 /min，称为窦性心动过速。安静时窦性心动过速者多属异常，要注意排除甲状腺功能亢进、感染和过度疲劳。

（3）窦性心律不齐。

从窦房结发出的激动节律不整齐，即为窦性心律不齐。可分为窦性呼吸性心律不齐和窦性非呼吸性心律不齐两种。窦性呼吸性心律不齐较为多见，与呼吸有关，吸气时快、呼气时慢，常见于正常儿童及青少年。窦性非呼吸性心律不齐较为少见，与呼吸无关，心率时快时慢，多见于心脏病患者。运动员中常见窦性心律不齐，特别多见于青少年运动员，一般为正常现象。

2. 早搏

从窦房结以外的异位起搏点提前发出的激动称为过早搏动（早搏），又称期前收缩。运动员中最常见的早搏是室性早搏，房性早搏次之，交界性早搏少见。

3. 传导阻滞

窦房结发出的激动在传导过程中发生异常，常见传导阻滞。按照阻滞程度可以分为一度（传导延缓）、二度（部分传导发生中断）和三度（传导完全中断）。

（二）处理

1. 窦性心律失常

运动员窦性心动过缓、窦性心动过速、窦性心律不齐多不需处理，如有头晕、心悸等不适，可对症服药，头晕可用阿托品等药物，心悸可用镇静剂。运动员出现显著的窦性心律不齐，可能与过度疲劳有关，需要注意调整运动量。

2. 早搏

运动员出现早搏如无其他异常，或运动中及运动后即刻早搏消失者，可进行训练和比赛。如除早搏还伴有其他异常，运动中及运动后早搏不消失或增多，应慎重对待，排除各种疾病的可能性，并在密切观察下进行运动训练和比赛。

3. 传导阻滞

窦房结阻滞和一度、二度房室阻滞多为功能性的，训练、比赛无禁忌，如在运动员疲劳时出现，反映运动员身体机能状况不佳，需调整运动量。如与过度训练、过度紧张有关，除须调整运动量外，还应给予进一步处理。

（三）预防

1. 科学选材排除发生心脏病的危险因素

患有先天性心脏病的患者不适宜参加高强度的运动训练和作为职业竞技运动员。

2. 科学训练，避免过度训练、过度紧张等运动性病症的发生

制订合理的训练计划，劳逸结合，增加运动训练的趣味性，做好训练前、中、后的运动损伤防护，以及及时疏导情绪低落、过度紧张的运动员情

绪，保证运动员健康地参加训练，以最好的状态参加比赛。

3. 加强医务监督和健康检查，早发现、早诊断，避免发生运动猝死

医疗团队应各尽其责，做好伤病的筛查和诊断，对于不能确定的情况应及时送去医院进行检查，做好运动员伤病预防的最后一道防线。

## 四、运动员高血压

### （一）概念

高血压是以体循环动脉血压升高为主要表现的心血管综合征。高血压可分为原发性高血压和继发性高血压，前者是以血压增高为主要临床表现的一种疾病，后者则是在某些疾病中作为症状之一而出现的高血压。运动员高血压与特有的运动条件有直接的关联，多数运动者的高血压可持续几周到几个月，有的可持续多年。

### （二）原因

1. 运动性高血压

（1）专项运动训练所致高血压。

运动员从事力量性运动项目（投掷、举重、健美等）或其他项目的力量练习较多而引起的高血压，与胸膜腔内压升高、收缩肌肉的机械压迫、等长收缩引起压力反射、肌群参加活动多少等因素有关。表现为收缩压和舒张压均升高，尤以舒张压升高多见，可高达 100~110 mmHg。

（2）过度训练或过度紧张所致高血压。

患有这类高血压的运动员都有较明显的过度训练或过度紧张的运动史和症状。一般收缩压和舒张压都升高，多数人的血压超过正常值 10~20 mmHg。

2. 反应增高或高动力状态

（1）反应增高。

反应增高是指在某种刺激下，引起运动员暂时性血压高于正常，而一般健康人在这种刺激下常不出现血压增高。

（2）高动力状态。

高动力状态表现为心输出量慢性升高，血压升高，并伴有心脏收缩期杂音、心肌肥厚等特征，各种检查均未见异常。多见于年轻人。

3. 青春期高血压

青春期高血压是指年龄在 18 岁以下、个子高、体格发育好，参加篮球、排球运动的青少年出现的高血压，被认为与性成熟期神经系统和内分泌

系统的变化有关。常表现为收缩压升高,可达150~160 mmHg,一般舒张压不高;无不良感觉或仅在运动量较大时有头晕、头痛的症状。

4. 原发性高血压

原发性高血压即有高血压家族史。血压间断性高于正常,与运动训练无明显关系,有时可见眼底血管有相应的变化,多数运动员在紧张、劳累时血压才偏高,吸烟、饮食中脂肪增加也可诱发。一般除血压增高外,全身情况良好。

5. 肾炎所致高血压

在运动员中少见。年轻运动员的血压骤然升高时(特别是舒张压),要注意排除恶性高血压的可能。近年来,肾血管性高血压引起了人们的注意,在运动员高血压鉴别诊断时应考虑到这种可能性。

(三)处理

(1)对专项训练所致高血压者,要适当调整力量训练的比例,增加一些放松性练习,避免急于求成。

(2)对过度训练或过度紧张所致高血压者主要是调整运动量。

(3)对少年高血压者一般不必禁止参加运动训练,但要适当控制训练的强度、密度和比赛的次数,以及力量性练习的数量。

(4)饮食注意选用低盐、低脂肪和较低热量食物,避免进食富含胆固醇的食物。

(5)确诊原发性高血压者一般可参加适当的体育锻炼,但要避免剧烈的运动训练和紧张的竞技比赛。戒除烟酒,遵医嘱服用降压药。

(四)预防

(1)科学选材,排除有关病因。

(2)制订科学的训练计划,加强医务监督,避免过度训练和过度紧张的发生。

(3)生活规律,戒烟戒酒,注意劳逸结合。

## 五、运动性低血糖症

(一)概念

血液中的葡萄糖称为血糖,它是人体的重要能量来源。空腹血糖正常为3.9~6.1 mmol/L,当空腹血糖低于3.9 mmol/L时,为血糖减低;当空腹血

低血糖

糖的生物学功能

糖低于 2.8 mmol/L 时，称为低血糖症。运动员在运动中或运动后，由于体内血糖降低可产生运动性低血糖症，多见于长跑、马拉松、长距离游泳、滑雪、滑冰和公路自行车等运动项目。

### （二）原因

1. 长时间剧烈运动

长时间剧烈运动使体内的血糖大量消耗而导致低血糖。

2. 运动前饥饿

运动前饥饿，肝糖原储备不足，不能及时地补充消耗的血糖，导致低血糖。如长时间运动训练或比赛前不进食。

3. 中枢神经系统调节糖代谢的机制紊乱

中枢神经系统调节糖代谢的机制紊乱，引起胰岛素分泌量增加，导致低血糖。

4. 其他

赛前情绪过于紧张，导致低血糖。

### （三）征象

血液中的葡萄糖浓度过低时，就会出现低血糖反应。低血糖的表现与血糖水平及血糖的下降速度有关。

1. 轻度低血糖

表现为饥饿感、出虚汗、疲乏、松软无力、头晕、一过性的心悸或恶心、想吐等。

2. 中度低血糖

心率明显加快、心悸、面色苍白、明显的饥饿感、极度疲乏、视物模糊、记忆力减退、注意力不集中、四肢发抖、烦躁不安、言语不清、精神错乱、行为古怪、易激动或不适当的发怒或哭笑、不顾教练员的命令、定向能力丧失等。

3. 重度低血糖

可出现神志模糊、嗜睡、惊厥、昏迷、四肢冰凉、瞳孔扩大等，如不及时抢救，有可能导致死亡。

### （四）处理

出现低血糖反应时，应先让运动员停止运动，平卧休息，然后采取相应措施处理。

1. 轻中度低血糖

口服浓糖水、姜糖水、含糖饮料，或进食糖果、饼干、面包和馒头等含糖食品即可缓解。

2. 重度低血糖

需静脉注射葡萄糖，如出现低血糖休克、昏迷或失去知觉时，需急救并尽快送医院处理。

（五）预防

（1）训练或比赛前应服用足够的含糖食品。
（2）不要空腹参加长时间剧烈运动。
（3）长距离比赛途中应饮用含糖饮料。
（4）患病未愈时不宜参加剧烈的运动或比赛。

## 六、运动性贫血

（一）定义

血液中的血红蛋白浓度和红细胞计数低于正常值时称为贫血。由运动训练因素而导致的贫血，称为运动性贫血。从运动性贫血的发生率来看，女性多于男性，年龄小的运动员高于年龄大的运动员。

（二）诊断标准

我国成年男性红细胞数的正常参考值为 $(4.0\sim5.5)\times10^{12}$/L，成年女性为 $(3.5\sim5.0)\times10^{12}$/L。成年男性血红蛋白的正常参考值为 120~160 g/L，成年女性为 110~150 g/L。

成年男性血红蛋白浓度低于 120 g/L，成年女性低于 110 g/L，可诊断为贫血。临床上根据血红蛋白浓度减低的程度将贫血分为四级：轻度贫血，血红蛋白值低于正常值低限，但高于 90 g/L；中度贫血，血红蛋白值为 90~61 g/L；重度贫血，血红蛋白值为 60~30 g/L；极重度贫血，血红蛋白值低于 30 g/L。

（三）原因

1. 血浆容量增加引起的相对性贫血

血红蛋白的增加与血浆容量的增加不成比例，血浆容量的增加大于血红蛋白总量的增加，出现相对性贫血，多见于耐力项目运动员。这一血浆高容量反应被视为机体对训练的适应性反应，通过血容量增加，在剧烈运动时使心搏出量增加，有利于周围组织氧的运送和释放。

2. 血红蛋白合成减少

运动员血红蛋白合成减少和/或红细胞生成减少或速度减慢可导致贫血的发生。血红蛋白合成需要足够量的铁、蛋白质、维生素 $B_{12}$ 和叶酸等。运动员进行大运动量训练时，蛋白质、维生素和矿物质等的消耗增加，丢失增多，特别是汗液、尿液、大便中铁的丢失。此时，运动员对蛋白质和铁等营养素的需求量随之增加；如果其营养素摄入量仅达到一般需要量，而未增加额外的补充量，甚至某些运动员（体操、舞蹈）还要限制摄入量，就更易出现原料不足，血红蛋白合成减少。此外，女运动员月经失调发生率明显高于一般人群，因此，月经期铁丢失成为女运动员缺铁的重要原因，因而影响血红蛋白的合成。

3. 运动引起的溶血和红细胞破坏增加

运动时，由于肌肉的极度收缩、挤压或牵伸造成相应部位微细血管内溶血或红细胞的破坏增多。同时，脾脏收缩，脾脏中大量释放具有溶血作用的溶血卵磷脂使红细胞破坏增加。随着运动时间延长，运动员体温升高、代谢产物堆积、血液酸性增加，使红细胞可塑性下降、细胞膜脆性增加，加之运动时血流加速，引起红细胞与血管壁的撞击、摩擦使红细胞破坏增加（图5-2）。

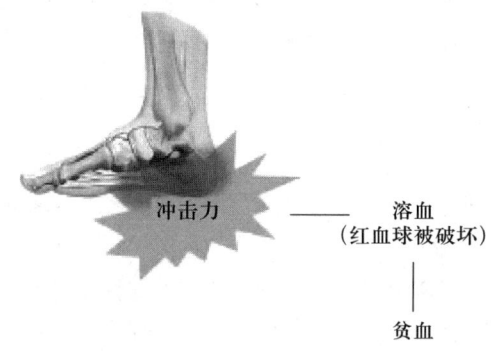

图 5-2　溶血性贫血原因

（四）征象

运动员贫血症状的轻重取决于贫血产生的速度、贫血的原因和血红蛋白浓度降低的程度。运动员心血管系统代偿能力较强，所以当运动员发生轻度贫血时，安静状态和小运动量训练时不出现症状或症状并不明显，仅在大运动量训练时才会出现某些症状。中度和重度贫血时，由于血红蛋白明显降低，已经影响到运氧能力，这时可出现缺氧引起的一系列症状。

1. 轻度贫血

氧运输能力下降，导致大运动量训练时出现头晕、乏力、训练后恢复能力降低、耐力成绩下降。轻度贫血体征不明显，没有明显的甲床、眼睑变化。

2. 中重度贫血

（1）贫血较重时，出现反甲现象（匙状指）等。

（2）安静时心率加快、心悸、心慌、气促，活动后加重。心尖部出现收缩期吹风样杂音，较重者可出现肢体浮肿。

（3）出现头痛、头晕、失眠、反应能力降低等。

（4）女运动员可出现月经紊乱（月经稀少、周期缩短或经血量过多）或闭经。

（五）处理

1. 合理安排运动训练

轻度贫血可边治疗边训练，但在训练中应减少训练强度，避免长距离跑等。中度贫血时，应停止中、大强度训练，以治疗为主，待血红蛋白上升后，再逐渐恢复运动强度。重度贫血应以休息和治疗为主。应避免运动员在贫血的情况下长期训练，否则会带来不良后果。

2. 饮食治疗

通过合理膳食补充蛋白质、铁等造血原料及维生素，以纠正贫血。动物血、肝脏、瘦肉等是补铁的良好食物来源。

3. 药物治疗

口服补铁药物是治疗运动性贫血的主要药物治疗方法，如硫酸亚铁、富血铁等。为了促进铁吸收，可同时服用维生素 C 等制剂。

4. 其他

对于潜在缺铁的因素，如月经过多或其他慢性失血史要积极治疗。

（六）预防

（1）合理安排运动量和运动强度，遵守循序渐进和区别对待的原则。

（2）定期检测血红蛋白和血清铁蛋白，做到早发现、早治疗。

（3）膳食要合理，营养要丰富，烹调加工要科学。运动员应克服偏食和吃零食的习惯，每天每千克体重应至少保证摄入蛋白质 2 克以上，其中 1/3 以上应是优质蛋白。

（4）合理安排生活制度和膳食制度。

### 七、运动性腹痛

#### (一) 概念

运动性腹痛是由运动引起或诱发的腹部疼痛。其特点是安静时不疼，运动时才出现，疼痛的程度与运动量的大小、运动强度等因素成正比。在中长跑、马拉松、竞走、自行车和篮球等运动项目发生率较高。

#### (二) 原因

1. 准备活动不充分

准备活动不充分，开始运动时速度或强度增加过快，以致内脏器官在功能还没有提高到应有的活动水平上就承担了过高的负荷。特别是心血管系统还未充分动员或心肌收缩力较差时，心搏出量减少或无明显增加，使下腔静脉血回流受阻，进一步导致下腔静脉压力升高，肝静脉回流受阻，造成肝脏瘀血。由于肝脏瘀血体积增大，增加了被膜的张力，使被膜上的神经受到牵扯，因而产生右上腹疼痛，疼痛的性质多为钝痛、胀痛和牵扯性疼痛。

此外，准备活动不充分，心肺功能跟不上肌肉工作的需要，使呼吸肌缺氧，可引起呼吸肌痉挛，表现为季肋部和下胸部疼痛，疼痛的性质为锐痛。

2. 运动时呼吸过浅过快

运动中未注意呼吸节律与动作的协调，未注意加深呼吸，以致于呼吸肌功能紊乱，呼吸表浅急促，呼吸肌收缩不协调并过于频繁、紧张而发生痉挛或微细损伤。呼吸肌痉挛时，出现季肋部和下胸部锐痛，疼痛与呼吸活动有关，运动员往往不敢做深呼吸。

此外，进行剧烈运动时呼吸急促、表浅，造成胸膜腔内压上升，也会影响下腔静脉的回流而引发肝脏瘀血而出现右上腹部疼痛。

3. 胃肠道痉挛或功能紊乱

剧烈运动使血流重新分布，胃肠道缺血、缺氧，或因各种刺激均可引起胃肠道痉挛或功能紊乱。如饭后过早参加运动，吃得过饱，喝得过多（特别是喝冷饮过多），空腹运动时冷空气刺激使腹部着凉，运动前吃了难消化或容易产气的食物，如豆类、薯类、牛肉等，都可能引起胃肠道痉挛和功能紊乱。这时胃壁和肠壁的神经受到牵扯，导致胃肠道肌肉痉挛而引发疼痛。胃痉挛的疼痛部位多在上腹部，肠痉挛的疼痛部位多在脐周围。疼痛的性质可以为钝痛、胀痛或绞痛。

4. 原因不明

有部分运动中腹痛经临床检查找不到任何异常。

## （三）征象

征象以腹痛为特征，但是疼痛的程度、部位可因运动负荷的大小、引起腹痛的原因不同而表现各异。

1. 腹痛程度

多数情况下在小负荷和慢速度运动时腹痛不明显，随着负荷量的加大、运动速度的加快和运动强度的增大，腹痛也逐渐加剧。

2. 腹痛部位

肝脏瘀血引发的疼痛在右上腹，呼吸肌痉挛引发的疼痛在季肋部和下胸部，胃痉挛引发的疼痛在上腹部，肠痉挛引发的疼痛在脐周围。

## （四）处理

运动中出现腹痛后，可适当减慢速度，并做深呼吸，调整呼吸与动作的节奏；必要时用手按压疼痛部位，弯腰跑一段距离，一般疼痛即可消失。如仍然疼痛，应暂时停止运动，口服阿托品、颠茄等解除痉挛的药物，也可针刺或点掐足三里、内关等穴位，进行腹部热敷等。如仍无效应请医生处理。

经常发生腹痛者要去医院进行系统检查，查找原因，进行积极治疗。

## （五）预防

（1）遵守训练的科学原则，要循序渐进地增加运动量，加强身体全面训练，提高生理机能水平。

（2）运动前要做好充分的准备活动，注意冬季运动开始时的保暖。

（3）在训练和比赛时，要调整好动作与呼吸节奏，掌握正确的运动中呼吸方式，合理地分配运动速度。

（4）合理安排运动前膳食，不要吃得过饱，不要大量饮水（特别是冷水），不要吃平时不习惯的食物；尽量避免空腹运动；餐后经过 1.5 h 才能参加剧烈运动。

## 八、运动性血尿和运动性蛋白尿

### （一）概念

1. 运动性血尿

正常人尿液中无红细胞或偶见个别红细胞。离心沉淀后的尿液，在光学显微镜下每高倍视野有三个以上红细胞，称为血尿。血尿轻者尿色正常，须经显微镜检查方能确定，称为镜下血尿；血尿重者尿色呈洗肉水状或血色，称为肉眼血尿。

运动性血尿是指健康人在运动后出现的一过性血尿，虽经详细检查找不到其他原因。各项运动中都可以见到运动性血尿，尤其在跑（长跑）、跳（三级跳）、球类和拳击项目中较多见，男运动员发生率较高。

2. 运动性蛋白尿

运动性蛋白尿是指健康人在运动后出现的一过性蛋白尿。它发生率较高，属良性或机能性的蛋白尿。

蛋白尿的检测是运动员全面体格检查中重要的一项，可用于评定负荷量和运动强度的大小、观察运动员机体对负荷量的适应能力，反映运动员的训练水平。运动性蛋白尿存在明显的个体差异，受运动项目、负荷量、运动强度、机能状态、年龄和运动时的自然环境等多种因素的影响。

（二）原因

1. 运动性血尿

运动性血尿的发生主要由剧烈运动引起，其发病主要与下列因素有关：

（1）肾脏位置下移。直立位长时间做蹬地动作，加之肾脏周围脂肪组织较少，致使肾脏的位置下移，使肾静脉与下腔静脉之间的角度变锐，发生两静脉交叉处的扭曲，引起肾静脉压增高，从而导致红细胞漏出，出现运动性血尿。

（2）肾脏缺血。运动时全身血液重新分配，肾上腺素和去甲肾上腺素分泌增多，导致肾血流量减少，肾血管收缩，造成肾缺血、缺氧，血管壁的营养发生障碍，加之血液中乳酸、丙酮酸等酸性物质增加，pH下降，使肾小球毛细血管的通透性增加，导致红细胞漏出出现血尿。

（3）肾损伤。在运动时由于腰部的屈伸扭转、撞击和挤压均可造成肾组织和肾内毛细血管的轻微损伤，而引起血尿。

（4）膀胱损伤。在膀胱排空的情况下跑步，脚落地时的震动使膀胱后壁受到反复的撞击，导致膀胱壁损伤而引起血尿。由于解剖特点不同，这一解释不适用于女运动员。

2. 运动性蛋白尿

（1）肾损伤。在运动时由于肾脏受挤压、打击或牵扯，可造成肾组织和血管的微细损伤。这时可出现血尿伴随蛋白尿。常见于拳击和橄榄球等运动项目。

（2）肾血流减少。运动时肾上腺素和去甲肾上腺素分泌增加，造成肾血流量减少，导致肾缺血、缺氧，血管壁的营养发生障碍，血浆蛋白通过肾小球滤过膜进入得以较多地排出。

（3）肾小球通透性增加和肾小管重吸收功能降低。剧烈运动时，血浆蛋白的排出量增加，同时血浆肾素活性增加。一方面是肾小球对蛋白的通透性增加，另一方面是部分肾小管抑制某些蛋白质的重吸收，双重因素导致了短时间剧烈运动时运动性蛋白尿的产生。

（三）征象

1. 运动性血尿

（1）运动员在运动后即刻出现血尿，其明显程度与运动量和运动强度的大小有密切关系。

（2）出现血尿后若停止运动，则血尿迅速消失，绝大多数情况下在运动后 24 h，最多不超过 3 d 即完全消失。

（3）男运动员多见，尤以跑、跳和球类项目运动员多见。

（4）除血尿外，其他检查如血液化验、肾功能检查、腹部 X 线检查、B 超检查及肾盂造影等均正常。多数运动员无任何不适，少数有身体机能下降、腰痛、腰部不适和尿道口烧灼感等表现。对运动员的健康未见明显不良影响。

一些器质性疾病也可引起运动后出现血尿，但血尿程度一般与运动量及运动强度无明显关系，同时还有疾病本身的一些特征。常见的疾病有以下几种：① 肾小球肾炎：患者常出现水肿、少尿、血压升高等征象，尿液检查除有红细胞外，还有蛋白和管型。② 泌尿系统感染：如肾盂肾炎、膀胱炎、肾结核等，这些疾病都有血尿、脓尿和膀胱刺激征（尿频、尿急、尿痛），尿液细菌培养阳性。其中肾盂肾炎和肾结核常有腰痛和发热症状。③ 泌尿系统结石：常有肾绞痛、尿频、尿急、尿量减少或排尿中断现象，腹部 X 线平片、泌尿道造影检查可发现结石。④ 泌尿系统肿瘤：也是引起血尿的常见原因之一。通过膀胱镜或泌尿道造影等可加以鉴别。

2. 运动性蛋白尿

（1）运动员在安静时尿无异常，在运动后短时间内出现蛋白尿，一般在几小时或 24 h 内消失。

（2）除蛋白尿外，无其他特异性症状和体征。

一些体位或器质性疾病也可引起蛋白尿。① 直立性蛋白尿是在一定姿势下（主要是直立前凸位）持续较长时间后出现的蛋白尿，可通过专门的体位试验进行鉴别。② 肾炎、肾病综合征患者、糖尿病患者在运动后也可出现蛋白尿,但这类患者在安静时尿液检查已有异常,如有血尿、管型等,并在运动后加重,且持续时间久,并伴随其他特异症状和体征。

### (四)处理

1. 运动性血尿

(1)排除器质性疾病导致的血尿,确诊运动性血尿后,对出现肉眼血尿者无论有无其他伴随症状均应终止运动;对无症状的镜下血尿运动员,应减少运动量,继续观察。

(2)试用止血药物,如维生素K、维生素C和安络血等。

(3)伴有机能不良者可用ATP和/或维生素$B_{12}$肌肉注射。

(4)如为器质性疾病所致的血尿,应针对病因进行积极治疗,暂停训练。

2. 运动性蛋白尿

(1)大多数情况下运动性蛋白尿是机体对负荷量的一种暂时性反应,一般经休息、调整负荷量或身体逐渐适应后,尿蛋白的排出量可明显减少,甚至消失。

(2)小运动量后出现大量蛋白尿,则应严密观察,排除适应能力差和器质性疾病的可能。

### (五)预防

(1)遵守运动训练的科学原则,负荷量和训练强度要循序渐进,避免骤然加大负荷量和训练强度,避免过度训练。

(2)合理安排训练和比赛时的饮水,在剧烈训练和比赛过程中要适当补充水分。

(3)充分做好全身和腰部的准备活动,改进技术动作,尽量改善落地缓冲。

## 九、肌肉痉挛

### (一)概念

肌肉痉挛俗称"抽筋",是肌肉发生不自主的强直收缩所显示出的一种现象。运动中最易发生痉挛的肌肉是小腿腓肠肌,其次是足底的屈踇肌和屈趾肌。

## （二）原因

**1. 寒冷刺激**

在寒冷的环境里运动，肌肉受冷空气或冷水等刺激，兴奋性突然增高使肌肉发生强直收缩。如冬季在户外锻炼受到冷空气的刺激，游泳时受到冷水的刺激都可能引起肌肉痉挛。若在寒冷的环境中运动时，未做准备活动或准备活动做得不充分，或未注意保暖，就更容易发生肌肉痉挛。

**2. 电解质丢失过多**

运动中大量排汗，特别是长时间的剧烈运动或高温季节运动时大量排汗，或有些运动员急性减体重，使大量电解质从汗液中丢失，造成电解质过低，引起肌肉兴奋性增高，发生肌肉痉挛。

**3. 肌肉连续过快收缩而放松不够**

在运动训练和比赛中，肌肉连续过快地收缩，而放松的时间太短，以致于肌肉收缩与放松的协调性紊乱，引起肌肉痉挛。这在训练水平不高、初运动者中较为多见。

**4. 疲劳**

身体疲劳也直接影响肌肉的生理功能，疲劳的肌肉往往血液循环和能量代谢有改变，肌肉中有较多的代谢产物堆积，如乳酸不断地对肌肉产生刺激，即导致痉挛产生。因而身体疲劳时，特别是局部肌肉疲劳时，再进行剧烈运动或突然做一些紧张用力的动作，容易发生肌肉痉挛。

## （三）征象

发生肌肉痉挛时，该部位的肌肉剧烈挛缩发硬，疼痛难忍，痉挛肌肉所涉及的关节屈伸功能有一定的障碍，常可持续数分钟，运动员不能坚持参加运动和比赛。

## （四）处理

（1）不太严重的肌肉痉挛，只要以相反的方向牵引痉挛的肌肉，一般都可使其缓解。牵引时切忌用力过猛，用力宜缓慢、均匀，以免造成肌肉拉伤。腓肠肌痉挛时，可伸直膝关节，同时用力将踝关节充分背伸，拉长痉挛的肌肉；屈踇肌和屈趾肌痉挛，可将足及足趾背伸。

（2）可在痉挛肌肉部位做按摩，手法以揉捏、重力按压为主。

（3）可以针刺或点掐委中、承山和涌泉等穴位，处理时要注意保暖。

（4）热疗（如局部热敷、热水浸泡）也有一定疗效。严重的肌肉痉挛有时需采用麻醉才能缓解。

（5）在游泳中如果发生肌肉痉挛时，不要惊慌，如自己无法处理或解救时，先深吸一口气，仰浮于水面，并立即呼救（图5-3）。

图5-3　游泳中肌肉痉挛的急救

在水中腓肠肌痉挛时：应先吸一口气，仰浮于水面，用痉挛肢体对侧的手握住痉挛肢体的足趾，用力向身体方向拉，同时用同侧的手掌压在痉挛侧的膝关节上，帮助膝关节伸直，待缓解后，慢慢游向岸边。发生肌肉痉挛后不宜再继续游泳，应上岸休息、保暖、局部按摩使肌肉放松。

## （五）预防

（1）加强体育锻炼，提高身体的耐寒力和耐力。

（2）运动前认真做好准备活动，对容易发生痉挛的肌肉可事先做适当按摩。在运动中要学会使肌肉放松。

（3）冬季运动时，要注意保暖。夏季运动时，尤其是进行剧烈运动或长时间运动，要注意电解质的补充和维生素$B_1$的摄入。

（4）疲劳和饥饿时不宜进行剧烈运动，降体重和控制体重时要讲究科学性。

（5）游泳下水前要用冷水冲淋全身，使身体对寒冷有所适应；水温过低时，游泳时间不宜过长。

## 十、晕厥

### （一）概念

晕厥是由脑血流暂时降低或血中化学物质变化所致的意识短暂紊乱和意识丧失。它也可以是过度紧张的一种表现形式。

晕厥的主要危害在于晕厥发生瞬间摔倒后的骨折和外伤；运动的特殊环境，如水下、空中和高原，以及运动时速度、力量和方位的迅速变化，也是发生晕厥时的重要危险因素，因为在这些环境和条件下运动，若出现突发的意识丧失会导致严重的后果，如头颅外伤、溺水和窒息等，而这些后果远远超过晕厥本身的危害。

**（二）原因**

人脑重占体重的2%，脑血液供应占心脏输出量的1/6，维持意识所需的脑血流临界值为 30 mL/100 g，血压急剧下降和心输出量突然减少可造成脑血流量骤减至临界值以下而引起晕厥。

1. 精神和心理状态不佳

运动员过分紧张和激动，见到别人受伤、出血而受惊、产生恐惧等。这是由于神经反射使血管紧张性降低，引起急性外周组织血管扩张，血压下降，回心血量减少，心输出量减少，导致脑部缺血缺氧引起晕厥。

2. 重力性休克

疾跑后突然停止而引起的晕厥称为重力性休克。多见于径赛运动员，尤以短跑、中距离跑为多见，有时自行车运动员和竞走运动员也可见到。

运动员在进行运动时，外周组织内的血管大量扩张，血流量比安静时增加多倍，这时依靠肌肉有节奏的收缩和舒张及胸腔负压的吸引作用，血液得以返回心脏，一旦突然停止运动，肌肉的收缩作用骤然停止，使大量血液聚积在下肢，造成循环血量明显减少、血压下降、心脏搏出量减少、脑供血急剧减少，造成晕厥。

3. 胸膜腔内压和肺内压增加

举重时，运动员吸气后憋气使劲举起杠铃，致使胸膜腔内压及肺内压突然剧增，造成回心血量减少，心脏输出量急剧减少，造成短暂的脑供血不足而引发晕厥。

4. 直立性血压过低

久蹲后突然起立或长时间站立不动，长期卧床后突然站立等体位都可能引起晕厥。这是由于体位的突然变化，自主神经功能失调，体内血液重新分布的反应能力下降，致使回心血量骤减和动脉血压下降，引起脑部供血不足，产生晕厥。可发生在完成游泳比赛的站立位。

5. 血液中化学成分的改变

低血糖或低碳酸血症也可以引起晕厥。长时间剧烈运动后，体内血糖消耗产生低血糖，不论何种原因引起的血糖水平下降都可出现自主神经系统兴奋性增加和肾上腺素释放增加，当血糖降至低水平时，脑组织对葡萄糖摄取减少，对氧的利用能力下降，引发晕厥。癔病发作或其他原因引起的持续深快呼吸，发生过度通气，$CO_2$过多排出，导致低碳酸血症，引发晕厥。

6. 心源性晕厥

青年和中老年运动员中均有发生，以中老年为多见。剧烈运动时，心肌需氧量增加，原已狭窄的冠状动脉不能满足心肌供血的需要。运动可刺激儿茶酚胺分泌增多或动脉壁的敏感性增加，引起冠状动脉痉挛产生心肌供血不足，尤其在剧烈运动后，心肌处于特殊易损期，心肌血流灌注不稳定，此时立刻洗澡会因心肌缺血、心输出量减少和脑供血不足而发生晕厥。运动可激发没有器质性心脏病的人发生心律失常，如阵发性心动过速期间发生短暂的晕厥。

7. 运动员中暑晕厥

在炎热夏天进行长时间训练和比赛易发生晕厥，尤其在夏天无风或湿度较高的情况下，运动时体内产生的热量通过蒸发、对流、传导和辐射等方式不能有效地散发，使体温明显升高；此外，由于大量出汗导致循环血量减少，引起脑组织供血减少，也可发生晕厥。多发生在长跑、马拉松、越野跑、自行车和足球比赛时。运动员训练水平低、过度疲劳也易发生中暑晕厥。

（三）征象

突然失去知觉而昏倒。昏倒前，可感到全身松软无力、出虚汗、头昏、耳鸣和/或眼前发黑。昏倒后，面色苍白、手足发凉、脉搏细弱、血压降低、呼吸缓慢。轻度晕厥一般在昏倒后不久，由于脑部缺血缓解，能很快恢复知觉，但醒后仍有头昏、全身无力等征象。

（四）处理

平卧，松开衣领，以增加脑血流量，如有呕吐现象应将头偏向一侧。注意保暖，防止受凉。针刺或点掐人中、合谷、内关、百会和涌泉等穴，一般能很快恢复知觉。如有呼吸或心跳停止，则应做心肺复苏术。清醒后可服用热糖水等并注意休息。

此外，还可结合晕厥的原因进行有针对性的病因治疗。

（五）预防

（1）运动员应进行定期体格检查，尤其在重大比赛和大强度训练前。对发生过晕厥的运动员应做全面检查，避免再发生晕厥。

（2）坚持科学训练的原则，避免发生过度疲劳、过度紧张等运动性病症；疾病恢复期或年龄较大者参加运动时必须按照运动处方进行。

（3）疾跑后不要立即站立不动，而应继续慢跑并调整呼吸，逐渐停下来。久蹲后不要骤然起立，应慢慢起立，如感到头晕，有前驱征象时，应立即俯身低头或卧倒，以免摔伤。避免在高温、高湿或无风条件下进行长时间训练和比赛；进行长距离运动时要及时补充糖、盐和水分；不宜在闭气下做长距离游泳；进行水下游泳运动时，应有安全监督措施。

## 第二节 环境相关运动性病症

### 一、中暑

#### （一）概念

中暑是由高温环境引起，以体温调节中枢功能障碍、汗腺功能衰竭和水、电解质丢失过多为特点的疾病。中暑是一种急性病，常因体育锻炼者在高温、高湿和通风不良的环境中进行运动时发生。多见于年轻的体育锻炼者、马拉松跑运动员、铁人三项运动员及在炎热季节进行长时间训练和比赛者。由于运动中肌肉产生的热量较平时更多，从而导致运动员中暑发生率高于常人。

▶ 中暑

#### （二）原因与征象

中暑可分为热射病、热痉挛和热衰竭。

**1. 热射病**

（1）原因。机体在运动时可产生大量热量，除其中 1/4 用于完成机械功外，其余均以热的形式储存或散发，在气温达到 35 ℃及以上的环境中长时间运动时，当产热或储热超过散热，就会出现体温调节系统的超载，热量积累的结果使体温明显升高，从而影响机体的生理活动，使体温调节功能失调、汗腺功能衰竭，发生热射病。热射病又称为中暑高热。头部直接受太阳辐射引起的热射病称日射病。

（2）征象。高热、无汗和昏迷是热射病的特征。往往在高温环境下训练数小时后发病。热射病的症状轻重不等，一般发病急，轻者有疲乏、体温升高、脉搏及呼吸加快、头晕、头痛等症状；重者体温可达 41 ℃以上，皮肤干热，脉搏极快而呼吸短促，昏迷，严重时可因心力衰竭和/或呼吸衰竭而致死。

2. 热痉挛

（1）原因。在高温、高湿和通风不良的环境中剧烈运动时，大量出汗引起氯化钠丢失过多，血液中氯化钠浓度降低，水、电解质代谢紊乱，导致肌肉兴奋性增高，发生肌肉疼痛和肌肉痉挛，即为热痉挛。

（2）征象。轻者只是对称性肌肉痉挛；重者大肌群也会发生痉挛，并呈阵发性，负荷较重的肢体肌肉和腹肌最易发生痉挛。患者一般体温正常，意识清楚。

中暑的临床表现

3. 热衰竭

（1）原因。剧烈运动中大量出汗，水分和电解质丢失过多，如未及时补充，继续出汗，可导致脱水、血容量减少，从而使回心血量减少，导致循环衰竭。

（2）征象。头痛、头晕、多汗、恶心、呕吐，继而口渴、疲乏无力、胸闷、面色苍白、冷汗淋漓、脉搏细弱或缓慢、血压下降、心律不齐，甚至昏迷，可伴发手足抽搐；重者将出现循环衰竭。

值得注意的是，热射病、热痉挛、热衰竭可同时存在，不能截然分开看待。

（三）处理

怀疑有中暑可能时，应停止运动，立即转移到阴凉通风的地方，并服用十滴水或藿香正气水。场地急救时，要保持呼吸道通畅，测量血压、脉搏、直肠温度，严重者要及时送往医院抢救。

1. 热射病

迅速采用有效措施进行物理降温。可用 4 ℃～11 ℃凉水擦摩皮肤，使皮肤血管扩张加速血液循环，同时加用风扇吹风；在头部、腋下、腹股沟等部位放置冰袋以降温，有条件时可采用冷水浸浴。热射病如不及时采取有效的抢救措施，死亡率可达 20%～70%。

2. 热痉挛

通过揉捏、按压、牵拉等手法缓解痉挛，口服凉盐水、含盐饮料或静脉注射生理盐水。

3. 热衰竭

口服凉盐水或含盐饮料，由静脉补给生理盐水，通过向心性重推的手法加速血液回心。

（四）预防

（1）炎热季节要安排好训练时间，避免在一天中最热的时间中进行训练。炎热天气运动时，宜穿浅色衣服，戴遮阳帽。

（2）合理安排炎热天气训练和比赛时的营养和饮水，保证充足的水盐供应。氯化钠的供给较常温下训练时应增加，可通过含盐饮料、绿豆汤等获得所需氯化钠。

（3）对不耐热个体要加强预防措施。中暑存在明显的个体差异，一些人对炎热较敏感，更易出现中暑，需注意防范。

（4）通过热适应性训练提高耐热能力。在高温条件下，每天以60%最大摄氧量强度进行30 min左右的锻炼，有利于提高机体的热适应性能力，一般10天左右可建立热适应。

## 二、冻伤

### （一）概念

冻伤是低温引起的人体损伤。运动性冻伤是当外界温度过低时，由于身体内支配和控制体温的中枢功能降低，导致体温调节障碍而引起的局部冻伤。

冻伤的发生除了与外界气温过低相关外，还与潮湿、风大、肢体静止不动、鞋袜过紧、局部和全身抵抗力降低等因素有关。运动性冻伤多见于长时间滑冰、滑雪、登山和跑步等运动员。

### （二）征象

冻伤按轻重程度可分为三度。

1. 一度冻伤（红斑级）

一度冻伤是皮肤表层冻伤，受冻部皮肤红肿充血，呈紫色或红色，局部麻木、刺痛、灼热、发痒。若及时处理，症状可在数日内消失，痊愈后有表皮脱落，不留瘢痕。

2. 二度冻伤（水泡级）

二度冻伤为皮肤全层（表皮和真皮）冻伤。此时除皮肤红肿外，伴有水泡，水泡内为草黄色或稍带血性液体，疼痛较重。若无感染，一般经2~3周水泡干燥、痂皮脱落后可愈合，很少有瘢痕；若合并感染，则创面形成溃疡，愈合后有瘢痕。

3. 三度冻伤（坏死级）

三度冻伤除皮肤坏死外，损伤可深达肌肉甚至骨骼，皮肤呈青紫或黑紫色，局部感觉完全消失，其周围有红肿、疼痛，可出现血性水泡。若无感染，坏死组织干燥成痂，而后逐渐脱痂并形成肉芽创面，但愈合很慢且会留有瘢痕，局部皮温常较低。

运动员冻伤的部位多见于手足末端、鼻尖、两耳及男性外生殖器，以一度冻伤较多，三度冻伤较少。冻疮是最常见的一种冻伤症状。

### （三）处理

1. 脱离

迅速将冻伤者脱离低温环境和冰冻物体。

2. 复温

冻伤复温宜用温水，水温不宜过高，适宜的温度为 38 ℃~42 ℃，温度过高可能造成更严重的损伤。冻伤禁用火烤或热水烫，也不要用雪水擦，切记直接摩擦受冻组织是禁忌，因为会造成表皮的损伤。

（1）轻度面部冻伤。可通过保温逐渐恢复，面部保温时可能会发生疼痛。

（2）肢体冻伤。复温时，可把受冻伤的肢体放在温水中浸泡或浸浴全身，水量要足够，水温要比较稳定。局部复温时间为 20 min，全身复温时间为 30 min，温水浸泡至指（趾）端转红润，皮温达 36 ℃左右为宜，每天两次。浸泡过久会增加组织代谢，反而不利于恢复。浸泡时，可轻轻按摩未损伤部分，帮助改善血循环。

衣服、鞋袜连同肢体冻结者，切记不要勉强脱卸，应用温水（40 ℃左右）使冰冻融化后脱下或剪开衣物，然后再实行局部或全身复温。

（3）局部处理。① 一度冻伤：创面保持清洁干燥，数日后可痊愈。② 二度冻伤：经复温消毒后，创面干燥者可用软干纱布包扎，小水泡不要弄破；较大的水泡应将液体吸出后用软干纱布包扎，或涂冻伤膏后暴露；创面已感染者，要先用抗菌药湿纱布，然后用冻伤膏。③ 三度冻伤：如耳部软骨受冻后可发生干性坏疽和腐烂，肢体冻伤尤其是手脚冻伤严重时可使指（趾）断脱落，若更严重的冻伤应及时送往医院治疗。

### （四）预防

（1）冬季锻炼时要带御寒用具，如手套、护耳等。

（2）运动服装和鞋袜要保暖和宽松，如冰鞋不能太小以防挤脚。

（3）保持鞋袜干燥，运动或走路导致鞋袜潮湿时应及时更换。

（4）饮食中适当补充含蛋白质和脂肪较多的食物。

（5）身体静止不动或疲劳时，要注意保暖。在训练、比赛间歇和比赛后要及时穿好衣服。

### 三、日光性皮炎

**（一）概念**

日光性皮炎是皮肤受到强烈日光照射后，局部发生的急性光毒性反应，也称为日晒伤。好发于面部、颈部、手背、前臂和上臂等部位。

**（二）征象**

日光性皮炎的表现因光线强度、照射时间、范围、环境因素和皮肤颜色等因素的不同而有差异。

（1）轻者在日晒后数小时至十余小时内，暴露部位出现鲜红色、边界清楚的弥漫性红斑，此后红斑颜色逐渐变淡和消退，脱屑，并留有色素沉着。

（2）较重时，局部可出现水肿、水疱（疱液为淡黄色），可破裂结痂，遗留色素沉着，局部自觉灼痛或刺痒。

（3）大面积皮肤发生日光性皮炎时，可有全身不适、寒战和发热等症状。

**（三）处理**

以局部外用药物为主，以消炎、安抚、止痛为原则。

（1）一般可外用炉甘石洗剂和糖皮质激素处理，严重者可用3%硼酸水或冰牛奶湿敷。

（2）有全身症状者可口服抗组胺药（如扑尔敏、息斯敏等）、维生素C和非甾体类抗炎药（如阿斯匹林），严重者可遵医嘱系统应用糖皮质激素。

**（四）预防**

（1）炎热季节要安排好训练时间，避免在阳光下长时间暴晒，运动时，宜穿浅色衣服，戴遮阳帽。

（2）身体暴露部位应外用物理性遮光剂或化学性遮光剂，如5%二氧化钛霜和二苯甲酮等，可根据个人皮肤类型选择遮光剂的日光保护指数（SPF）。

（3）逐渐外出锻炼，提高对日光的耐受性。

（4）合理安排饮食，多吃新鲜蔬菜和水果。

## 复习思考题

一、简答题

1. 预防过度训练的关键是什么？
2. 简述心律失常、运动员高血压、运动性腹痛的预防措施。
3. 运动员高血压、运动性贫血的处理方法有哪些？
4. 运动性血尿的发病原因和征象是什么？
5. 为什么大量排汗会造成肌肉痉挛，应如何处理？
6. 简述冻伤的分度及治疗方式。

二、案例题

1. 足球运动员小李在比赛中突然昏倒，有恶心、呕吐症状。查体：面色苍白，出冷汗，脉率快而弱，呼吸短促，测得血糖低于 2.8 mmol/L。试分析小李的病症及给出治疗方案。

2. 一群学生在午睡时间私自到足球场踢球，在烈日照射下渐渐觉得头晕眼花、剧烈头痛、恶心、呕吐、烦躁、昏睡，查体脉细、体温 37.8 ℃。试分析出现了哪种病症并给出治疗方法。

3. 一青年男子，27 岁，日晒后暴露皮肤出现皮疹，位于颈部和前臂，出现鲜红色、边界清楚的弥漫性红斑，并伴有刺痒感。既往无其他疾病，试分析患者病症并给出治疗措施。

扫一扫：即测即评

# 第六章

# 实用急救和运动伤害防护技术

▶ 本章导读

　　本章主要介绍心搏骤停后的急救，创伤出血的急救和包扎，运动按摩手法，各种理疗手段及运动伤害防护中的贴扎、肌肉拉伸等实用技术。通过本章的学习，掌握心肺复苏术，可以挽救生命；创伤出血的急救和包扎可以为创伤后期的处理奠定良好的基础；运动按摩技术可以帮助运动者尽快消除疲劳，提高运动成绩；各种理疗技术可以对运动创伤起到一定的预防和治疗效果；贴扎技术可以保护和帮助运动者避免意外事故的发生，增强其在运动过程中的信心；拉伸练习对提高运动成绩、防治运动损伤有一定帮助。

▶ 学习目标

　　1. 掌握心肺复苏术、出血急救和绷带包扎技术、冷热疗技术、贴扎和拉伸技术的实际操作。
　　2. 熟悉拔罐、艾灸技术原理。

## 第一节 急救技术

### 一、心肺复苏术

在某些意外情况下，如创伤严重、严重大出血、心脏疾病、气管异物卡压、触电、溺水、药物中毒和脑卒中等，均可能会发生呼吸和心搏骤停，导致血液循环停止。

心搏骤停一旦发生，如得不到及时地抢救复苏，将产生严重后果。开始抢救时间小于 4 min 时，成功率可达 60%，心搏骤停 4~6 min 会造成患者脑和其他重要器官组织不可逆的损害；超过 6 min 后，成功率下降至仅有 4%，并可发生脑死亡，不可挽救。因此，心肺复苏操作存在"黄金 4 分钟"说法，即开始抢救时间与心肺复苏成功率呈负相关。

心肺复苏术（Cardiopulmonary Resuscitation，CPR），即通过胸外心脏按压和人工呼吸，使血液循环得以恢复。2015 年，美国心脏协会更新了心肺复苏的急救环节，新公布的心血管急救成年人生存链包括以下 5 个环节（图 6-1）：① 立即识别心搏骤停并启动应急反应系统；② 尽早进行心肺复苏，着重于胸外心脏按压；③ 快速除颤；④ 有效的高级生命支持；⑤ 综合的心搏骤停后护理。通常非专业人员可以学习掌握前三步，完成基础生命的支持（BLS，又称初步急救或现场急救），使急救在黄金时间得以完成。

图 6-1 心血管急救成人生存链

### (一)立即识别心搏骤停并启动应急反应系统

**1. 识别意识**

(1)判断意识。发现现场有人突然倒地,确认急救现场安全性后,应立刻检查患者的反应。对其喊话或轻摇其肩部,高声问:"你还好吗?"

(2)检查呼吸和颈静脉搏动。患者去枕仰卧位,急救者右手食指和中指触及患者气管正中,相同侧滑动至近侧气管和胸锁乳突肌前缘凹陷处,用指尖扪颈动脉搏动。同时,检查患者有无呼吸或呼吸不正常(仅喘息)症状,立刻启动应急反应系统并开始胸外心脏按压。该项判断尽可能在 10 s 内完成。

注意事项:摇动肩部不可用力过重,以防加重骨折等损伤;如果伤者有头颈部创伤,切勿轻易搬动,以免造成进一步损伤;对有脊髓损伤的患者切勿轻易搬动,以免造成截瘫。

**2. 启动急诊医疗服务系统**

一旦判定患者意识丧失,应立即呼救。呼喊附近的人参与急救,帮助拨打当地的急救电话 120,并帮助准备除颤仪。

### (二)心肺复苏

心肺复苏术包括三个步骤(图 6-2),即 C-A-B。胸外按压(Compressions,C),清通气道(Airway,A),人工呼吸(Breathing,B)。

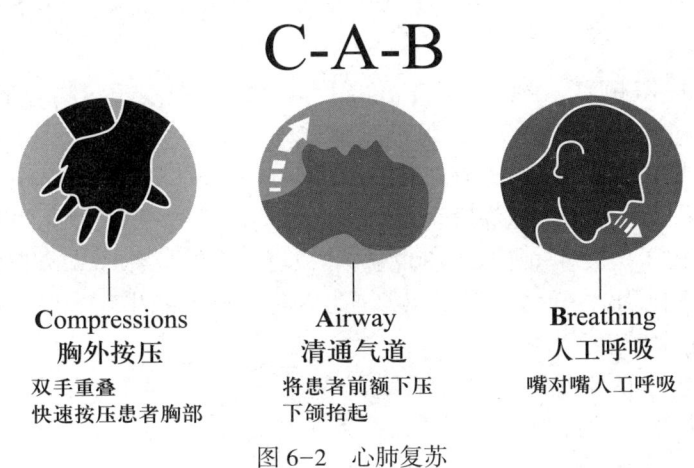

图 6-2 心肺复苏

**1. 胸外按压**

(1)摆体位。将患者仰卧放置在平地或硬板上。如果患者面部朝下,应将患者整体翻转,即头、肩、躯干同时转动,同时头、颈、躯干始终保持在同一个轴面上，松解衣物，将双上肢放置于身体两侧。

（2）确定按压部位。成年人按压部位在两乳头连线与胸骨的交叉点；婴儿按压部位在两乳头连线之间的胸骨处稍下方。

（3）按压方法。急救者跪在患者一侧，双脚自然分开，与肩同宽，双手掌根重叠，十指相扣，手指尽量上翘，避免触及胸壁和肋骨，减少按压时发生肋骨骨折的可能性。按压时，身体前倾，以髋关节作为支点，肩关节、肘关节、腕关节保持一条线与患者身体垂直，双臂绷紧伸直，以急救者躯干重量垂直向下用力按压，按压后要使胸廓充分回弹，手掌根部不离开胸壁（图6-3）。

心肺复苏

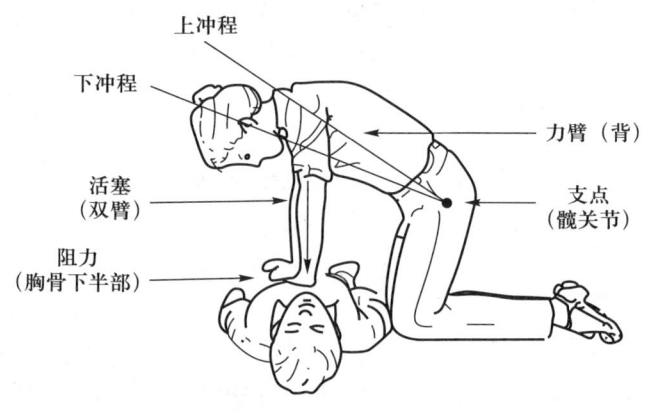

图6-3　胸外心脏按压姿势

（4）按压频率。100～120次/min，尽可能减少停顿，胸骨下压时间和放松时间基本相等，放松时应保证胸廓充分回弹。

（5）按压深度。成年人胸骨下陷不少于5 cm、不超过6 cm；儿童约为5 cm，8岁以下儿童按压深度至少达到胸廓前后径的1/3；婴儿约为4 cm。

（6）按压次数。每个循环30次。当只有一个施救者时，成年人与儿童的按压与通气比均为30∶2；对于儿童，当有两个施救者时，按压比为15∶2。

2. 清通气道

气道阻塞的常见原因是舌后坠，清通气道的关键是解除舌肌对呼吸道的堵塞，同时应清除口腔内异物，取下松动义齿。清通气道的方法有：

（1）仰头提颌法。适用于无明显头、颈部外伤者。患者取仰卧位，急救者站在患者一侧，将一只手放置患者前额部用力下压使其头部后仰，另一只手食指和中指放置在下颌部使头部后仰，保持下颌尖、耳垂连线与地面垂直（图6-4①）。

（2）托颌法。此法在怀疑患者有颈椎受伤时使用。患者平卧，急救者位于患者头侧,两手拇指置于患者口角旁,其余四指托住患者下颌部,在保证患者头部和颈部固定的前提下,用力将患者下颌向上抬起,使其下齿高于上齿。注意避免搬动颈部(图6-4②)。

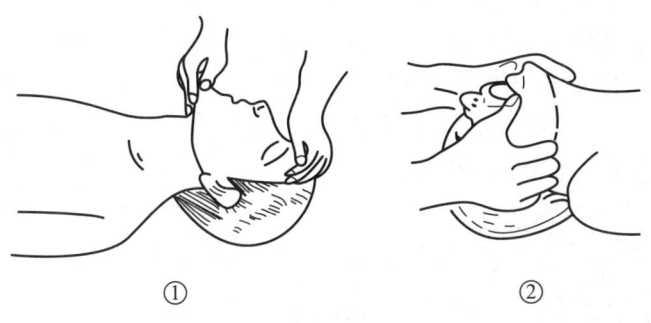

图6-4 开放气道方法示意图

3. 人工呼吸

在保持气道开放的情况下,使用口咽通气道、鼻咽通气道或喉罩、喉导管、气管内插管等多种气道辅助装置进行人工呼吸。时间或条件不允许时,可以采用口对口、口对鼻或口对通气防护装置的方式进行人工呼吸。人工呼吸的操作方法如下:

(1)口对口呼吸。急救者用食指和拇指捏住患者鼻翼,保持气道开放,急救者正常吸气后,将双唇紧贴包裹患者嘴唇形成一个封闭腔,自然吹气,吹气完毕后,左手食指、拇指松开鼻孔,观察患者有无胸廓起伏。

(2)口对鼻呼吸。用于口唇受伤或牙关紧闭者。急救者稍上抬患者下颌使其口闭合,用口封罩住患者鼻子,将气体吹入患者鼻中。

(3)口对面罩通气。用面罩封住患者口鼻,通过连接管进行人工通气。

开放气道后,先进行两次人工呼吸,每次吹气时间持续1 s以上,单纯通气频率为10~12次/min。无论是否有胸廓起伏,两次人工通气后都应立即行胸外按压。

(三)快速除颤

无论前期心肺复苏有没有让患者恢复呼吸和心跳,一旦现场具备自动体外除颤仪,应使用自动除颤仪(AED)快速除颤(图6-5)。

图6-5 自动除颤仪国际标志

自动体外除颤仪,可以诊断特定的心律失常,并且给予电击除颤,是可被非专业人员使用的用于抢救心源性猝死患者的医疗设备。它的特点是便携、易于操作,稍加培训既能熟练使用,是专为现场急救设计的急救设备。从某种意义上讲,AED 又不仅是种急救设备,更是一种急救新观念,即一种由现场目击者最早进行有效急救的观念。除颤过程中,AED 的语音提示和屏幕显示使操作变得十分简便易行。现在很多运动场、大型场馆均配备有 AED,因此使用 AED 的急救逐渐普及。美国心脏病协会（AHA）认为,学用 AED 比学心肺复苏（CPR）术更为简单。

AED 的使用步骤:

（1）开启 AED。打开 AED 的盖子,依据屏幕和声音的提示操作（有些型号需要先按下电源）。

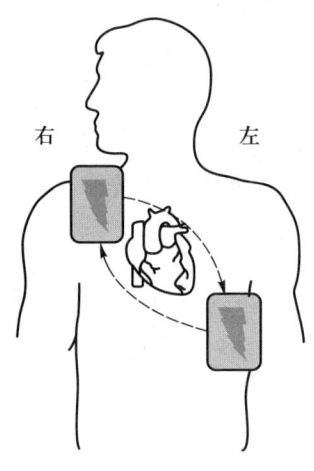

图 6-6　AED 电极贴板位置示意图

（2）给患者贴电极。在患者胸部适当的位置上,紧密地贴上电极。通常而言,两块电极板分别贴在右胸上部和左胸左乳头外侧,具体位置可以参考 AED 机壳上的图样和电极板上的图片说明（图 6-6）。

（3）将电极板插头插入 AED 主机插孔。

（4）开始分析心律。在必要时除颤,按下"分析"键（有些型号在插入电极板后会发出语音提示,并自动开始分析心率,在此过程中请不要接触患者,即使是轻微的触动都有可能影响 AED 的分析）AED 将会开始分析心率。分析完毕后,AED 将会发出是否进行除颤的提示,当有除颤指征时,不要与患者接触,同时告诉附近的其他任何人远离患者,由急救者按下"放电"键除颤。

（5）除颤结束后,AED 会再次分析心律,如未恢复有效灌注心律,急作者应进行 5 个周期 CPR,然后再次分析心律,除颤,CPR,反复至专业急救人员到来。

**（四）心肺复苏有效的表现**

在进行心肺复苏后,如何知道此次心肺复苏有没有效果呢？以下就是几项标准,可以来帮助判断抢救的有效性:

（1）自主心率恢复。触到大动脉搏动,可听到心音,心电图示窦性心律,上肢收缩压在 60 mmHg 以上。

（2）瞳孔变化。散大的瞳孔回缩变小,用光照射瞳孔有收缩现象。

（3）脑功能开始有好转迹象。意识状态有所好转，眼睑刺激有反应，肌张力增加，吞咽动作出现，面色、口唇、耳垂、甲床转红，神志复苏有效可见患者有眼球活动。

（4）自主呼吸出现。自主呼吸的出现并不意味着可以停止人工呼吸，如果自主呼吸微弱，仍应坚持人工辅助呼吸。

### （五）心肺复苏终止的条件

进行一个阶段的心肺复苏后，可以终止抢救的条件如下：

（1）心肺复苏持续 30 min 以上，仍无心搏及自主呼吸，现场又无进一步救治和送治条件，可考虑终止复苏。

（2）脑死亡，如深度昏迷、瞳孔固定、角膜反射消失、将患者头向两侧转动眼球原来位置不变等，若无进一步救治和送治条件，现场可考虑终止复苏。

（3）当现场危险威胁到抢救人员安全，以及医学专业人员认为患者死亡、无救治指征时，可考虑终止复苏。

### （六）特殊情况下的心肺复苏

进行心肺复苏时会遇到很多特殊情况，有时甚至无法进行下去，那应该怎么办呢？下面一起来学习一些特殊情况的处理方法。

1. 淹溺

（1）施救时，急救人员必须注意自身安全。

（2）人工通气是淹溺复苏首要的措施。进行人工呼吸前应先清除溺水者口中可视的异物，必须倒空淹溺者呼吸道中的液体。

（3）淹溺者多伴有低体温，在复苏时要针对低体温进行处理。

2. 电击

（1）急救者在施救前首先应确认急救现场安全，保证自身无受电击的危险。

（2）尽可能早期行电除颤。

（3）颌面部和颈前部等部位有烧伤的患者，因软组织肿胀而导致呼吸困难，即使存在自主呼吸，也应尽早使用气管插管，建立人工气道。

3. 低温

（1）按患者中心体温可将体温下降程度分为：轻度低体温（>34 ℃）、中度低体温（30 ℃~34 ℃）和重度低体温（<30 ℃）。重度低体温时，应在积极保温与复温的同时进行 CPR。

（2）人工通气时，尽可能给予加湿氧气面罩通气（32 ℃~34 ℃）。

（3）重度低体温时，电除颤往往无效，应继续 CPR 和复温，体温达到 30 ℃以上再考虑再次除颤。

4. 创伤

（1）对怀疑存在颈部损伤者，清通气道时应采用托颌法，以免损伤脊髓。如有可能，安装固定患者头颈部的颈托。

（2）评估患者呼吸状况，通气中如未见患者胸廓起伏，要考虑存在张力性气胸和血胸。

（3）在复苏过程中，应注意检查患者潜在的致命伤，根据情况做出相应处理。

## 二、出血急救技术

### （一）出血急救技术概述

出血急救技术

正常情况下，血液只存在于心脏、血管内，如果血液从血管或心腔流出到组织间隙、体腔或体表，称为出血。

健康成年人血液量在 4 000~5 000 mL，平均血液分配量为 75 mL/kg，若急性大量出血达全身血量总量 20% 左右，人即可出现乏力、头晕、口渴、面色苍白和心跳加快等全身贫血症状。若出血量达全身血量的 30%，即可出现休克，甚至危及生命。

因此，对有出血的患者，在完成生命体征的检查后，要及时检查有无大出血，早期给予止血。

任何的动脉或无法控制的静脉出血都会危及生命，如果患者发生严重出血，应立即采用下列步骤进行处理（图6-7）：

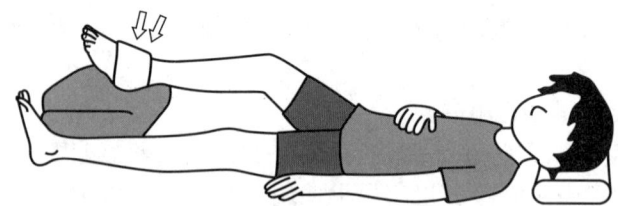

图 6-7 纱布覆盖伤口、抬高患肢方法示意图

（1）寻求急救人员的帮助。

（2）用消毒纱布或洁净的棉布覆盖伤口。

（3）用手直接按在伤口的纱布上。
（4）抬高患肢。
（5）需要时处理休克。

经过以上步骤处理后，出血应该停止，如果仍没有停止可以试着通过按压供血动脉来减少出血。

### （二）出血的分类

1. 按出血的部位不同

按出血的部位不同，可分为外出血和内出血。

（1）外出血。指血液从皮肤创口处向体外流出。如组织被切伤、刺伤、撕裂、挫伤或擦伤时发生的出血。

（2）内出血。指血液从损伤的血管内流出后，向皮下组织、肌肉、体腔（包括颅腔、胸腔、腹腔和关节腔）、胃肠和呼吸器官注入。如肌肉拉伤、内脏破裂和肾脏挫伤等。

内出血较外出血性质严重，因其初期不易被察觉而容易被忽视。

2. 按受伤血管不同

按受伤血管不同，又可分为动脉出血、静脉出血和毛细血管出血。内出血中的体腔出血，如肝脾破裂或血胸多有严重的休克，应立即送往医院处理。临床上常用红细胞、血红细胞及血细胞压积的方法诊断。一旦产生严重休克，常需要及时输血及手术治疗。

（1）动脉出血。血液鲜红，血液自伤口的近端呈喷射状流出，出血速度快，出血量多，危险性大，常因失血过多而出现急性贫血，以至血压下降，呼吸、心跳中枢麻痹，从而引起呼吸、心跳停止。

（2）静脉出血。血液暗红，血液自伤口的远心端缓慢地向外流出，危险性小于动脉出血。但大静脉的出血也会引起致命的后果。

（3）毛细血管出血。血色介于动脉血和静脉血之间，血液在创面上呈点状渗出并逐渐融合成片。最后渗满整个伤口，常常能自行凝固，这种出血容易发现，一般没有危险性。

但一般所见的出血多为混合型出血。

### （三）急救止血的常用方法

一般来说，急性大量出血达全身血液总量的20%左右，人即会出现一些症状，包括头晕、乏力、口渴、面色苍白、心跳加快等。若出血量达全身血量的30%，就会出现休克，甚至危及生命。所以快速、有效、安全的止血非常重要，下面介绍几种常用于外出血的临时止血方法。

1. 冷敷法

冷敷可以使血管收缩，减少局部充血，降低组织温度，抑制神经的感觉，因而有止血、止痛、防肿的作用，常用于急性闭合性软组织损伤早期。冷敷一般用冷水或冰袋敷于损伤周围，常与加压包扎和抬高伤肢同时应用。

2. 抬高伤肢法

抬高受伤肢体高于心脏15°～20°，使出血部位压力降低，此法适用于四肢小静脉或者毛细血管出血的止血。常在绷带加压包扎后使用，在其他方法下仅为一种辅助方法。

3. 加压包扎法

创口先用生理盐水冲洗干净后，再用消毒的无菌料覆盖伤口，之后外加绷带加压包扎血管，此法适用于小静脉和毛细血管出血止血。

4. 加垫屈肢止血法

前臂、手、小腿和足出血不能制止时，如果未合并骨折和脱位，可将棉垫或绷带卷放在肘窝或腘窝处，屈曲肘关节和膝关节，再用绷带做"8"字形固定，可有效控制出血（图6-8）。

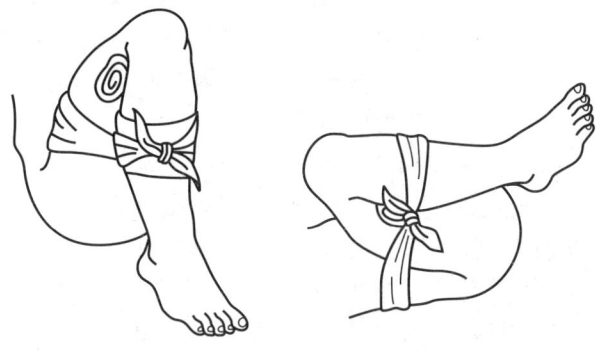

图6-8　加垫屈肢止血法示意图

5. 填塞止血法

对于伤口较深较大、出血多，组织损伤严重的出血应紧急现场救治。常用方法为：用消毒纱布、敷料填塞伤口内，再用加压包扎法包扎。但是，躯干部位出血不能使用。

6. 手指直接指压止血法

这是现场动脉出血最常用的止血措施。用指腹直接压迫出血动脉近心端。为了避免感染，宜用消毒敷料、清洁的手帕盖在伤口处，再进行指压止血。

## 7. 间接指压止血法

用手指把身体浅表部位的动脉压在相应的骨面上，阻断血液的来源，可暂时止住该动脉供血部位的出血，此法适用于动脉出血。指压法简单易行，但因手指容易疲劳不能持久，只能作为临时止血手段，随后应改用其他方法。

根据全身动脉的走行分布，在体表有一些搏动点。常用的有以下几个：

（1）头部出血。

① 头部前额部、颞部出血：采用颞浅动脉压迫法，压迫点在耳屏前方。

操作方法：一手固定头部，另一手拇指在耳屏前上方一指宽处摸到颞浅动脉搏动点，然后用拇指或食指将其压向下颌关节面（图6-9）。

② 头后部出血：枕动脉压迫法。

操作方法：在耳后乳突下梢外侧摸到枕动脉的搏动点，用拇指将其压向枕骨。

（2）面部出血。

① 眼以下面部出血：采用面动脉压迫法。

操作方法：先在同侧咬肌前缘下颌角前约1.5 cm处用拇指摸到面动脉的搏动点，后用拇指或食指将该血管压向下颌骨骨面上（图6-10）。

② 头面部出血：采用颈总动脉压迫法。

操作方法：在同侧气管与胸锁乳头肌之间摸到颈总动脉的搏动点，拇指或其他四指将其压向后外侧方的颈椎横突。

（3）上肢出血。

① 肩腋部和上肢出血：采用锁骨下动脉压迫法。

操作方法：先在同侧锁骨中点上方的锁骨上窝处摸到锁骨下动脉的搏动点，然后用拇指压向其后下方的第1肋骨（图6-11）。

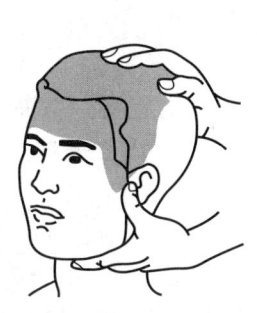 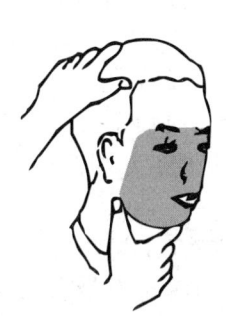 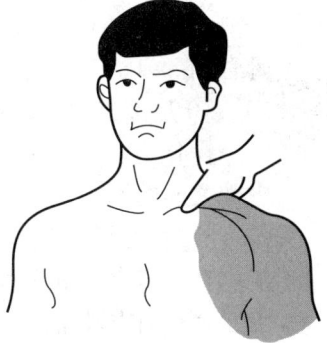

图6-9　颞浅动脉压迫部位　　图6-10　面动脉压迫部位　　图6-11　锁骨下动脉压迫部位

② 前臂和手部出血：采用肱动脉压迫法。

操作方法：患肢外展、外旋，在上臂内侧中部的肱二头肌内侧沟处摸到肱动脉的搏动点，拇指和其他四指将其压向肱骨干（图6-12）。

③ 手部出血：尺、桡动脉压迫法。

操作方法：在手腕横纹稍上方的内、外两侧摸到尺、桡动脉的搏动点，然后两手拇指分别压向尺、桡骨骨面。

④ 手指出血：采用指动脉压迫法。

压迫点在第一指节根部两侧（图6-13），用拇指和食指两指相对夹压。

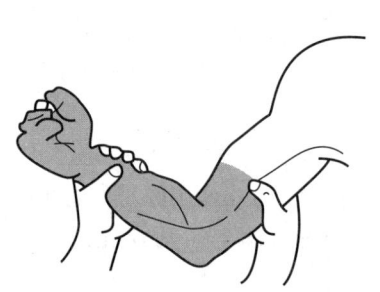
图6-12　肱动脉压迫部位

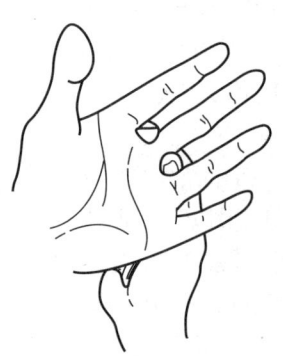
图6-13　指动脉压迫部位

（4）下肢出血。

① 大腿以下部位的出血：采用股动脉压迫法。

操作方法：伤员仰卧位，大腿微外旋，在腹股沟韧带中点稍下方处摸到股动脉的搏动点，用双手拇指重叠用力压向股骨（图6-14）。

② 小腿以下部位的出血：采用腘动脉压迫法。

操作方法：在腘窝偏内侧处摸到腘动脉的搏动点，大拇指向后压向股骨骨面。

③ 足部出血：采用足背、胫后动脉压迫法。

操作方法：先用食指分别摸到足背皮肤皱纹中点的足背动脉、跟骨与内踝之间的胫后动脉，用两手拇指分别将其压向跖骨和跟骨（图6-15）。

8. 止血带止血法

在四肢较大的动脉出血时，采用止血带止血法，通常当其他止血法不能止血时才用此法。目前常用的止血带有橡皮止血带（橡皮管和橡皮带）、气囊止血带（如血压计袖带）和布条止血带。现场急救中，常用携带方便的橡皮管止血带，如果没有橡皮止血带，可用布料止血带代替。要特别注意的

 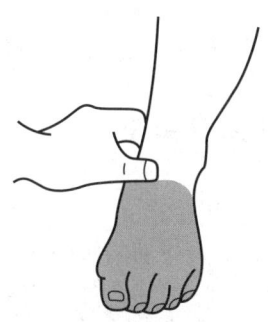

图 6-14　股动脉压迫部位图　　图 6-15　胫前和胫后动脉压迫部位

是，布料止血带因无弹性，可能会导致肢体损伤，因此不可一味增加压力。上气囊止血带时，上肢压力不能超过 40 kPa，下肢压力不能超过 66.7 kPa。

使用止血带的注意事项：

（1）部位。上臂外伤大出血使用橡皮管止血带结扎的标准位置点为上臂上 1/3 处（图 6-16）；上臂中、下 1/3 处扎止血带容易损伤桡神经，为禁区。下肢外伤大出血使用橡皮管止血带结扎的标准位置点为大腿的中、下 1/3 交界处（图 6-17）。

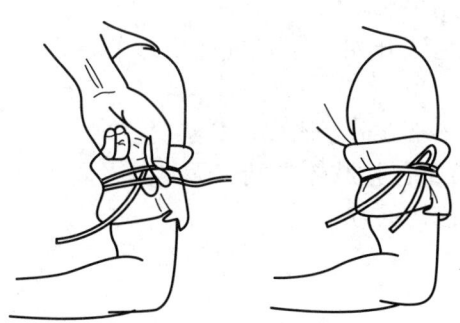 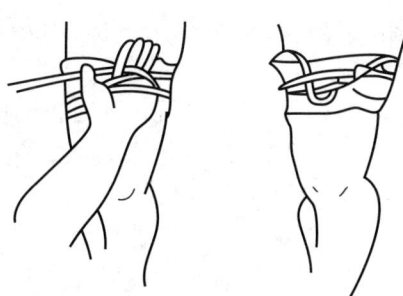

图 6-16　上肢止血带的结扎部位　　图 6-17　下肢止血带的结扎部位

（2）衬垫。使用止血带的部位应该有衬垫，否则会损伤皮肤。可扎在衣服外面，把衣服当衬垫。

（3）松紧度。止血带的压力要适中，应以出血停止、远端摸不到脉搏为合适。过松达不到止血目的，过紧会损伤局部组织。

（4）标志。上止血带后，应做好明显标志，派专人护送，并向接收医护人员交待查清楚。

（5）时间。无论使用哪种止血带都要记录时间。尽量缩短扎止血带的时间，以 1 h 左右为宜，最长不超过 4 h。如果长时间转运，途中上肢每 30 min，下肢每 1 h 应放松 2~5 min，以使伤肢间断地恢复血液循环。

### 三、包扎法概述

#### （一）包扎法定义

包扎法是对受外伤导致出血部位的一种急救方法，是在人体外伤后对头部、颈部、胸部、背部、肩部、腋部、腹部和四肢等部位进行包扎止血的方法。

一般野外外伤多采用手绢、毛巾等随身物品就地包扎止血，日常外伤多采用绷带及三角巾进行包扎止血。

#### （二）包扎法作用

及时包扎止血并减少活动有助于保护伤口、减少出血、减轻患者疼痛和减少伤口感染概率等。

#### （三）包扎法注意事项

（1）动作尽量熟练轻柔，不要直接用手触碰伤口。

（2）绷带包扎法一般多以环形包扎法开始，包扎方向由远心端向近心端。

（3）对四肢进行包扎时，要使四肢末端充分暴露以便观察。

（4）包扎压力不要过大，包扎后检查包扎肢体末端有无发紫、局部麻木、胀痛等缺血症状，若有应及时减小包扎压力。

（5）不要在伤口处打结。

（6）包扎后肢体或局部应避免受压。

#### （四）绷带包扎法

1. 环形包扎法

常用于粗细均匀部位，如头部、腕部和踝部周围外伤的包扎。用手按住绷带头倾斜一角环绕肢体包扎一圈后，再将另一角反折继续包扎，后一圈要压紧前一圈，绕 4~5 圈即可（图 6-18）。

第一节 急救技术

绷带包扎术

### 2. 螺旋形包扎法

常用于粗细均匀的四肢部位及手指部位的外伤包扎。先以环形包扎法包扎两圈,后从肢体远端向近端螺旋缠绕,后一圈压住前一圈的1/3或1/2(图6-19)。

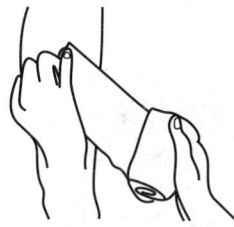

图6-18 环形包扎法

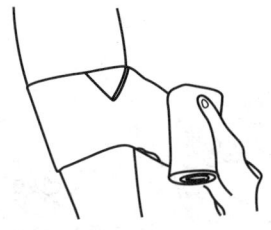

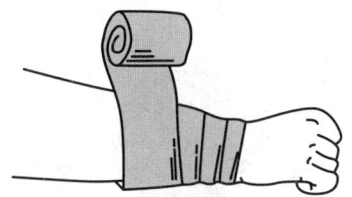

图6-19 螺旋形包扎法

### 3. 反折形包扎法

常用于粗细相差较大的四肢部位,如前臂与腕、踝与小腿移行处的外伤包扎。先以环形法包扎两圈,后用一指压住上缘绷带将其反折,后一圈压住前一圈的1/3或1/2。注意,每圈的反折线应尽量保持平行(图6-20)。

### 4. "8"字包扎法

常用于关节,如肘、膝、踝等关节处的包扎。先用环形包扎法从关节开始,斜行向上缠绕一圈,再向关节下斜行缠绕一圈,两圈在关节凹陷处交叉后,再按上述方法逐渐斜行缠绕远离关节,后一圈压住前一圈的1/3或1/2(图6-21)。

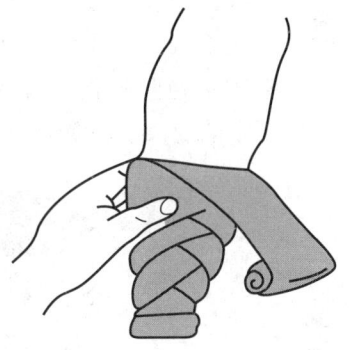

图6-20 反折形包扎法

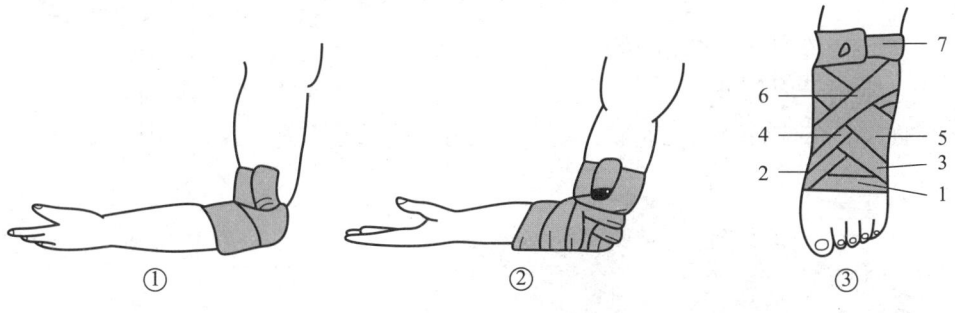

图6-21 "8"字包扎法

## （五）三角巾包扎法

1. 头部包扎法

（1）帽形三角巾包扎。

常用于头顶部外伤包扎。将三角巾平铺于头顶，底边放在额前后反折，顶角置于枕骨，将底边经双耳上向后拉紧在枕后压住顶角交叉至前额打结（图6-22）。

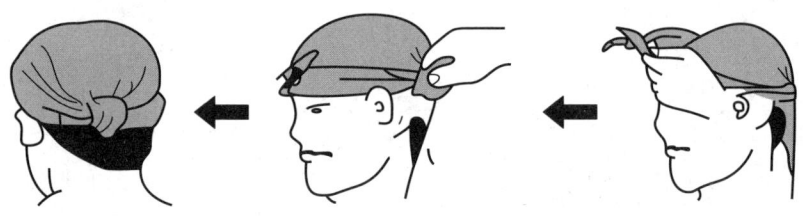

图 6-22　帽形三角巾包扎

（2）双眼三角巾包扎。

常用于双眼外伤包扎。将三角巾折成宽带状置于枕骨，底边两角经耳上拉至眼前交叉，后将底边两角经耳下至枕骨处打结（图6-23）。

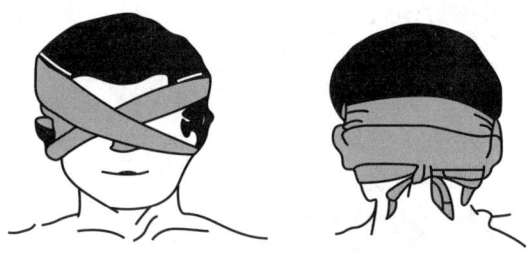

图 6-23　双眼三角巾包扎

（3）面具形三角巾包扎。

常用于面部外伤包扎。将三角巾对折后顶角打结置于头顶，拉两底角遮住面部，在枕后交叉至前额打结，在眼睛、鼻子处用剪刀剪口（图6-24）。

图 6-24　面具形三角巾包扎

## 2. 颈部包扎法

常用于颈部外伤包扎。将三角巾折成宽带状，嘱患者上肢抱头，将带状三角巾中间压紧敷料，两底角在健侧上臂根部打结（图6-25）。

## 3. 胸部、背部、肩部及腋下包扎法

（1）胸部包扎法。

将三角巾顶角于躯干前侧置于伤侧肩部，于外伤处添加敷料，两底边中间位于外伤下部，将两底边经下胸部至背后打结，再将顶角下拉垂直于底边打结（图6-26）。

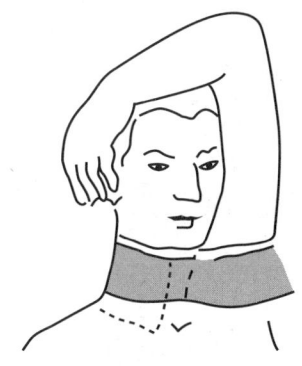

图6-25 颈部包扎法

（2）背部包扎法。

与胸部包扎法同。将三角巾顶角于躯干背侧置于伤侧肩部，两底边中间位于外伤下部，将两底边经下背部至胸前打结，再将顶角下拉垂直于底边打结。

（3）肩部包扎法。

于外伤处添加敷料，将燕尾式三角巾压紧敷料，夹角正对患侧颈部，底边包绕上臂根部打结，两底角分别经胸部、背部至对侧腋下打结（图6-27）。

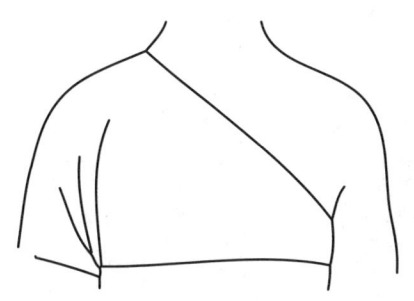

图6-26 胸部包扎法

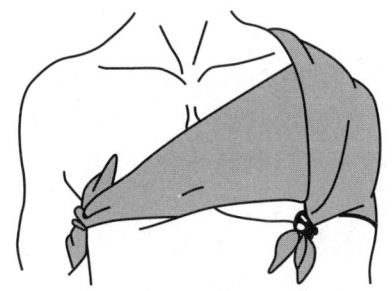

图6-27 肩部包扎法

（4）腋下包扎法。

常用于腋下外伤包扎。将三角巾折成带状，中间部压紧敷料，将巾带两端向上方提起分别经胸部、背部斜至对侧腋下打结（图6-28）。

## 4. 腹部包扎法

将三角巾顶角置于会阴处，底边中部经胸部、腹部绕至腰部打结。三角巾顶角经会阴部将顶角系于底边打结（图6-29）。

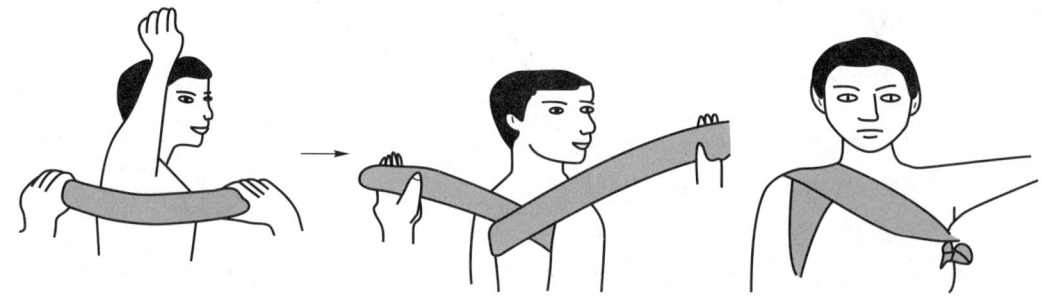

图 6-28　腋下包扎法

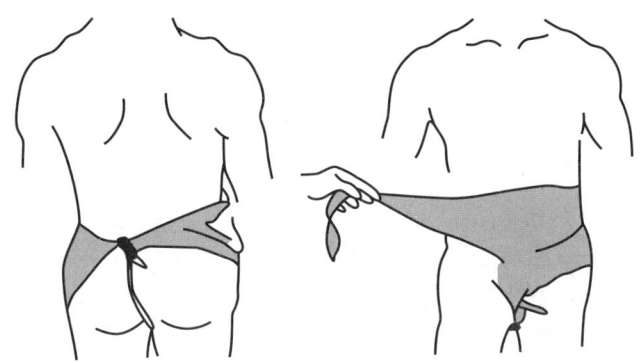

图 6-29　腹部包扎法

5. 上肢包扎法

（1）大悬臂带。

常用于除锁骨与肱骨骨折外的上肢损伤包扎。将肘屈曲 90° 放在三角巾中央，顶角朝肘方向，一底角置于健侧肩上，另一底角包住前臂经颈后和另一底角打结（图 6-30）。

（2）小悬臂带。

常用于锁骨、肱骨骨折包扎。将三角巾折成宽带状，中间放在患侧前臂的下 1/3 处，两底角在颈后打结（图 6-31）。

6. 下肢包扎法

常用于除下肢关节外的下肢外伤包扎。将三角巾顶角朝上，一底角内翻压于外伤处下部，适度压紧敷料向外伤上部缠绕，最后一圈垂直于肢体包扎（图 6-32）。

7. 臀部包扎法

方法与胸部包扎法基本相同。将燕尾式顶角置于患侧臀部内下方，将两边底角分别经臀部前后绕至健侧腰部打结，再将顶角细带经骨盆前拉，垂直于底边打结。

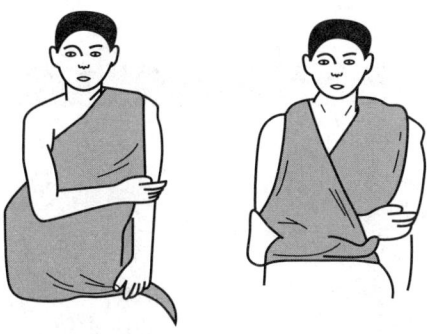
图 6-30　上肢包扎法（大悬臂带）

图 6-31　上肢包扎法（小悬臂带）

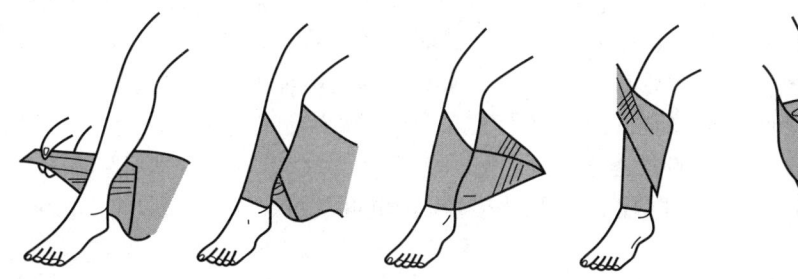
图 6-32　下肢包扎法

8. 膝关节包扎法

将三角巾折成宽带状，方法见"8"字包扎法。

9. 手部包扎法

将三角巾折成带状，中段适度压紧患侧手掌，再将三角巾底边两角在手背部交叉后绕至手腕交叉，最后绕手腕一周打结（图 6-33）。

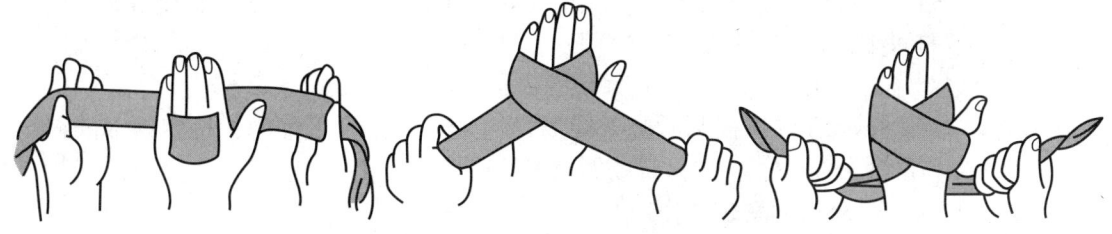
图 6-33　手部包扎法

10. 足部包扎法

方法与手部包扎法基本相同。

## 第二节 运动按摩技术

### 一、运动按摩概述

按摩又称推拿，是以中医理论为基础，利用专门的手法或器械所产生的作用力，直接作用于人体的皮肤（病灶或穴位），以达到调节人体生理机能和防治伤病的一种自然物理疗法。按摩的特点是简便易学、安全可靠、治疗效果快而显著、无毒副作用、无须复杂的设施和设备、不受环境条件的限制等。体育运动与传统医学按摩相结合，在长期发展过程中形成了运动按摩。运动按摩在调整运动员的竞技状态，增进和发挥运动员体能潜力，进而提高运动员比赛成绩等方面发挥着积极的作用。同时，随着全民健身运动的深入开展，参加各项体育锻炼的人越来越多，在身体素质提高的同时，也伴随着一些疲劳恢复、机能损伤等问题的出现，运动按摩也可以很好地解决这些问题。

运动按摩概述

#### （一）运动按摩的作用原理

运动按摩是一种可以提高身体机能、预防损伤、消除身体疲劳的物理方法，对人体循环系统、呼吸系统和消化系统、运动系统、神经系统等均具有非常重要的作用。

1. 对循环系统的作用

按摩可以扩张周围血管，降低血液循环中的阻力，加速静脉血液回流，影响血液的重新分配，调整肌肉和内脏的血液流量，促进肌肉和心脏适应新的紧张的工作需要。按摩分为离心按摩和向心按摩。离心按摩可以加速血液循环，加速组织代谢和营养供应作用；向心按摩可以加快静脉血液和淋巴液的回流，有消肿和散瘀的作用。

2. 对呼吸系统和消化系统的作用

按摩可以直接刺激胸壁或通过神经反射使呼吸加深；按摩腹部能提高胃肠的分泌功能，加强胃肠蠕动，从而改善消化功能。

3. 对运动系统的作用

按摩能使肌肉中的毛细血管扩张和后备毛细血管开放，改善局部的血液循环和营养，并加速疲劳时肌肉中乳酸的清除，因而可以加速疲劳的消除，提高肌肉的工作能力和防止伤后肌肉萎缩。此外，经常进行按摩还能增强韧带的柔韧性和加大关节的活动范围。

4. 对神经系统的作用

按摩是一种良好的物理刺激，对神经系统可起到兴奋或抑制的作用，并可通过神经反射影响各个器官的功能。不同按摩手法有不同的作用，如重叩打、重揉捏有兴奋作用，而轻推、轻揉则起抑制作用。同一手法，由于运用方式不同，其作用也不相同。轻而缓慢、时间较长的手法有镇静作用，重而急速、时间较短的手法则起兴奋作用。

### （二）运动按摩的种类

在体育实践中，运动按摩分为运动前按摩、运动中按摩和运动后按摩三种。

1. 运动前按摩

运动前按摩的主要目的是使运动员保持训练和比赛前的良好状态。按摩可以增强肌肉力量，增进关节、肌肉、韧带的功能，提高运动能力和预防运动损伤。

2. 运动中按摩

其目的主要是迅速消除疲劳，缓解肌肉僵硬，调动运动员的兴奋和抑制过程。运动中按摩通常是针对负荷量较大的肌群进行按摩，可根据项目的特点和间歇时间长短选用针对性强的经穴和手法，先采用柔和的手法，再选用较重而快速的手法。按摩时间不超过 4 min。

3. 运动后按摩

其目的主要是放松，力量柔和、偏轻。运动后按摩可以帮助运动员消除疲劳，恢复体力。一般在运动结束后进行，也可以在洗澡后或晚上睡觉前进行。当运动员过于疲劳时，应先休息 2~3 h 后再按摩。按摩部位可根据运动项目和疲劳程度而定，一般是按摩运动负荷最大的部位。当运动员极度疲乏时，可进行全身按摩。按摩时间可为 30~60 min。

### （三）按摩的注意事项

1. 讲究卫生

按摩者的双手应保持清洁、温暖、光滑，修剪指甲，手上不要戴任何饰品，以免操作时伤及被按摩者皮肤。被按摩者应该保持皮肤清洁。

2. 适宜体位和姿势

按摩者和被按摩者要协调配合，采取适当的体位与姿势。被按摩者以舒适、安全和放松为原则；按摩者以操作时发力自如、操作方便为原则。

3. 按摩的方向、时间、次数和强度

（1）运动按摩一般应沿着静脉、淋巴液回流的方向进行，不宜按摩淋巴结所在部位。

（2）一个部位的按摩一般每次 10~15 min，最多不超过 25 min，运动员全身按摩在 1 h 左右。按摩次数通常隔日一次，或者每日一次。一个疗程以 10~15 d 为宜，疗程间休息 2~3 d。按摩强度需要根据病情、个体耐受程度和手法自身的特点来确定，要求强度适中。

（3）按摩时，用力应由轻到重，再逐渐减轻而结束，力量要渗透到肌肉里面。要随时观察被按摩者的情况，询问具体感觉，以便及时调整按摩强度。一般以肩部带动肘部，以肘部带动腕部，以腕部带动手部等，要求以刚柔并济、由浅入深、均匀实和、连续不断、轻而不浮、重而不滞、深透舒适为度。

（4）全身按摩顺序：头—颈—上肢—躯干—下肢。

（5）做关节被动活动时，活动幅度应在正常生理范围内。

## （四）按摩的适应证和禁忌证

1. 按摩的适应证

按摩疗法对人体各器官和系统都具有积极的作用，已经被广泛应用于内科、外科、妇科、儿科和骨伤科的临床治疗和保健，具有广泛的适应证。

（1）内科、外科、妇科、五官科疾病，如感冒、中暑、腹痛、便秘、闭经、月经不调、近视、牙痛和肥胖症等。

（2）儿科疾病，如小儿脑瘫、厌食症、遗尿、惊风和百日咳等。

（3）骨伤科疾病，如肩周炎、关节脱位、腰椎间盘突出症和颈椎病等。

（4）其他，如保健、美容和减肥等。

2. 按摩的禁忌证

（1）不能承受按摩疗法的严重疾病，如心脏病和恶性肿瘤等。

（2）各种皮肤破损的疾病和皮肤病。

（3）感染性疾病，如各种脓肿、败血症或脓毒败血症等。轻微感染患者如果按摩有加重感染的可能，应慎用。

（4）骨折和关节脱位固定期间不宜按摩。

（5）诊断不明确的急性脊柱损伤或伴有脊髓损伤症状者不宜按摩。

（6）妊娠期及月经期妇女不宜做腹部和腰骶部的按摩，其他部位按摩需采用轻柔手法。

（7）精神病患者不能与医生合作，不宜进行按摩治疗。

（8）过劳、过饥、过饱及醉酒者禁止按摩。

（9）出血性疾病，如血液病患者和有出血倾向的各种疾病。

（10）闭合性软组织损伤急性期（伤后 24~48 h 出血肿胀），损伤局部不宜按摩。

**（五）按摩介质**

按摩介质是指按摩操作中起润滑、保护皮肤及提高功效的物质。

1. 油剂

油脂类物质，如松节油、红花油、跌打万花油、冬青油和麻油等，可润滑肌肤、加强透热效果、消肿止痛、祛风散寒，多在冬季治疗使用。

2. 酒剂

以药用75%的乙醇溶液或白酒浸泡而成，如椒盐酒、人参三七酒、舒活酒等，具有活血、除湿、解热等作用，多在夏季治疗使用。

3. 粉剂

用具有润滑、吸潮作用的粉末状物质，如爽身粉、滑石粉等，一般多在夏季应用。

4. 膏剂

用药物加适量的赋形剂调配而成，如冬青膏等。膏剂由于药物组成及功效不同，可产生不同的作用。

按摩手法是指用手或肢体其他部分，按特定的规范动作刺激人体体表特定部位或穴位，来防治疾病的各种操作方法。手法是按摩防治疾病的主要手段。手法的优劣及运用正确与否，直接影响其防治疾病的效果。手法一般应达到持久、有力、均匀、柔和、深透5个方面的基本要求。

运动按摩的基本手法有推法、擦法、揉法、揉捏法、搓法、按法、拍击法、抖动及运拉法9种。

## 二、各部位常用按摩技术

**（一）运动按摩基本手法**

1. 推法（图6-34）

根据推时用力的大小，可分为轻推法和重推法。

运动按摩技术

（1）手法。四指并拢，拇指分开，全手接触皮肤，沿着淋巴流动的方向向前推动。轻推法用力较轻；做重推法时用力较重，要求掌根用力，虎口稍抬起，以免引起身体疼痛。

（2）作用。轻推法对神经系统起镇静作用，重推法能加速静脉血和淋巴液的回流。

（3）应用。轻推法多用于按摩的开始和结束时，但在按摩过程中由一种手法换用为另一种手法时也常插入几次轻推。重推法常用于按摩中间，多与揉捏、按压等手法交替使用。轻推法可以缓解由于学习紧张出现的失眠，重推法可以改善运动中常见的肌肉痉挛。

2. 擦法（图6-35）

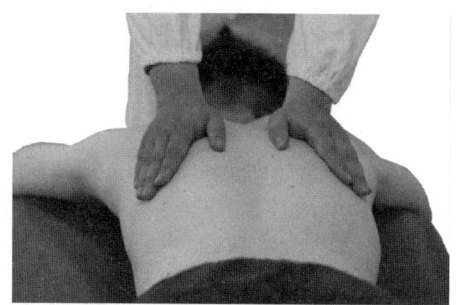

图6-34 推法

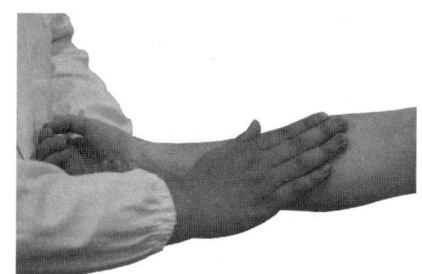

图6-35 擦法

（1）手法。用拇指或四指指腹、大鱼际、小鱼际、掌根贴在皮肤上，做来回直线形的运动，手法要轻柔，力量要均匀。擦动的速度稍快、用力不可太猛，其作用力主要在皮肤上，但也可深达皮下组织。

（2）作用。能加强局部血液循环，提高皮肤温度，增强关节韧带的柔韧性。

（3）应用。擦法应用于四肢、腰背、韧带及肌腔处，可在按摩开始或结束时使用，也可在按摩过程中由一个手法转换到另一个手法时插入几次擦法，根据不同的按摩部位采用不同的手形，如踝关节用大鱼际擦，背部用手掌或小鱼际擦，肌腱与小关节处用拇指指腹擦。

3. 揉法

（1）手法。用拇指或四指指腹、掌根、大鱼际、小鱼际紧贴于皮肤上，做圆形或螺旋形的揉动。揉动时，手指或掌不能移开接触的皮肤，使该处的皮下组织随手指或掌的揉动而滑动。

（2）作用。促进血液循环，改善局部组织的新陈代谢，缓解深部组织，软化疤痕组织；并有缓和强手法刺激和减轻疼痛的作用。

（3）应用。多用于腰背部、四肢等肌肉丰厚的位置。揉法配合相关穴位按摩可缓解运动中出现的肌肉疲劳，预防肌肉拉伤。

4. 揉捏法（图6-36）

它是揉法与捏法相结合的复合手法。

（1）手法。操作时，手掌自然张开，拇指外展，其余四指并拢，紧贴于皮肤，以拇指或掌根作为着力点，做环形旋转的揉捏动作，拇指和掌根做揉的动作，其余四指做捏的动作，边揉捏边向前做螺旋形地推进。用于治疗四肢及腰背部的软组织损伤。

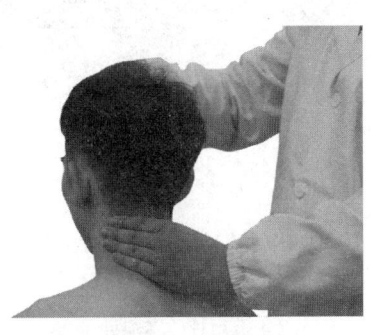

图6-36 揉捏法

（2）作用。揉捏法具有舒筋通络，活血散瘀，消肿止痛，缓解痉挛的功效。用于治疗颈项强痛，肩背酸痛，肌肉萎缩，关节活动不利，寒痹疼痛。如治疗落枕，可揉捏颈部成条索状的肌肉，配合弹拨法、点法、摇法等，缓解肌肉的痉挛；如治疗肱骨外上髁炎，放松整个前臂后群，揉捏桡侧伸腕长肌、短肌，同时做局部的推法、弹拨法，以舒筋通络、消肿止痛。

（3）应用。揉捏法适用于全身各部，尤以颈项、四肢和局部疼痛病症最为多用。频率较慢、用力较轻、时间稍长、接触面积较大的轻揉捏可以改善运动员在临赛前过度兴奋而出现的坐立不安、情绪激动、多尿、动作协调性下降等症状。

5. 搓法（图6-37）

此法属推拿手法中一种辅助手法，常作为四肢、胁肋部、腰背部推拿治疗的结束手法。具有疏通经络、调和气血、放松肌肉等作用。

（1）手法。按摩者用双手掌面着力，双手交替或同时相对用力做相反方向地来回快速搓揉，并同时做上下往返移动。

（2）作用。能使皮肤、肌肉、筋膜等组织松弛，加快血液循环，促进新陈代谢，缓解肌肉痉挛，加速疲劳的消除，提高肌肉的工作能力。

（3）应用。搓法是较为温和的一种手法，是一种辅助手法，常作为推拿治疗运动损伤的结束手法。

6. 按法（图6-38）

用手指或手掌面着力于体表部位或穴位上，逐渐用力下压，称为按法。

（1）手法。用一手或双手的手掌和掌根（双手并列或重叠或相对）按

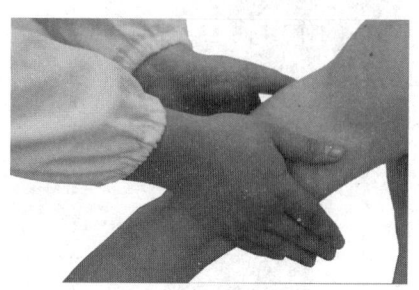
图 6-37　搓法

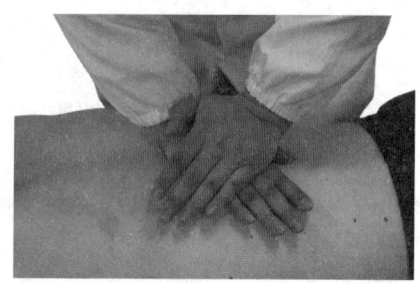
图 6-38　按法

压被按摩的部位，停留一段时间（30 s 左右），用力由轻到重，再由重到轻。

（2）作用。使肌肉放松，消除疲劳，减轻酸胀、疼痛等不良感觉。

（3）应用。常用于腰背部、肩部及四肢肌肉僵硬或发紧时，也用于腕关节的放松。适用于长时间伏案学习，或者运动方法不当导致的脊柱小关节紊乱。

7. 拍击法（图 6-39）

用手掌或手的尺侧面等拍击体表，称为拍击法。

（1）手法。分为拍打、叩击和切击三种。拍打时，两手半握拳或两手手指伸直、张开，掌心向下，两手心有节奏地进行上下交替地拍打。手指、手腕均应放松用力，轻重应根据需要灵活掌握，也可用单手拍打。叩击时，两手手指伸直而并拢，用手的尺侧进行叩击。切击时，两手掌侧立，大拇指朝上、小指朝下，手掌抬起时，指与指间要分开约 1 cm，手掌落下时，手指合拢，再抬起手掌时又略有分开，一起一落，两手交替进行。手法操作时用力应均匀，指关节和腕关节放松，由腕关节（拍打）或肘关节（叩击和切击）主动发力。

（2）作用。促进血液循环，改善局部营养，消除疲劳和调节神经肌肉的兴奋性。

（3）应用。多用于肩部、背部、腰部、臀部、四肢等大块肌肉及肌肉肥厚部位。在冬季参加运动时，常因皮肤发凉，肌肉、关节僵硬而影响运动效果，甚至发生损伤。在运动前可用较重而快速地拍打，促进局部的血液循环，提高皮肤温度，增强肌肉和关节活动功能，预防运动损伤的发生。

8. 抖动（图 6-40）

（1）手法。肢体抖动时，用双手握住肢体的末端，微微用力做连续小幅度的上下快速抖动。肌肉抖动时，用手轻轻抓住肌肉，进行短时间的快速振动。动作要连续，频率应由慢而快、再由快而慢，抖动的幅度要小，频率

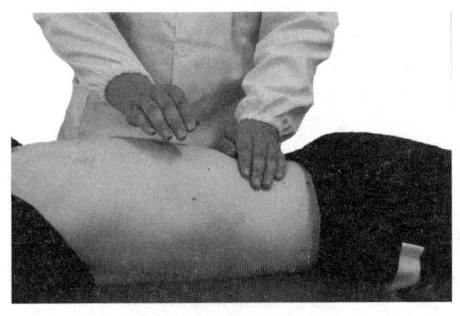
图6-39 拍击法

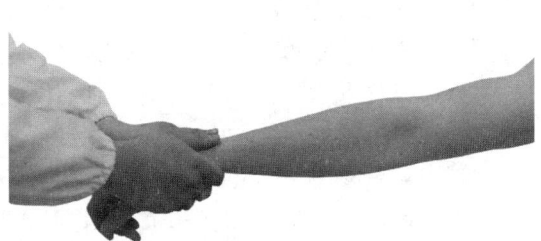
图6-40 抖动法

一般较快，用力不要过大。

（2）作用。使肌肉、关节放松。

（3）应用。多用于肌肉肥厚的部位和四肢关节，经常与搓法配合使用，常作为一种按摩的结束手法。

9. 运拉法

按摩者一手握住关节远端肢体，另一手握住关节近端肢体，根据不同关节的活动范围做被动的地屈、伸、内收、外展、旋转运动。

（1）肩关节运拉法。按摩者一手握住被按摩者肘关节，另一手按在其肩部上方，然后使肩关节做外展、内收、旋内、旋外及旋转运动。

（2）肘关节运拉法。按摩者一手握住被按摩者前臂，另一手轻轻托住其肘后，然后使肘关节屈、伸及旋转摇动。

（3）腕关节运拉法。按摩者一手握住被按摩者腕关节上方，另一手握住其手掌中部，然后使腕关节做屈、伸、内收、外展及旋转运动。

（4）髋关节运拉法。被按摩者呈仰卧位，按摩者一手握住其小腿下部，另一手按在其膝关节上方，使其膝关节屈曲，然后做髋关节的屈、伸、外展、内收和旋转运动。

（5）膝关节运拉法。被按摩者取仰卧位，按摩者一手握住其踝部，另一手按在其膝关节上方，然后使膝关节做屈、伸与旋转等运动。

（6）踝关节运拉法。被按摩者取坐位或仰卧位，按摩者一手握住其小腿下部，另一手握住其前足掌，然后使踝关节做屈、伸、内收、外展及旋转运动。

各个关节的运拉法可以改善关节的活动度，提高关节韧带的弹性和韧性。适用于长时间伏案学习导致的关节酸痛，也适用于运动损伤和关节长时间制动引起的关节活动受限。

## （二）各部位按摩常用手法

### 1. 颈部按摩法（图6-41）

手法：推摩法、揉法、揉捏法、叩打法和运拉法。

操作步骤：被按摩者取坐位，按摩者立于其后，两手分别放在被按摩者颈部两侧，向下做轻推摩。当推到颈根时，两手分别转向两侧肩部，重复数次后，从颈上部向下外侧直到肩胛部进行揉和揉捏，先轻后重，反复数次，再揉胸锁乳突肌。接着叩打肩背部，最后做运拉或令被按摩者将头向各个方向做环转运动。

### 2. 腰背部按摩法（图6-42）

手法：推摩法、擦摩法、揉法、按压法和叩打法。

操作步骤：被按摩者俯卧位，头偏向一侧，掌心向上，按摩者立其身侧。先做轻推摩，自腰部起推至肩胛下角，然后向外展开，转向腋下，力量由轻到重。轻推摩后，在腰背部由下而上做大面积的揉（用手掌或掌根），棘突两旁用拇指指腹自下往上揉。用于肋间可做指推推摩和指腹擦摩，在擦摩肩胛下角及其内侧缘时，按摩者用一手托住被按摩者肩部，用另一手的手掌尺侧自上而下地擦摩。两侧骶棘肌用双手并列按压，脊柱可用双手重叠按压，自上而下反复2~3次。叩打可用于脊柱两旁的肌肉，自下而上来回地进行切击和轻拍。最后以推摩结束，这时的推摩应由重到轻。

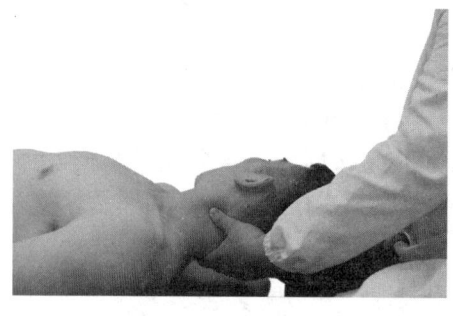

图6-41 颈部按摩

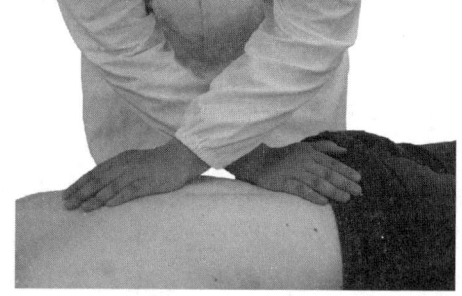

图6-42 腰部按摩

### 3. 上肢按摩法

（1）手（图6-43）。

手法：推摩法、擦摩法、揉法和运拉法。

操作步骤：被按摩者取坐位，按摩者站立或坐在其对面。按摩由手指开始，沿淋巴流动方向，先在手指的掌面和背面做横行的推摩和擦摩，再沿着手指两侧由指尖向指根推摩。手背部可沿着掌骨间进行推摩、擦摩和揉，最后对每个手指逐次进行屈、伸、环转和牵引。

（2）腕关节（图6-44）。

手法：推摩法、擦摩法、揉法、按压法和运拉法。

操作步骤：被按摩者取坐位，按摩者站立或坐在其对面。按摩由轻推摩开始，一手握住被按摩者的手指，保持固定，另一手的手掌放在腕关节背侧，向上推摩。然后使前臂旋后，掌心向上，推摩腕关节的掌面，进行擦摩。擦摩时，可用指腹，也可用掌根，接着揉腕关节。在腕关节按摩中，有时采用按压法。按压时，按摩者两手十指交叉，两掌根夹住被按摩者腕关节，相对用力。力量由轻而重，再由重而轻，这样反复数次，然后做腕关节的运拉，最后以轻推摩结束。

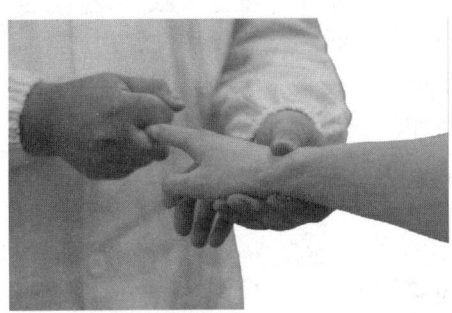 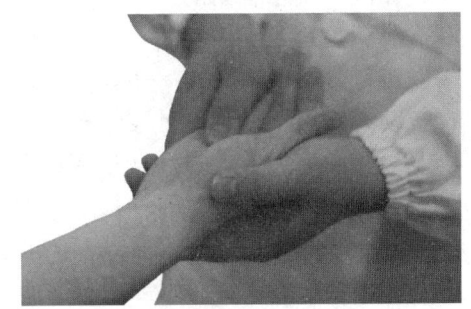

图6-43　手部按摩　　　　　　　图6-44　腕部按摩

（3）前臂（图6-45）。

手法：推摩法、揉捏法、按压法和搓法。

操作步骤：体位同腕关节按摩。按摩者用一手握住被按摩者的手，使其前臂固定在一定的位置上，用另一手进行按摩。开始时用轻推摩，由腕关节推向肘关节，然后做较长时间的单手揉捏，接着进行搓和按压，最后以轻推摩结束。

（4）肘关节。

手法：推摩法、擦摩法、揉法和运拉法。

操作步骤：被按摩者取坐位，按摩者站立或坐在其对面。用一手支持被按摩者的前臂，使其肘关节稍屈，开始时用几次轻推摩，然后重点在侧副韧带进行推摩，以擦摩、揉交替进行，接着做肘关节运拉，最后以轻推结束。

（5）上臂及肩部（图6-46）。

手法：推摩法、揉法、揉捏法、搓法、抖动法、拍击法、按压法和运拉法。

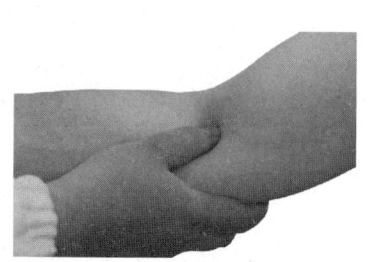
图 6-45　前臂按摩

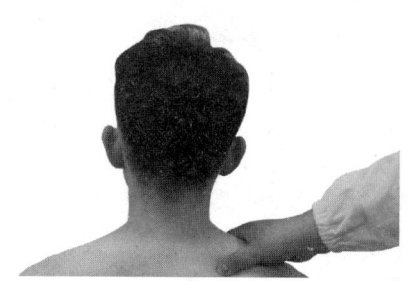
图 6-46　上臂及肩部按摩

操作步骤：被按摩者取坐位，使上肢呈屈肘外展位，按摩者立于被按摩者体侧。按摩者由肘部向肩部及腋下先做几次推摩，重点对肱二头肌、肱三头肌、三角肌、肩锁关节周围组织进行揉捏和揉。接着用搓法，由肘至肩来回进行。搓肩部时，一手紧压在肩关节前面，一手紧压在肩胛骨中上部进行搓动，然后使三角肌处于放松位，进行叩击。接着进行抖动，双手合十按压，最后以肩关节运拉和轻推摩结束。

4. 下肢按摩法

（1）足部及踝关节（图 6-47）。

手法：推摩法、擦摩法、揉法和运拉法。

操作步骤：被按摩者取坐位或仰卧位。自足趾、足背、足掌向踝关节及小腿方向进行按摩。首先从足至踝做几次轻推摩，然后用手指指腹和手掌尺侧擦摩，再揉足背和踝关节周围，接着进行踝关节的运拉，最后以轻推摩结束。

（2）小腿（图 6-48）。

手法：推摩法、揉捏法、搓法、拍打法和抖动法。

操作步骤：被按摩者呈俯卧位，按摩者站立或坐在被按摩者小腿同侧。

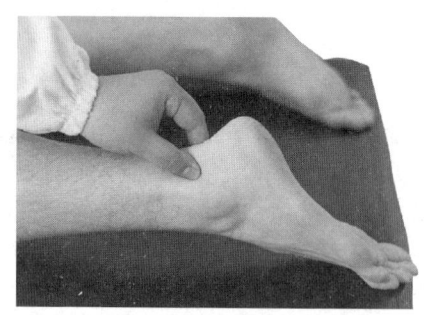
图 6-47　足部及踝关节按摩

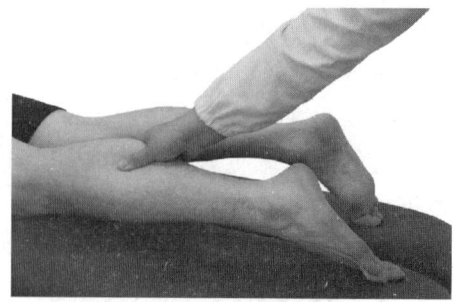
图 6-48　小腿按摩

先在小腿后从踝关节到腘窝做几次轻推摩，然后用双手或单手进行揉捏，在揉捏过程中，加入轻推摩及肌肉抖动，搓、揉捏后做重推摩及轻拍打，最后以轻推摩结束。

（3）膝关节（图6-49）。

手法：推摩法、擦摩法、揉法、搓法和运拉法。

操作步骤：被按摩者呈仰卧位或坐位，按摩者侧立或坐在被按摩者被按摩腿同侧。首先围绕膝关节做轻推摩，每次从小腿开始，止于大腿下段。然后在膝关节及其周围进行擦摩、揉和搓，并进行膝关节的运拉，最后以轻推摩结束。

（4）大腿及髋关节（图6-50）。

手法：推摩法、揉法、揉捏法、搓法、拍击法和运拉法。

操作步骤：被按摩者呈仰卧位，按摩者站立或坐在其体侧。首先由膝关节向腹股沟及髋关节方向进行按摩。从轻推开始，大腿外侧用重推，然后在大腿的前面、后面、内侧面进行揉和揉捏，其间可穿插抖动或叩击。然后令被按摩者翻身呈俯卧位，按照大腿前面按摩的方法步骤，对大腿后面进行按摩，接着进行髋关节的运拉，最后以轻推摩结束。

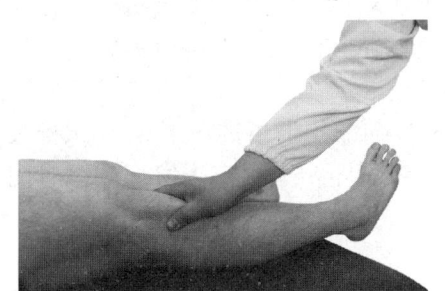

图6-49　膝关节按摩

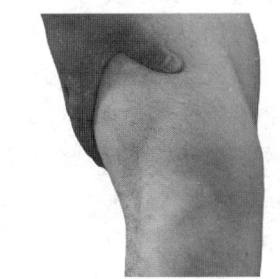

图6-50　大腿及髋关节按摩

（5）臀部（图6-51）。

手法：推摩法、揉法、揉捏法、按压法和拍击法。

操作步骤：被按摩者呈俯卧位，按摩者立于其体侧。先从臀部内下、向外上顺着淋巴液流动方向进行轻推摩，然后在臀部进行以揉和揉捏为主的按摩。在做揉时，可用掌根或双手重叠加压

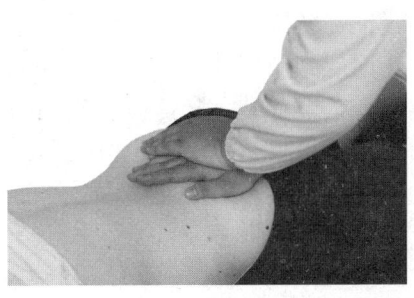

图6-51　臀部按摩

揉;在做揉捏时,可用双手或加压揉捏。接着做双手重叠按压,用力由轻到重,再由重到轻。按压之后可做臀部叩击、切击和轻拍打,最后以轻推摩结束。

下肢各部位按摩后,再做整个下肢的肢体抖动和轻推摩。

## 三、运动前和运动后的按摩技术

### (一)运动前按摩

运动前和运动后的按摩技术

运动前按摩是运动员参加训练或比赛前所进行的按摩,其目的是调动运动员各系统机能状态,使其身体处于最佳的赛前状态。按摩可增强神经对肌肉控制的敏感性,增进韧带的柔韧性和关节的灵活性,从而达到提高运动能力和预防运动伤病的目的。运动前按摩应该与准备活动相结合,宜在训练前或比赛前 15 min 内进行,按摩时间为 5~10 min,按摩手法应根据运动员的机能状态、运动项目和气候条件等具体情况而定。

1. 运动前提高组织兴奋性的按摩法

对训练或比赛前出现情绪低落、精神不振的运动员,应查明原因,消除思想因素的影响。同时,可用按摩手法来提高运动员的兴奋性。在一般准备活动后,被按摩者呈坐位,按摩者站在其体侧,先用双手拇指指腹揉攒竹、丝竹空、太阳等穴,接着点按风池、大椎、内关、足三里等穴,随后用重手法快速拿揉肩部斜方肌,并从外向内用拇指推拨第 4~7 颈椎段斜方肌的外侧缘,使酸胀反应直达头部,最后叩击大椎穴。肩部按摩时间为 2~3 min,按摩后再做专项准备活动。

2. 克服赛前紧张状态的按摩法

运动员在临赛前过度兴奋,常出现坐立不安、情绪激动、多尿、动作协调性下降等情况。这时可采用频率较慢、用力较轻、时间稍长、接触面积较大的局部按摩。根据所从事的项目,对运动时负荷较大的肌肉和关节进行轻推、轻揉或轻揉捏,通过这些弱刺激可使抑制过程扩散,兴奋过程减弱,从而起到镇静安神的作用。也可以进行缓和的头部按摩,即被按摩者取坐位,按摩者站立其体侧,先用拇指指腹揉印堂穴和太阳穴各 10 次,再用双手拇指指腹从印堂穴上方的前额部向两侧反复分推约 10 次,当拇指推到太阳穴时,揉太阳穴。然后再分推至两侧后方风池穴。最后改为五指并拢向下推至颈部两侧。接着把一手五指分开。用指腹从前额向头后方进行推拿,反复约 10 次,再揉百会穴、风池穴各 3~5 次。整个操作轻快、柔和,既可达到镇静的目的,又不致产生过度抑制。除头部按摩外,还可根据运动员的专项特点，对其负担量最大的关节、肌肉进行一些轻推摩、轻揉、轻揉捏等手法，使之充分动员起来。

3. 消除局部肌肉无力的按摩法

一些运动员在临赛前出现关节、肌肉松软无力，可利用按摩进行调节。一般在准备活动之后采用手法较重、频率较快、时间短、接触面小的局部按摩。先做重推3~4次后，接着做1 min左右的重揉。然后再做切击、拍打等兴奋性手法。按摩后再做专项准备活动。

4. 提高皮肤温度的按摩法

运动员在冬季参加训练或比赛，因气候寒冷往往会皮肤发凉，关节、肌肉僵硬。这不但会影响运动成绩，还会造成运动损伤。针对此种情况，临赛前可用较重而快速的推摩和擦摩，以促进局部血液循环，提高皮肤的温度，增加温热感觉，使关节、韧带、肌肉的功能增强。

5. 赛前精神不振的按摩法

部分运动员在临赛前精神不足，兴奋性不高，对比赛缺乏信心；或由于某种原因使其情绪低落、表情淡漠，对比赛漠然置之，不准备奋力拼搏。对此种情况，首先应查明原因，消除其思想顾虑和不健康的心理状态，同时可进行按摩，以提高运动员的兴奋性。按摩在做一般准备活动之后进行。运动员取坐位，按摩者站于其身后或体侧，先用拇指指端点揉风池、太阳、内关等穴，接着从内向外重揉或重推第4~7颈椎段的斜方肌外缘，也可用双手拇指和其余四指成钳形，提拿斜方肌外缘数次，使酸胀反应至头部和眼部，按摩总时间为2~3 min即可，按摩后做专项准备活动。

6. 慢性损伤者参加运动的按摩法

有些运动员由于长期大强度的训练和比赛，往往会患有不同程度的陈旧性损伤或慢性劳损，如损伤性腱鞘炎、跟腱腱围炎、髌尖末端病、肩袖损伤、肱骨内（外）上髁炎、腰背筋膜炎、腰肌劳损和踝关节韧带扭伤等。有此类损伤的运动员，其损伤局部关节的灵活性、柔韧性和力量会出现下降；肌肉的弹性和力量也会比较差。针对此种情况，在运动前进行按摩可改善伤部的血液循环，提高关节的灵活性和增强肌肉的力量，避免损伤部位的重复受伤。首先除在伤部周围进行一般运动前的按摩外，对慢性损伤局部可做推摩和擦摩手法；对伤部周围肌肉丰厚的部位可做揉和揉握；在腱鞘和韧带部位可做理筋手法；关节部位可做适当的运拉手法，按摩后还要认真做好专项准备活动。此外，在训练前和比赛前，损伤局部或关节部位还可用粘布支持带或弹力绷带缠绕，以起保护和支持作用。

## （二）运动后按摩

运动后按摩也叫恢复按摩，激烈的运动训练或竞赛之后，运动员的神经、体液、循环、呼吸、消化、代谢和酸碱平衡等方面，都会发生巨大的变化，这些变化一时破坏了机体内环境的平衡。但机体又会很快达到新的平衡，这个新的平衡，通常都标志着机体工作能力的提高。但是，在各机能系统达到平衡的过程中，有时会出现精神过度紧张、失眠、肌肉紧张和疲劳等症状。运动后的按摩，可以促使这些现象消除，加速内环境达到新的平衡，加速提高对运动负荷的能力，加速完成对后面运动负荷的准备。实践证明，运动后若进行 10 min 的放松按摩，可以使疲劳肌肉原有的工作能力得到恢复，如果采用 10 min 的消极休息，就不能使疲劳的肌肉恢复到原有的工作能力。

此类按摩一般在运动结束后进行。若能在沐浴后或睡觉前进行按摩效果更好。当运动员极度疲劳时，可先用温水擦身，休息 2~3 h 后，再进行按摩。按摩部位应根据运动项目特点和疲劳情况确定，一般常对运动负荷较大的肌肉群进行按摩。如果运动员极度疲劳时，可在睡觉前进行全身保健按摩。时间为 45~60 min，肌肉酸痛的部位按摩时间稍长一些。一般先按摩小腿，后按摩大腿，再依次按摩臀部、腰部、背部和上肢，必要时还可做头部按摩，尤其是伴精神疲劳者。此外，也可以先颈部、背部、腰部、臀部，再大腿、小腿、上肢的顺序进行按摩。

不同的运动项目，对身体各部分的负荷量和使其产生疲劳的程度也不同，因此需要根据不同项目情况进行运动后的局部按摩。运动后按摩所采用的手法、用力的大小、时间的长短等，均应根据运动员的体质、性别、运动项目的特点而定，特别是要求根据运动后反应的情况（如头昏胀、欲呕、四肢乏力、肌紧张和失眠等）来决定。按摩手法需要遵守个别对待的原则，不可千篇一律。通常采用的手法有揉捏法、推压法和抖动法等。对体质强壮，肌肉丰满者，按摩力量应当重些，时间应当长些；反之，用力则要轻些，时间应当短些。运动员在十分疲劳的情况下，也常采用经穴按摩，以疏通气血，内外通达，平衡阴阳，使运动能力得到较快的恢复，并有所提高。其手法是按、压、分、揉、掐、推等。

运动后的全身按摩通常是每天进行一次。在训练后休息 1~2 h 或更长的时间后进行。最好是在温水浴后，在温暖、清静的室内进行。运动员舒适地躺在床上，裸露需被按摩的部位，依照胸部、腹部、上肢和下肢的顺序，顺血液和淋巴液回流的方向进行按摩。一般常使用揉捏、推压、抖动等手法，用力是由重到轻。同时根据各个部位的疲劳情况，循经取穴。施行揉、捻、推、掐等手法，以调和气血，更快地消除疲劳。如按摩进行到运动员快要入睡，应停止按摩。不同的运动项目，对身体各部分肌肉的负荷量是不同的，疲劳程度也就不同，因此按摩手法的选择和用力大小等也应有所区别。同时，运动后进行局部按摩，也是经常需要的。以下按上肢、下肢、颈部、腰背部和胸部、臀部分别进行介绍。

1. 上肢按摩

上肢按摩的重点是肱二头肌、肱三头肌、三角肌和前臂肌群。这是体操、投掷、游泳、举重和排球等运动员容易疲劳的部位。常用手法有揉捏、推摩、搓、运拉和抖动等。同时可用点、拿的手法刺激内关、外关、曲池、尺泽、肩髃、肩井和天宗等穴位。整个操作时间为 10~15 min。推摩和揉的手法不宜过重。手指肌腱、关节囊和韧带损伤急性期，不可做运拉手法。对指间关节挫伤早期局部不可做按摩，否则会使关节肿胀加大、关节增粗、久不愈合。

2. 下肢按摩

下肢是绝大多数项目运动员容易发生疲劳的部位。大腿肌肉丰厚，操作时一定要使肌肉放松；小腿的按摩重点是小腿三头肌。按摩的主要手法有推摩、擦摩、揉、揉捏、搓、叩打和抖动等，一般是由下而上地进行。同时用点、揉、掐、拿等手法刺激承扶、风市、梁丘、犊鼻、委中、血海、承山、昆仑和悬钟等穴位。操作时间为 10~20 min。肌肉放松可做搓或抖动手法；如有肌肉损伤则不宜做抖动的手法，搓的力量也应相对减小。在做揉和揉捏手法时，要紧贴皮肤，力达深部方能有效。

3. 颈部按摩

颈部按摩手法多采用推摩、擦摩、揉、揉捏、叩打、运拉、点及拿等。

一般操作步骤为：患者取坐位，按摩者站立（或坐位）其后方，两手分别置于颈部两侧，首先用双手自颈上部向下做推摩或擦摩手法，一直到肩峰部；也可用单手在颈部一侧做推摩或擦摩，反复操作 2~4 次，其方向可上下往返。紧接着用单手拇指和食指在颈肩部做揉的手法，由下而上反复操作 2~4 次，再用双手拇指和食指自肩峰部向颈根部做揉法 4 次，可单手或双手交替进行。揉法操作的同时可配合揉捏手法。也可用单手揉捏颈部或双手揉捏肩峰至颈根部，反复操作 2~4 次。接着叩打肩背部反复数次后，再用点、拿的手法，刺激风池、肩井等穴，最后做颈部运拉结束。整个操作时间为 15~20 min。颈部按摩的力量应因人而异，其手法操作由轻至逐渐加重，再由重至轻而结束。凡颈部有损伤的局部不宜按摩，更禁止做运拉手法。对震动易引起头昏者，不可做叩击手法。

4. 腰背部和胸部按摩

腰背部按摩的重点是背阔肌、斜方肌及骶棘肌。这是体操、跳水、排球、举重和篮球等项目运动员容易出现疲劳的部位。按摩时，运动员取俯卧位，主要手法为推摩、擦摩、揉、按压和叩击等。同时可用点、揉的手法刺激肾俞、大肠俞、天宗、肩井等穴位，骨盆边缘、肩胛骨内侧缘等部位，常用手法有揉、掐、推、捻等。操作时间为15~20 min。

胸大肌、胸小肌和前锯肌是排球、投掷和体操运动员容易疲劳的部位，按摩时可让运动员取坐位或仰卧位，常用手法有揉、揉捏、推摩等。操作时，一般从胸骨部向腋下缓缓移动。整个操作时间为5~10 min。在体育运动中，以腰背部肌肉损伤、劳损，腰背肌肉疲劳酸痛最为常见，采用按摩疗法能达到立竿见影的效果。对于有腰部骨折的患者，要慎用按压手法，且禁止使用侧扳法或背法，否则会造成严重的后果。在整个操作过程中仍应遵守循序渐进的原则，力量由轻到重，再由重到轻结束。前述的几种手法可反复交替使用。

5. 臀部按摩

臀部是自行车、田径、举重、篮球、竞走和足球等项目运动员最易疲劳的部位。按摩时令被按摩者呈俯卧位，一般从腹股沟外侧端开始，沿髋关节后至骶部、臀部进行推摩、揉、叩击等手法，用力大小因人而异。同时用点、揉的手法刺激环跳等穴位，这对调整营卫，促进气血运行，消除疲劳有良好的作用，操作时间约为 10 min。

### （三）自我按摩

自我按摩方法简便易学，无需特殊的器械设备，不受场地的限制，疗效显著，安全可靠，若能运用得当，则可收到事半功倍的效果。

1. 局部自我按摩

上臂的按摩患者取坐位，按摩肱二头肌时，按摩侧上臂应外旋，以便操作。按摩肱三头肌时，上臂应内旋，肘关节屈曲并靠在膝关节上。上臂按摩多采用推、搓、抖动等手法。按摩下肢时，患者取坐位。按摩大腿内侧、后群肌肉时，膝关节微屈，同时大腿稍外旋，大腿按摩多采用推、搓、揉捏、叩击、抖动等手法；按摩小腿时，需要按摩一侧的腿应屈膝屈髋，另一侧大腿微外旋，小腿按摩多使用推、搓、揉捏、叩击、抖动等手法。

2. 全身自我按摩

患者取坐位或站立位，先按胸部，然后按背部，再转向颈部后面，最后做颈部、腰部的屈、伸和旋转等活动。上肢的按摩自肩部开始，再以上臂部、肘部、前臂部、腕部及手部的顺序依次进行，先按摩屈侧，后按摩伸侧。而后进行大腿的按摩。大腿按摩先从前面开始，而后再按摩内侧面、后面；接着按摩膝关节，再按摩小腿后面、前面；然后顺序向下按摩踝关节、足背、足底和足趾。全身自我按摩时间为 15~20 min。

## 四、穴位按摩技术

### （一）运动按摩常用穴位

在按摩过程中，准确地选取穴位非常重要。俞穴的定位方法主要有 4 种：骨度分寸定位法、体表标志定位法、手指同身寸定位法和简便取穴法。一般常以手指同身寸定位法与其他方法相结合使用。手指同身寸定位法，是以患者的中指中节屈曲时内侧两端纹头之间作为一寸，拇指指关节的横度作为一寸，将食指、中指、无名指和小指并拢，以中指中节横纹处为准，四指横量作为三寸。

**1. 头部常用穴位**

（1）太阳穴。此穴属经外奇穴，位于头部侧面，眉梢与目外眦之间向后约一横指，用手触摸最凹陷处就是太阳穴（图 6-52）。

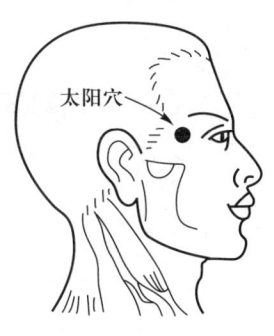

图 6-52　太阳穴

按摩方法：按摩时首先调整好身体姿势，坐位和站立位皆可，一般采用坐位。但要身体端正，脊背挺直，挺胸收气，情绪稳定，精神集中。坐好或站好后将手掌搓热，贴于太阳穴，稍稍用力，顺时针转揉 10~20 次，逆时针再转相同的次数。

主治：头痛、偏头痛、眼睛疲劳和牙痛等疾病。

（2）风池穴。属足少阳胆经。位于人体的后颈部，当枕骨之下，与风府穴相平，胸锁乳突肌与斜方肌上端之间的凹陷处（图 6-53）。

按摩方法：用大拇指指腹，由下往上揉按穴位，按时有酸、胀、痛的感觉，重按时鼻腔有酸胀感。

主治：感冒、鼻塞、颈项强痛、肩痛不举、头晕、目眩，脑卒中偏瘫。

**2. 躯干部常用穴位**

（1）天宗穴。属于手太阳小肠经，在肩胛冈中点与肩胛骨下角连线上 1/3 与下 2/3 交点凹陷处（图 6-54）。

按摩方法：以拇指的指腹按揉穴位，穴位处有胀、酸、痛感。

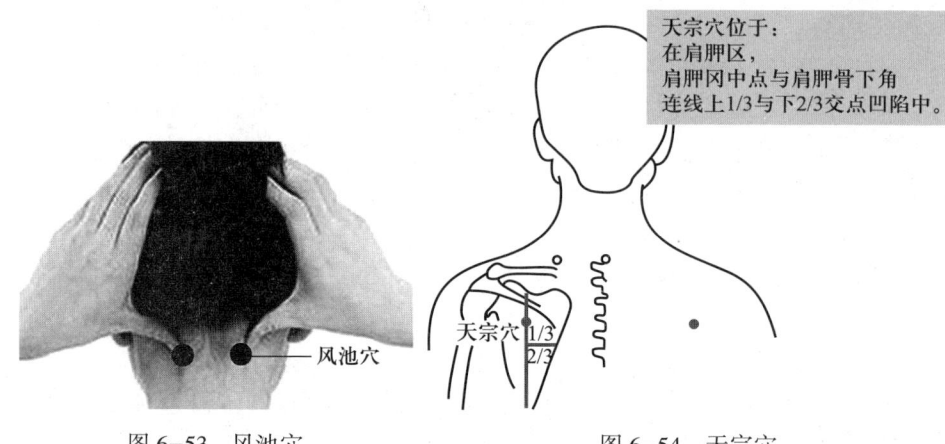

图 6-53 风池穴　　　　　　图 6-54 天宗穴

主治：运动造成的肩胛疼痛、背痛及落枕。

（2）膀胱经俞穴（图 6-55）。从第 1 胸椎棘突下旁开 1.5 寸到骶正中嵴旁 1.5 寸，与第 4 骶后孔处相平，每一椎骨棘突旁均有膀胱经背俞穴。每个背俞穴都可治疗相对应的脏腑疾病（表 6-1）。

▶ 表 6-1　背俞穴表

| 脏腑 | 背俞穴 | 所在椎数 | 脏腑 | 背俞穴 | 所在椎数 |
|---|---|---|---|---|---|
| 肺脏 | 肺俞 | $T_3$ | 胃 | 胃俞 | $T_{12}$ |
| 心包 | 厥阴俞 | $T_4$ | 三焦 | 三焦俞 | $L_1$ |
| 心脏 | 心俞 | $T_5$ | 肾脏 | 肾俞 | $L_2$ |
| 肝脏 | 肝俞 | $T_9$ | 大肠 | 大肠俞 | $L_4$ |
| 胆脏 | 胆俞 | $T_{10}$ | 小肠 | 小肠俞 | $S_1$ |
| 脾脏 | 脾俞 | $T_{11}$ | 膀胱 | 膀胱俞 | $S_2$ |

按摩方法：被按摩者呈仰卧位，按摩者两手置于背部，双手大拇指指腹分别按揉两侧俞穴，每穴 10 s。揉的手法要均匀、渗透，以局部有酸痛感为佳。

主治：运动造成的肩部、腰部和背部疼痛。

（3）命门穴（图 6-56）。属于督脉，在人体腰部，当后正中线上，第 2 腰椎棘突下凹陷处。

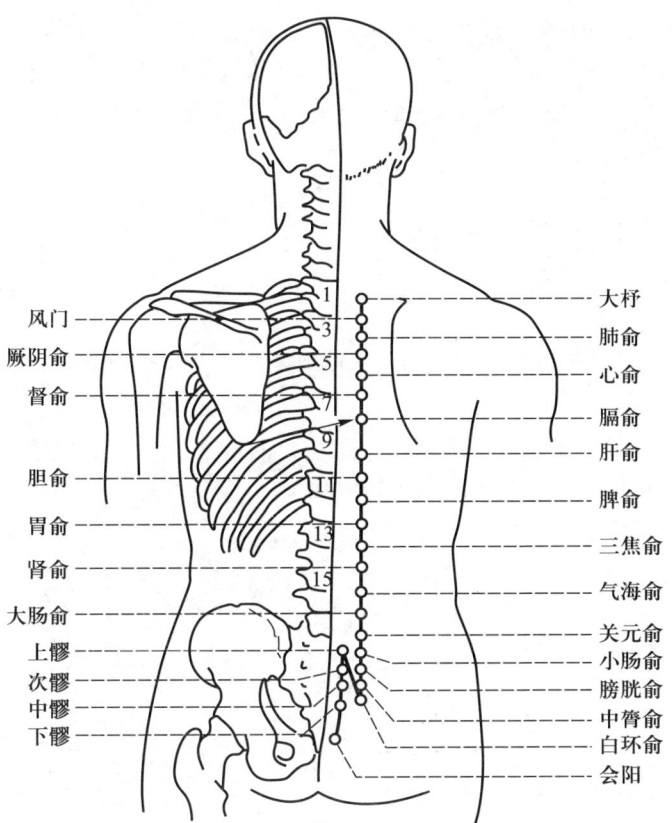

图 6-55　膀胱经俞穴

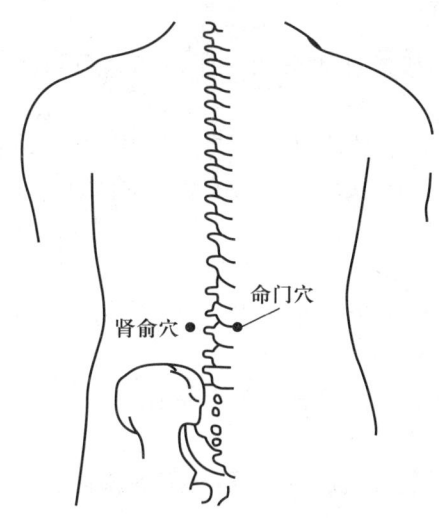

图 6-56　命门穴

按摩方法：拇指指腹用力揉按穴位，有酸、胀、疼痛的感觉；每次按揉 3~5 min。

主治：腰脊强痛，坐骨神经痛及由于运动所致急性腰扭伤。

3. 四肢常用穴位

（1）尺泽穴。尺泽穴位于肘部，取穴时先将手臂上举，在手臂内侧中央处有肱二头肌腱，腱的外侧即是此穴（图6-57）。

按摩方法：弯曲大拇指，以指腹按压尺泽穴，每次左右手各按压 1~3 min。

主治：配合阿是穴治疗运动所致的肘关节囊挫伤和肘关节内侧副韧带损伤。

（2）曲池穴。属于手阳明大肠经。屈肘成直角，在肘横纹外侧尽头与肱骨外髁之间连线中点凹陷处（图6-58）。

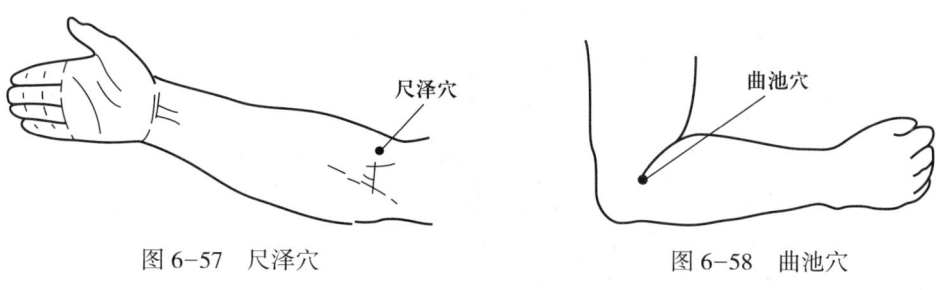

图6-57　尺泽穴　　　　　　　　图6-58　曲池穴

按摩方法：用一手轻握另一手肘下，弯曲大拇指以指腹垂直掐按穴位。每次掐揉 1~3 min。

（3）手三里。在前臂背面桡侧，在曲池穴与阳溪穴（鼻烟窝凹陷处）连线上，肘横纹下 2 寸处。

按摩方法：一手屈肘放于胸前，另一手屈肘用大拇指垂直弹拨该手臂的手三里穴。弹拨时，用手臂发力，带动腕部活动，不可直接用腕部发力，以免造成腕部损伤。弹拨该处时，酸痛感明显（图6-59）。

主治：运动所致的急性腰痛和肩背痛。

（4）养老穴。属于手太阳小肠经。屈肘，手掌心向胸部，在尺骨茎突桡侧骨缝凹陷中（图6-60）。

按摩方法：用拇指的指尖垂直向下掐揉，穴位处有酸胀感。每次按揉 1~3 min。

主治：可用于治疗急性腰扭伤、落枕和腕软骨盘损伤。

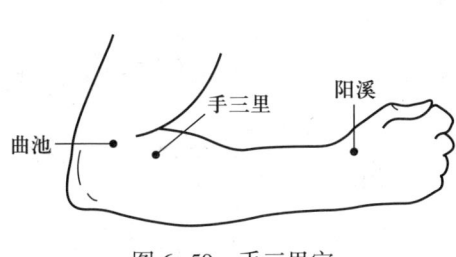

图 6-59　手三里穴

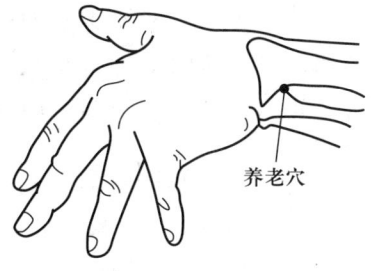

图 6-60　养老穴

（5）内关穴。属手厥阴心包经。在人体的前臂掌侧，从近手腕的腕横纹中央向上约 2 寸（三指），在两肌腱之间部位（图 6-61）。

按摩方法：用拇指指尖垂直掐、揉、按穴位，有特别酸、胀及微痛的感觉。每次按揉 1~3 min。

主治：各种运动造成的前臂旋转功能受限。

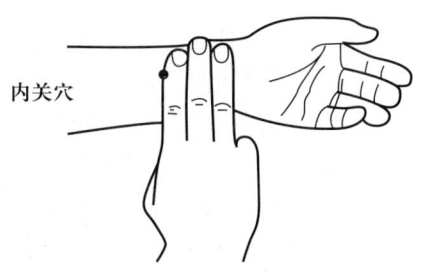

图 6-61　内关穴

（6）梁丘穴。屈膝，大腿前面，当髂前上棘与髌骨外侧端的连线上，髌底上 2 寸（图 6-62）。

按摩方法：用双手指指端按压此穴，用力应大。每次按揉 5 min 左右。

主治：配合阿是穴治疗股四头肌的挫伤和拉伤。

（7）犊鼻穴。属足阳明胃经。屈膝，在膝部髌骨和髌韧带外侧的凹陷中（图 6-63）。

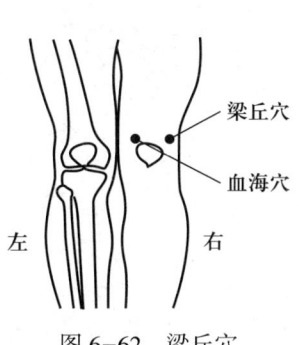

图 6-62　梁丘穴

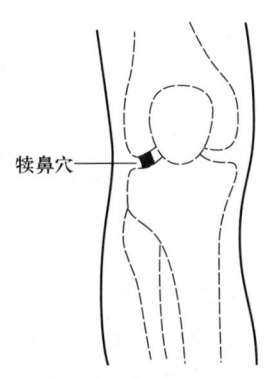

图 6-63　犊鼻穴

按摩方法：双手掌心向下，轻置膝关节上，以中指指腹用力垂直揉按穴位。每次揉按1～3 min。

主治：配合阿是穴可治疗膝关节腔内损伤，如半月板损伤和前交叉韧带损伤。

（8）足三里穴。属足阳明胃经。位于小腿前外侧，犊鼻穴下3寸，距胫骨前嵴一横指（中指）处（图6-64）。

按摩方法：用拇指的指腹垂直用力按压穴位，有酸痛、胀、麻的感觉。每次按揉1～3 min。

主治：此穴为保健穴，经常按压可缓解运动疲劳。

（9）血海穴。属足太阴脾经。屈膝，在大腿内侧，髌底内侧端上2寸，股四头肌内侧头的隆起处（图6-62）。

按摩方法：大拇指弯曲，用大拇指的指尖按揉穴位。每次按揉3～5 min。

主治：配合梁丘穴、阿是穴治疗股四头肌的拉伤和挫伤。

（10）解溪穴。在足背与小腿交界处的横纹中央凹陷处，在足姆长伸肌腱与趾长伸肌腱之间（图6-65）。

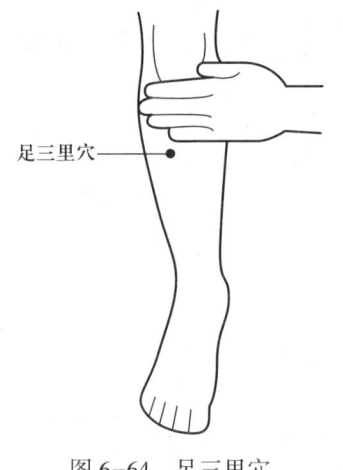

图6-64　足三里穴

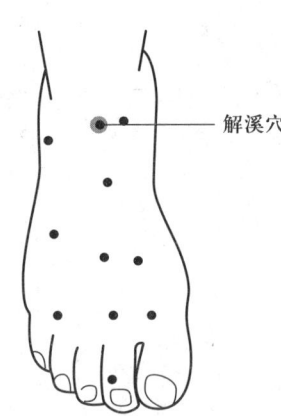

图6-65　解溪穴

按摩方法：患者取坐位，俯身，拇指按压该穴，每次按压2～3 min。

主治：配合阿是穴治疗踝关节韧带损伤。

（11）委中穴。属足太阳膀胱经。在腘横纹中点（图6-66）。

按摩方法：用食指的指腹，向内用力按揉，每次按揉1～3 min。

主治：运动造成的小腿后群肌肉疲劳、腰部疼痛或疲劳和膝部疼痛等疾病。

（12）承山穴。在小腿后面正中，当小腿三头肌抗阻收缩时腓肠肌肌腹下出现的凹陷处（图6-67）。

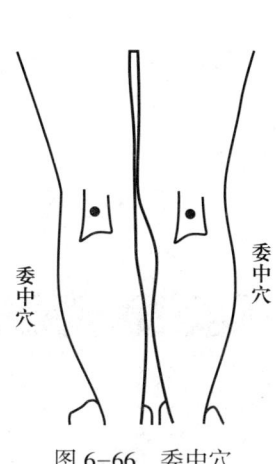

图6-66 委中穴

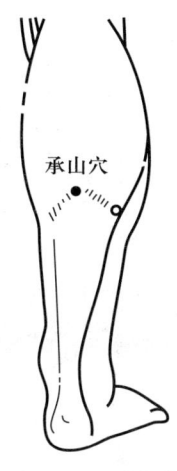

图6-67 承山穴

按摩方法：用四指轻轻握住小腿，用大拇指的指腹按揉穴位，每次按揉1~3 min。

主治：可用于因为运动疲劳造成的小腿肌肉紧张，在放松前先按揉该穴，随后再进行放松可起到很好的效果。

**（二）穴位按摩常用手法**

1. 掌按法

掌按法是用手掌着力，垂直向下按于被按摩者肢体或穴位之上，使其产生一种温润柔和、轻松舒适之感。掌按法具有放松肌肉、缓解痉挛、镇静止痛和消肿消炎的作用。

2. 摩法

摩法是运用手指指腹或手掌等着力，轻按于身体的治疗部位或穴位的皮肤之上，反复进行环行摩擦，使之产生轻松舒适之感，是具有理气和血、镇静止痛作用的手法。主要有指摩法和掌摩法。

3. 擦法

擦法是运用手掌掌面或手掌大、小鱼际着力，按于被按摩者肢体的治疗部位或穴位上，沿直线快速进行往返擦动皮肤的手法。其力直达皮肤及皮下，具有温经散寒的作用。主要包括掌擦法、大鱼际擦法等。

4. 揉法

揉法是指按摩者以手掌着力于治疗部位或穴位之上，"顺时针"或"逆时针"方向反复交替，做的轻柔缓和的环旋揉动。其具有活血化瘀、放松肌肉和缓解痉挛的作用。

5. 点法

点法是按摩者以指端或关节突起部点按治疗部位或者穴位的方法。主要包括指端点法、屈指点法和肘点法；也可借助器械进行操作，如点穴棒。点法具有着力点小、刺激强和操作省力的特点，点法具有类似针刺的效果，故也称为"指针"。

## 第三节 理疗技术

### 一、拔罐疗法

在 2016 年里约奥运会上，美国游泳名将菲尔普斯为世人呈现了精彩的比赛，拿到了运动生涯中的第 19 枚奥运金牌，此时人们关注的不仅仅是他骄人的成绩，还有他身上多了的一种新型的"纹身"——罐印。本节将对这门源于我国的独特疗法——罐法进行讲解。

拔罐疗法

（一）概述

拔罐疗法是利用罐内负压，使罐吸附在体表特定部位上，对机体产生一定的刺激，以达到防病治病，强身健体目的的一种治疗方法。拔罐疗法简便易行，与针刺配合使用，能提高治疗效果，属于刺灸法之一，是我国中医传统疗法中一种独特的治病方法。

（二）罐的种类

罐的种类很多，临床常用的有竹罐、陶罐、玻璃罐和抽气罐等（图6-68）。

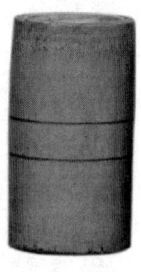

图 6-68 罐的种类

1. 竹罐

用直径 3~5 cm 坚固无损的竹子，截成 6~8 cm 或 8~10 cm 长的竹管，一端留节作底，另一端作罐口。竹罐的优点是取材容易，经济易制，轻巧，不易摔碎，可用于煮罐法治疗；缺点是容易燥裂漏气，吸附力不大，无法直接观察局部皮肤的变化。

2. 陶罐

用陶土烧制而成，罐的两端较小，中间略向外凸出，状如瓷鼓，底平。这种罐的优点是吸力大；缺点是质地较重，容易摔碎损坏，无法直接观察局部皮肤的变化。

3. 玻璃罐

用玻璃加工而成，其形如球状，罐口平滑，分大、中、小三种型号。其优点是质地透明，使用时可直接观察局部皮肤的变化，便于掌握时间；缺点是容易破碎。此种罐临床应用较为普遍。

4. 抽气罐

用透明塑料制成，上面加置活塞，便于抽气。此种罐的优点是质地透明，便于观察局部皮肤的变化；缺点是老化后吸附力下降，易破碎。

（三）操作方法

1. 火罐选择

现在常用的是玻璃罐。在面积大、肌肉厚处，宜用大罐或中罐；面积小、肌肉薄处，宜用小罐。

2. 拔罐位置

通常拔罐位置取伤部的阿是穴及附近穴位，或者根据经络辨证，选取相应的背俞穴或特效穴等。

3. 吸附方法

火罐疗法需要利用燃烧时的火焰热力，排去空气，使罐内形成负压，将罐吸着在皮肤上。有下列几种常用的方法：

（1）闪火法。用镊子夹着点燃的酒精棉球或纸片，伸入罐内绕壁一周后迅速抽出，并顺势将罐罩在应拔罐的部位上（图 6-69）。

（2）投火法。将酒精棉球或纸片点燃后投入罐内，让燃烧物斜立于罐内一边，迅速将罐罩在施术部位上，此法最适于侧面横拔。初学投火法时，因操作不当，可因燃烧物落

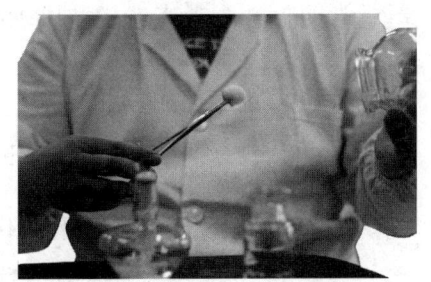

图 6-69 闪火法

下烧伤皮肤。可在被拔地方，放一层湿纸，或涂点水，让其吸收热量，以保护皮肤。

（3）滴酒法。向罐子内壁中部，少滴1~2滴酒精，将罐子转动一周，使酒精均匀地附着于罐子的内壁上（不要沾罐口），然后用酒精燃着，将罐口朝下，迅速将罐子扣在选定的部位上。

（4）煮罐法。一般采用竹罐，先将竹罐放在锅内加水煮沸，使用时将罐子倾倒用镊子夹出，甩去水液，或用折叠的毛巾紧扪罐口，乘热按在皮肤上，即能吸住。

（5）抽气法。用抽气筒套在塑料罐的活塞上，将空气抽出，即能吸住（图6-70）。

4. 留罐时间

大罐3~5 min、中罐8~15 min、小罐15~20 min。热症时间宜短，寒症时间宜长。通常以拔罐部位皮下有明显皮下发红、充血或瘀血时取下。治疗频率建议隔日一次，5~7次为一疗程。

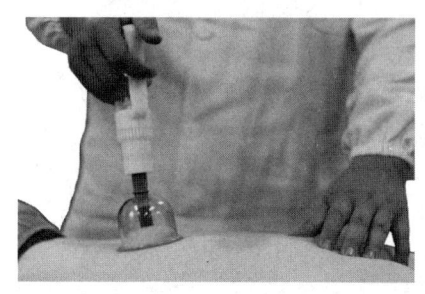

图6-70 抽气法

5. 起罐方法

起罐时，一般先用一手握住火罐，另一手手指按压罐口皮肤，使空气进入罐内，即可将罐取下。罐子吸附过紧时，切不可硬行上提或旋转提拔。

### （四）拔罐法的应用

临床应用拔罐疗法时，可根据不同病情，选用不同的拔罐方法，常用的拔罐方法有以下几种：

1. 留罐（图6-71）

留罐又称坐罐，即拔罐后将罐子吸附留置于施术部位10~15 min，可用单罐或多罐，需要及时观察拔罐部位皮肤颜色变化，如果出现发红、青紫非常明显，或者患者皮肤剧烈疼痛、发紧，要及时将罐子取下，以防止出现水泡。

2. 走罐（图6-72）。

走罐又称推罐，一般用于面积较大、肌肉厚的部位，如腰背部、大腿部等。可选用口径较大的玻璃火罐，罐口要平滑，先在罐口或欲拔罐部位涂一些凡士林油膏或按摩乳等作为润滑剂，再将罐子拔住，然后，施术者用手握住罐子，往返推动火罐，至所拔部位的皮肤潮红、充血或瘀血时，将罐子起下。

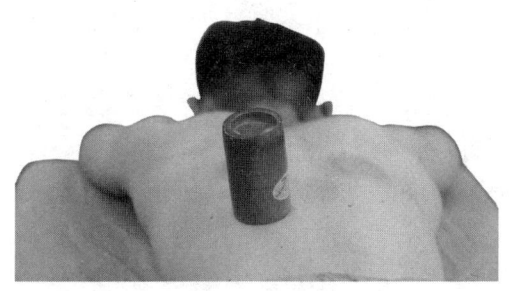
图6-71 留罐

图6-72 走罐

3. 闪罐（图6-73）

采用闪火法将罐子拔住后，立即起下，再迅速拔住，如此反复多次地拔上起下，起下再拔，直至皮肤潮红为度。

4. 留针拔罐

留针拔罐是将针刺和拔罐相结合应用的一种方法。先针刺，待得气后留针，再以针为中心点将火罐拔上，留置10~15 min，然后起罐拔针。

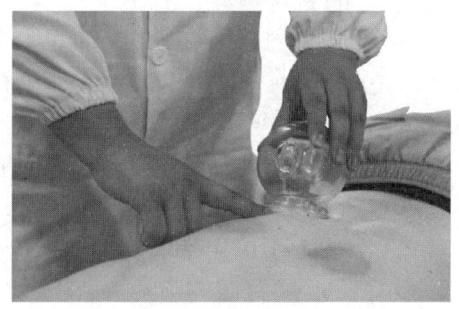
图6-73 闪罐

5. 刺血拔罐

刺血拔罐又称刺络拔罐，在应施术部位的皮肤消毒后，用三棱针点刺或用皮肤针叩刺使之出血后，再行拔罐，以加强刺血治疗的作用。一般针刺后罐子留置10~15 min。

6. 药罐

用竹罐将药煮沸，然后拔罐的一种方法。也可以在抽气罐内盛储一定量的药液，一般药量为罐子容积的1/2左右，药物常用生姜液、风湿酒或根据症状配制的药液，拔罐后保留一段时间。

### （五）拔罐疗法的适应证

拔罐疗法具有通经活络、行气活血、消肿止痛和祛风散寒等作用。其适用范围较为广泛，如运动性腹痛、腰背肌筋膜炎、腰肌劳损、颈椎病和肩关节周围炎等病症。

### （六）注意事项

（1）拔罐时，要选择适当的体位和肌肉丰满的部位；骨骼凸凹不平、毛发较多的部位，均不可用。患者应取舒适体位，不要移动，以免火罐脱落，并注意保暖，避免风吹、着凉。

（2）拔罐时，要根据所施术部位的面积大小选择大小适宜的罐子。拔罐时动作必须迅速，才能使罐拔紧，吸附有力。不要烧烫罐口，以免发生烫伤。

（3）拔上罐子后，患者感觉局部紧而疼，或有烧灼痛，应把罐子起下，检查是否有烫伤或皮肤过敏。

（4）起罐后，皮肤出现发红、青紫，属正常反应。若烫伤或留罐时间太长而使皮肤起水泡时，小水泡无须处理，仅需敷以消毒纱布，防止擦破即可。水泡较大时，用消毒针将水泡刺破放出水液，涂龙胆紫药水，或用消毒纱布包敷，以防感染。

（5）拔罐过程中，如患者出现头晕、恶心、面色苍白等不适症状，应立即起罐，让患者平卧休息、注意观察，适当时间内可恢复。

（6）年老体弱、皮肤过敏、水肿、出血性疾病的患者，高热抽搐者，以及孕妇的腹部、腰骶部，不宜拔罐；皮肤损伤的部位，也不宜拔罐。

### （七）应用举例

1. 腰背肌筋膜炎

治疗方法：玻璃罐投火法，配合舒活酒或扶他林软膏沿足太阳膀胱经走向走罐，并在相应的俞穴留罐。

俞穴的选择：大肠俞穴、肾俞穴、肝俞穴和脾俞穴等。

2. 肩关节周围炎

治疗方法：药罐法，配合红花、川芎、路路通、鸡血藤和桂枝等药材煎汤煮罐，并在相应的俞穴留罐。

俞穴的选择：肩井穴、臂臑穴、天宗穴和肩髎穴等。

3. 陈旧性踝关节扭伤

治疗方法：刺血拔罐法，用三棱针或梅花针电刺局部皮肤出血，并配合留罐，拔罐前后注意皮肤消毒。

俞穴的选择：阿是穴、太冲穴和丘墟穴。

## 二、艾灸技术

### （一）概述

"针刺"和"艾灸"是针灸学中两大疗法，追溯历史，灸法比针刺的使用历史更长。灸法最常用的施灸材料是艾草，艾绒（艾叶）具有燃烧时温热特性显著、来源广泛、炮制简单、操作性强等优点，因此流传至今并在临床中广泛应用。

艾灸是指用艾绒或艾条为主要成分制成的灸材，点燃后放置或悬置在体表俞穴或病变部位，进行烧灼、温熨，利用人体经络传导灸火的热力及药物作用，温通气血、扶正祛邪，达到治病防病和保健目的的一种治疗技术。

艾灸概述

### （二）艾灸的种类

**1. 艾绒**

艾绒是指使用艾叶加工制成的淡黄色、细软的绒状物。根据质量优劣，可分为不同等级。质量好的艾绒可以用于直接灸。用艾绒搓捏成圆锥形的艾团，称为艾炷。

**2. 艾条**

艾条是指以艾绒为主要成分，用纸卷成的圆柱形条状物。根据内含药物的有无，分为清艾条和药艾条。清艾条又称为单纯艾条，艾绒中不加入特殊药物；药艾条，是在艾绒中加入特殊药物，再用纸包裹成条状物。根据加入药物的不同，又分为"雷火神针"和"太乙神针"。

**3. 无烟艾条**

经过特殊处理，使艾条在燃烧过程中很少产生烟雾的艾条。

### （三）艾灸的原理

**1. 艾灸的作用机制**

灸法在我国已有悠久的历史，其治疗效果也已被无数临床实践所证实，现阶段认为灸法治疗的作用机制与以下几个方面有关：

（1）对局部血液、淋巴循环的刺激作用。

（2）对人体免疫功能的调节作用。

（3）对经络穴位的刺激作用。

（4）药理作用。灸法中主要利用的艾叶，具有温经散寒、通络止痛的作用。

**2. 艾灸的功效**

（1）温经散寒。可用于血寒运行不畅，留滞凝涩引起的痹证、腹泻等疾病，效果甚为显著。

（2）通络止痛。对经络不通导致的疼痛起到止痛的作用。

（3）回阳救逆。艾灸可以发挥其温通阳气的作用，使得阳散厥逆之人回阳救逆，转危为安，急救时常用艾炷灸神阙穴。

（4）升阳举陷。艾灸能升举阳气，可治疗出现脱肛、久痢、崩漏等症状的疾病。

（5）拔毒泄热。灸法能以热引热，使热外出，能治疗疮疡、痄腮等疾病。

### （四）艾灸的操作方法

1. 艾条灸

艾条灸是指将艾条一端点燃，对准俞穴或患处施灸的一种施灸方法。根据艾条灸操作方法的不同，分为悬灸和实按灸。悬灸又分为温和灸、雀啄灸、回旋灸。

（1）温和灸（图6-74）。使患者感到温热而无灼痛，一般每穴灸5~7 min，以灸后皮肤稍有红晕为度。

（2）雀啄灸（图6-75）。将艾条一端点燃，对准施灸部位，与施灸部位距离不固定，像鸟雀啄食一样，上下移动来回施灸。

（3）回旋灸（图6-76）。将艾条一端点燃，距离施灸部位一定距离，均匀左右移动或顺时针、逆时针旋转施灸，使患者感到温热而无灼痛。

（4）实按灸（图6-77）。在施灸部位垫上数层纱布，将艾条一端点燃，按到施术部位上，使热力传达至组织深部，若艾火熄灭，再次点燃。主要用

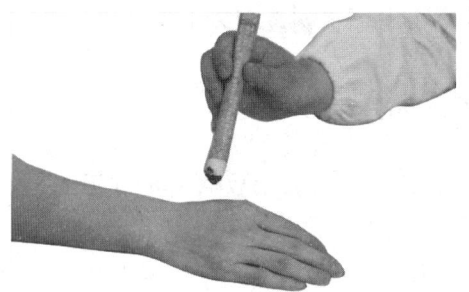

图6-74 温和灸

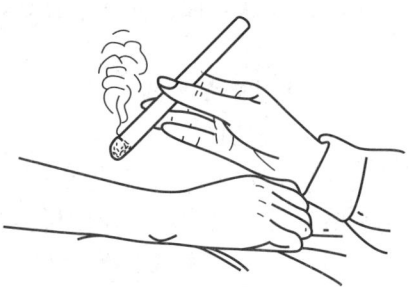

图6-75 雀啄灸

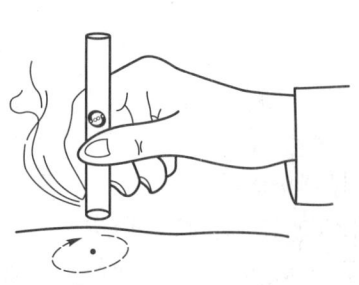

图6-76 回旋灸

图6-77 实按灸

于"雷火神针"和"太乙神针"的操作。

2. 艾炷灸

艾炷灸分为直接灸和间接灸。

（1）直接灸（图6-78）。是指将艾柱直接放置在施灸部位进行燃烧的方法。根据灸后皮肤反应的不同，分为化脓灸和非化脓灸两种。

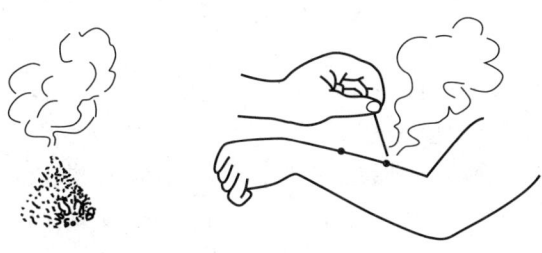

图6-78　直接灸

① 化脓灸：将中炷直接放于施灸部位燃烧7~9壮，热力渗透后，皮肤表面会产生无菌性化脓现象，称为化脓灸。化脓后会产生灸疮，愈合后会形成瘢痕，因此也称为瘢痕灸。此法在运动员慎用。

② 非化脓灸：将中炷和小炷放置于施灸部位燃烧，一般灸3~7壮，在艾火烧到皮肤之前就将其移去或压灭，以被施灸者感到温烫为主，不出现化脓现象，因此也称为非化脓灸和无瘢痕灸。

（2）间接灸。是在艾炷与皮肤之间垫隔一些药物进行施灸的方法。根据垫隔物的不同可分为：隔姜灸、隔蒜灸、隔盐灸和隔药饼灸等。此方法火力温和，具有艾灸和药物的双重作用。

① 隔姜灸（图6-79）：生姜切成0.5 cm左右厚的片，用针刺数孔，将

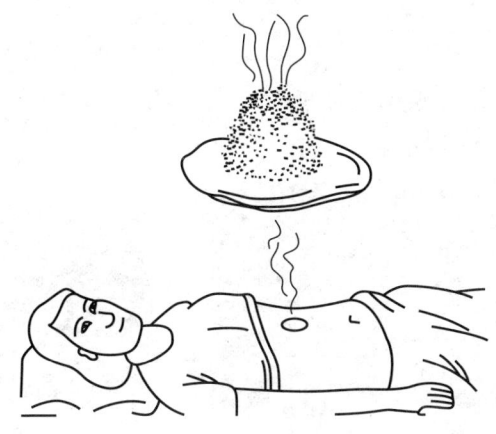

图6-79　隔姜灸

艾炷放在姜片上，再置于施灸部位，让其燃烧，如被施灸者感到灼烧不能忍受，可以将姜片暂时提起或加衬纸片，或再加入一块姜片，一般灸5~10壮，以皮肤潮红为度。

②隔蒜灸：独头蒜切成0.5 cm左右厚的片，用针刺数孔，将艾炷放在蒜片上，再置于施灸部位，让其燃烧，如被施灸者感到灼烧不能忍受，可以更换蒜片一次，每穴需灸5~7壮。大蒜对皮肤的刺激性较强，灸后容易起泡，需注意防护。

③隔盐灸（图6-80）：纯净的食盐填敷于脐部，上置艾炷施灸，也可在盐上放一姜片，防止食盐受火爆起而伤人，一般灸3~7壮。

④隔附子饼灸：将附子研磨成粉末，以黄酒调和，做成直径3 cm、厚约0.8 cm的附子饼，用针刺数孔，将艾炷置于附子饼上，放在施灸处进行施灸。

3. 温针灸（图6-81）

此方法将针刺与艾灸结合在一起，二者作用可同时发挥。相关俞穴针刺后，留针在适当深度，在针柄上套置一段约2 cm的艾条点燃，直到燃尽为止，使艾条的温热沿着针传入体内，达到治疗深层疾病的目的。

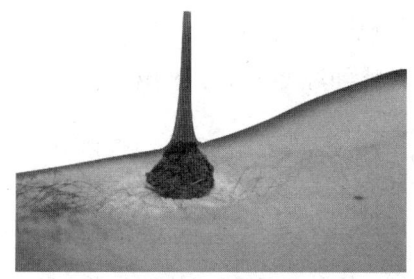

图6-80　隔盐灸

图6-81　温针灸

4. 温灸器灸

将艾绒及药物放入到温灸盒或温灸筒（图6-82）内点燃，在施灸部位来回熨烫，直到皮肤局部发红为止。

图6-82　温灸器

（五）艾灸的应用

1. 施灸方法

施灸时，要根据被施灸者的年龄、性别、体质、病情和施灸部位等进行施灸方法与施灸剂量的选择。施灸方法的选择因人因病而异，老人小孩少用或不用直接灸；面部宜用艾条灸或间接灸，糖尿病患者伤口不易愈合，一般不用艾炷灸。一般情况下，施灸剂量的选择为：病深痼疾、初病，体质强壮者、热感不明显者，以腰背腹部施灸，剂量宜大；病情轻浅，久病体弱者、老人妇幼，热感明显，以胸部四肢施灸，剂量宜小。

艾炷灸时，一般每穴灸5~8壮；艾条灸时，一般每穴灸5~10壮；每次治疗时间约为30 min。每日治疗一次，10天为一个疗程。

2. 灸后的处理

若灸后出现水泡，水泡较小者，不要擦破，让其自然吸收；如水泡较大，可用消毒针刺破水泡，放出液体，再涂些甲紫药水。化脓灸者，化脓期间，慎做重体力活动，注意创面保持清洁，防止感染。

3. 艾灸的适应证与禁忌证

（1）适应证。

艾灸疗法在运动性疾病中主要适用于：陈旧性骨折、慢性软组织损伤、运动性月经不调、运动性失眠和运动性疲劳等。

（2）禁忌证与注意事项。

① 颜面部、大血管或重要脏器附近如需要施灸，避免用艾炷直接灸，可选择较温和的灸法。

② 皮薄肉少处，妊娠期妇女的腰骶部、下腹部，男女的乳头、阴部、睾丸等处不可施灸。

③ 极度疲劳，过饥、过饱、酒醉、大汗淋漓、情绪不稳，昏迷、感觉障碍患者，尽量避免施灸或注意施灸剂量，防止灼伤。

④ 施灸时注意用火安全，灸后要将艾条或艾炷完全熄灭。

（六）艾灸疗法的举例

1. 颈椎病

（1）治疗方法。主要采用悬灸的方法进行治疗。温和灸、雀啄灸和回旋灸相配合。

（2）俞穴的选择。风池穴、天宗穴、肩井穴、大椎穴、风府穴、曲池穴和合谷穴。

（3）艾灸的剂量。悬灸肩井穴、天宗穴、风池穴、风府穴、大椎穴、曲池穴和合谷穴，每穴 10~15 min/次，每天一次。

2. 网球肘（肱骨外上髁炎）

（1）治疗方法。主要采用悬灸的方法进行治疗。

（2）俞穴的选择。阿是穴、手三里穴和曲池穴。

（3）艾灸的剂量。悬灸或隔附子饼灸阿是穴，15~30 min/次，每日一次。悬灸手三里穴和曲池穴，每穴 15~30 min/次，每日一次，7 次为一个疗程。

3. 腰肌劳损

（1）治疗方法。主要采用悬灸和温灸器灸进行治疗。

（2）俞穴的选择。命门穴、腰阳关穴、肾俞穴、委中穴和阿是穴。

（3）艾灸的剂量。悬灸委中穴，10~15 min/次。用艾灸盒灸腰背部阿是穴，15 min 为宜。用艾灸盒灸腰阳关穴、肾俞穴，每穴灸 10~15 min。温和灸命门穴，每穴灸 10~15 min。

4. 慢性软组织损伤

（1）治疗方法。① 用艾炷无瘢痕灸，选扭伤部位局部穴位，各灸 3~5 壮；② 用艾炷隔姜灸，选扭伤部位局部穴位，各灸 3~5 壮，每日灸 1~2 次；③ 用艾条温和灸，选扭伤部位局部穴位，各灸 5~10 min，阿是穴灸 20~30 min，每日灸 1~2 次；④ 用雷火神针灸，闪挫肿痛，选局部穴位，各灸 5~7 次，每日灸一次。

（2）俞穴的选取。随扭伤部位取穴。① 颈部取风池穴、天柱穴和后溪穴；② 肩部取肩髃穴、肩髎穴、肩贞穴、臑会穴和阳陵泉穴；③ 肘部取天井穴、曲池穴和小海穴；④ 腕部取外关穴、阳溪穴和阳池穴；⑤ 腰部取人中穴、肾俞穴、腰阳关穴、后溪穴和委中穴；⑥ 髋部取环跳穴、秩边穴和承扶穴；⑦ 膝部取膝阳关穴、膝眼穴、梁丘穴、阴陵泉穴和足三里穴；⑧ 踝部取解溪穴、昆仑穴和丘墟穴。

（3）注意事项。急性扭伤 24 h 内应冷敷以加强止血作用，24 h 后用热敷及艾灸以活血化瘀，通络止痛。

5. 跟痛症

（1）治疗方法。主要采用悬灸的方法进行治疗。

（2）俞穴的选择。太溪穴、照海穴、申脉穴、昆仑穴和涌泉穴。

（3）艾灸的剂量。悬灸照海穴、涌泉穴、太溪穴、昆仑穴和申脉穴 10 min，涌泉可灸 15 min，每天一次或早晚各灸一次，7 天为一个疗程，可连续灸三个疗程。

## 三、冷疗法

### (一) 概述

冷疗法是应用比人体温度低的物理因子（0 ℃以上，如冷水、冰等）刺激人体达到治疗疾病的一种方法。寒冷刺激作用于人体后，在不引起组织损伤的基础上引起机体发生一系列功能改变，达到治疗疾病的目的。

冷疗技术

### (二) 治疗方法

1. 冷敷法

（1）冰袋冷敷。分为普通冰袋法和化学冰袋法，将冰袋放置在身体需治疗的部位（冰袋太凉可以用毛巾或布套包裹），病情不同治疗时间也不相同，通常为15～20 min。长时间冰敷时要注意检查治疗部位，以免冻伤。

（2）冰水冷敷。将在冷水中浸泡过的毛巾拧干敷于患处，2～3 min更换一次毛巾，治疗20～30 min，必要时治疗时间可延长。

（3）冰贴法。将冰块直接或隔着衬垫置于所需部位。治疗时间通常为5～15 min。进行以上治疗时要密切观察治疗部位皮肤，避免冷刺激造成二次损伤。

2. 浸泡法

（1）局部冰水浴。将病变部位浸入 −5 ℃～5 ℃的冷水中，数秒后出水擦干，进行主动或被动活动，再浸入冷水中，如此反复进行。每次浸入时间逐渐增加，总的治疗时间一般为4～5 min。主要用于指关节、腕关节、肘关节、足关节病变和上下肢肌肉痉挛等。

（2）全身冷水浴。患者全身在冷水（4 ℃～13 ℃）中短暂浸泡，初始浸泡时间以患者出现寒战等冷反应为度。浸泡时间要逐渐增加，治疗10～15 min为宜。主要用于治疗全身性肌痉挛，有利于主、被动活动的进行。

3. 喷雾法

将冷冻剂（一般多用氯乙烷）持续或间歇喷射于病变部位，使该处组织温度降低以达到治疗效果，常用于四肢关节。喷射时间及喷射量需根据病情不同而异，治疗时要注意掌握温度，观察皮肤反应。防止过冷发生冻伤、组织坏死。

4. 冷空气治疗法

应用冷空气治疗仪，使治疗仪内液氮汽化后产生冷气，通过吹风机或喷射器吹向患部，治疗时间为5～10 min。主要用于肢体的治疗。

## （三）适应证与禁忌证

1. 适应证

骨关节或软组织的急性损伤；炎症急性期；疼痛和痉挛性疾病，如瘢痕痛、偏瘫截瘫后肌肉痉挛等。

2. 禁忌证

高血压病，冠心病，心、肾、肺功能不全；对冷敏感者，冷变态反应者，雷诺病；肢体麻痹或局部感觉障碍；血液循环障碍，血栓闭塞性脉管炎等。

## 四、热疗法

热疗法

热疗法是以各种热源作为介体将热量传导至人体表面，产生温热效应，从而达到治疗目的的方法。临床上常用的治疗方法包括：石蜡疗法、湿热奄包疗法、热气流疗法、化学热袋疗法、泥疗法和沙粒疗法等。

### （一）石蜡疗法

石蜡疗法是指将石蜡加热熔解后，制成块状、饼状、垫状等形状敷于患处，或将患肢浸于熔化的石蜡液体中，通过将热量传入机体来治疗疾病的一种理疗方法。

1. 治疗作用

（1）加快局部代谢循环，改善组织营养。

（2）增加组织和肌肉的延展性，使挛缩的肌腱松解，软化瘢痕，增加关节活动范围，解痉镇痛。

（3）压迫治疗部位皮肤和组织，加速水肿吸收。

（4）刺激上皮组织生长，使再生过程加快，促进骨痂的形成和创面溃疡愈合。

2. 治疗技术

（1）蜡饼法。将已熔化约65 ℃的蜡液倒入不锈钢盘中，厚度约为3 cm，冷却至蜡刚凝结成块时，用蜡铲沿蜡盘边缘将蜡块铲出，外部包裹蜡布放于患处，轻压蜡饼使其贴合皮肤，再使用绑带或毛巾等固定，治疗时间为30~40 min，此法适用于较大部位的治疗。

（2）刷蜡法。治疗部位先涂一层凡士林，将熔化的蜡液冷却至50 ℃~60 ℃时，用毛刷蘸蜡液均匀而快速地刷于患处，待蜡液结膜后，再蘸取蜡液涂刷，反复进行此过程至蜡膜达到0.5~1.0 cm厚度，外部包裹棉垫或塑料布保温，每次治疗 30~50 min，此法适用于四肢末端及四肢关节的治疗。

（3）浸蜡法。将蜡疗箱内的蜡液取出置于不锈钢蜡槽中，放至皮肤可耐受的范围，将手足浸入蜡液中后立即提出，待皮肤表面形成蜡膜，重复多次至形成手套样或袜样，厚度达到 0.4~0.8 cm 后浸入蜡槽不再取出，此法适用于手、足等肢体部位的治疗。

（4）蜡垫法。先用刷子在皮肤表层涂一层蜡，将数层纱布垫均匀浸入熔化的蜡液中，取出放置至皮肤可耐受的温度敷于患处，使用绷带固定后，加盖棉垫进行保温。

（5）喷雾法。将蜡熔解冷却至 70 ℃~80 ℃，倒入消过毒的喷雾器中，均匀喷在干净的创面上，包括周围 2~3 cm 的健康皮肤，放上纱布或蜡饼保温，每次治疗 30~60 min。

3. 适应证和禁忌证

（1）适应证。颈肩腰腿痛、肌痉挛、慢性炎症、软组织粘连、瘢痕及关节挛缩、冻伤、软组织扭挫伤、关节纤维性强直和慢性关节炎者。

（2）禁忌证。高热、恶性肿瘤、急性炎症、心功能不全、皮肤感觉障碍者，体质虚弱者，活动性结核病者，出血倾向者，孕妇，开放性伤口和对石蜡过敏者。

4. 注意事项

（1）治疗前应测量石蜡温度，检查皮肤感觉、血流情况，以免温度过高导致烫伤。

（2）应定期进行石蜡的清洁及更换，避免石蜡中出现水分或杂质。

（3）防止蜡袋破裂，蜡液流出。

（4）治疗过程中询问患者感觉，如有不适或出现过敏时，应立即取下蜡块停止治疗，并进行对症处理。

（5）用于创面部位的石蜡不得重复使用，用于面部的石蜡应单独加温熔化。

（6）石蜡不得直接加热，应定期检查恒温箱使用情况，及时更换失灵恒温器及电线等，石蜡保存或加热时注意防火。

**（二）湿热奄包疗法**

湿热奄包是由亚麻布材料制成以适合人体不同部位的矩形、带形等各种形状的布袋，内装有硅胶颗粒，具有吸水性，能吸收大量的热和水分。

1. 治疗作用

（1）降低神经的传导速度，增加血流速度，减轻疼痛。

（2）降低运动神经元兴奋性，减少肌梭冲动，促进肌肉放松。

（3）减轻组织肿胀，促进渗出液吸收，缓解慢性炎症。

（4）活跃机体代谢循环，改善营养状况。

2. 治疗过程

（1）在水箱内放入其容量 3/4 的水，加热至 80 ℃左右，保持温度恒定。

（2）将奄包置于水箱的挂钩上，浸泡于热水中 20~30 min。

（3）向患者说明治疗方法及注意事项，患者取舒适体位后充分暴露治疗部位，皮肤上垫数层毛巾，毛巾面积大于奄包面积。

（4）取出奄包拧干多余水分，放置在治疗部位的毛巾上，再盖以毛毯等物品保温。

（5）治疗时长为 20~30 min/次，治疗人员要经常巡视问询问患者感觉，随奄包温度下降可减少毛巾层数。

（6）治疗完毕后，依次取下毛毯、奄包、毛巾，擦干汗水并嘱患者休息数分钟后再活动。

3. 适应证与禁忌证

（1）适应证。慢性损伤和炎症、软组织扭伤恢复期、关节僵直、肌纤维组织炎、肩周围关节炎、慢性骨关节炎和坐骨神经痛者。

（2）禁忌证。急性炎症、恶性肿瘤、急性出血、高热、昏迷、感染性皮肤病、活动性肺结核、心功能不全者，体弱者和小于 4 岁的幼儿，外周血管疾病和局部皮肤感觉障碍者。

4. 注意事项

（1）保持水箱内水量充足，防止干烧损坏仪器和奄包，密切监察控制水箱温度，以防引发安全事故。

（2）检查奄包完好情况，以免包内容物漏出烫伤皮肤。

（3）将湿热奄包拿出水箱后，应在外部包裹毛巾，吸收多余水分，毛巾面积应大于奄包，避免直接接触皮肤，还应注意不可将奄包放置于患者身下，以免挤压出水发生烫伤。

（4）经常检查恒温水箱是否能够正常工作，硅胶颗粒是否可以正常加热，以达到治疗所要求的热度和时长。

（5）患者敷上奄包后，主动查看治疗部位的局部皮温及颜色，并经常询问患者的感觉，患者感到不适或疼痛时，应及时调整放置位置或暂停治疗。

## （三）热气流疗法

热气流疗法也称干热空气疗法，是利用强烈的干燥热气作用于治疗部位或全身，来防治疾病和促进康复的一种物理疗法。因人而异可选择不同的配方进行治疗，此方法利用加热之后产生的药性、水和蒸汽等刺激达到所需的效果。

1. 治疗作用

（1）热气流能够使局部毛细血管扩张，加强细胞膜通透性，促进渗出液的吸收，消除局部组织水肿。

（2）能够软化、松解疤痕组织，降低肌肉挛缩，降低肌张力。

（3）活跃网状内皮系统的吞噬能力，促进机体各种物质的新陈代谢，对减轻炎症反应具有很好的效果。

（4）气流中的分子可以对机体起到按摩刺激作用，具有特殊成分的粒子可对患处产生生化作用。

2. 治疗技术

（1）小范围热气流疗法。小范围部位可使用手枪式热吹风机，热度以患者可耐受程度为限，热气流距治疗部位 10~20 cm。

（2）较大范围热气流疗法。需用特制的局部热空气浴箱，每次治疗 10~20 min。

（3）全身热气流疗法。采用特制的全身浴箱，向浴箱内注入干热空气，并保持箱内干燥通气，每日治疗一次。

3. 适应证与禁忌证

（1）适应证。非风湿性关节炎、局部疼痛、肥胖、神经衰弱、关节炎、慢性泌尿系统感染、皮肤过敏、关节僵直和肌肉痉挛者。

（2）禁忌证。重症高血压者，皮肤感觉障碍者，急性炎症、结核病、恶性肿瘤、急性出血、急腹症者，治疗部位有感染和开放性伤口及心功能不全者。

4. 注意事项

（1）治疗前应调整好合适的温度，以免温度过高产生烫伤等事故。

（2）治疗中经常询问患者感觉，当出现心慌、恶心等不良反应时，应及时关闭仪器，给予对症处理。

（3）局部治疗时，注意蒸汽与患处的距离把握，防止出现水肿、出血及烫伤。

（4）进行全身热气流治疗时，温度应逐渐递增，还应保持足够的通风，避免令患者发生虚脱、休克等意外。

（5）对仪器进行定期的检查，确保仪器可以正常工作；定期对风口过滤器、治疗套及内容物进行清洁或更换处理。

### (四)泥疗法

泥疗法是采用加热至适当温度的矿泉泥、海泥、淤泥和人工泥等作为介质,涂敷在人体一定部位上,将热传至体内,以达到治疗机体疾病的方法,称为泥疗法。

1. 治疗方法

医用泥加温法。医用泥可通过水热箱、旋转加热器、电热箱等加热,或借助日光加热。在加热前需将泥中的大颗粒、蛤壳、小砾石等杂质去掉后再放于加热箱内加热。加热至50 ℃~60 ℃时加进冷泥中搅拌使其降至适用的温度。泥土不能直接加热,因为泥土烧焦、温度过高会影响其胶性而减弱治疗效果。若用黏土泥施以涂敷法时,应先将泥搅拌成浸膏样,然后做泥饼用。若准备全身泥疗,则泥宜稀释后再用。

2. 适应证与禁忌证。

(1)适应证。风湿性和类风湿性关节炎、骨性关节炎、腱鞘炎、肌肉痉挛、骨折愈合缓慢、神经炎、神经痛、周围神经损伤后、静脉曲张、慢性前列腺炎、慢性盆腔炎、瘢痕增生和慢性溃疡者等。

(2)禁忌证。皮肤对沙疗过敏者、高热、急性化脓性炎症、厌氧菌感染、妊娠、肿瘤、结核病、有出血倾向、心功能衰竭、肾衰竭、温热感觉障碍者和1岁以下的婴儿。

3. 注意事项

(1)对治疗用泥的质量进行鉴别,选用所要求各项指标均合格的泥。

(2)对于泥温的测量应准确、均匀,严格掌握泥疗的温度和时间。

(3)治疗时随时询问观察患者的反应,如出现大量发汗、头晕、心悸等不良反应时,应立即停止治疗并对症治疗。

(4)治疗结束后应注意休息,不做日光浴、游泳和长时间散步。

### (五)沙疗法

利用清洁的海沙、河沙和田野沙作为介体向机体传热,以达到治疗疾病目的的方法,称作沙粒疗法。

1. 治疗方法

沙疗可分全身沙疗和局部沙疗。

(1)全身沙疗。全身沙疗可在海滨、河岸和日光浴场中的沙场中进行,也可在沙浴箱中进行。治疗时,患者除去衣物躺在热沙上,再将热沙覆盖身上,头部、颈部、上胸部暴露,沙的覆盖厚度四肢为10~20 cm,胸、腹部略薄,为6~8 cm,头部遮光,并在头部用冷水毛巾冷敷,身体其他暴露部位用被单覆盖。沙浴器内治疗时,应注意治疗室内保持良好通风。全身沙浴治疗开始时间为 20 min,之后逐次增加,逐渐达到 60 min,每日或隔日一次,30 次/疗程。每次治疗后,用清洁热水冲洗身体。

(2)局部沙疗。局部沙疗分沙袋法和局部沙浴法。沙袋法即把加热好的细沙装入布袋内,扎紧袋口,置于患处。局部沙浴法即把加热好的细沙倒入形状、大小适合治疗部位的容器中,将患部浸于热沙中。局部沙浴每次可进行 1~1.5 h,每日一次。

2. 适应证与禁忌证

(1)适应证。各类关节炎、关节外伤、软组织损伤及撕裂伤、神经炎、神经痛、骨折、慢性盆腔炎、慢性肾炎和肥胖症者等,全身沙疗还适用于需引起大量出汗、增强代谢者。

(2)禁忌证。急性炎症、高热、肿瘤、心力衰竭、活动性结核及出血倾向等患者禁用,体质虚弱者慎用。

3. 注意事项

(1)沙子温度不宜太高,避免皮肤烫伤,也不宜太低,以免着凉。

(2)化脓性皮肤病、皮肤有伤口者不宜用沙浴疗法。

(3)进行全身埋疗时,应多饮水或吃些水果。

(4)沙疗后要用温水淋浴,不能用凉水淋浴。

## 第四节 防护技术

### 一、运动机能贴布技术

运动机能贴布又被称为"肌内效贴布",是一种区别于传统无弹性治疗性贴布、固定性硬贴布的有弹性贴布。常用于运动伤病的治疗和防护。

▶ 运动机能贴布技术

#### (一)作用机制

运动机能贴布是一种具有弹性的材料,贴布的大小、方向、形状等决定了它的力学效应;黏附在上面的胶决定了运动机能贴布的"成败",其防水性、透气性、持久度、延展性及抗敏性均取决于胶的优劣。贴布贴在肢体上,形成一个立体的构架,可以因关节的活动方向不同而产生不同方向的力矩。

运动机能贴布的主要功能有:缓解疼痛、改善循环、减轻水肿、促进愈合、给予软组织支持、促进软组织放松、提升软组织训练和进行动作矫正。

### (二) 运动机能贴布的运用技巧

1. 形状

常用的运动机能贴布形状有：I形、Y形、X形、O形、八爪形及灯笼形（图6-83）。贴布的形状根据功效进行选择。

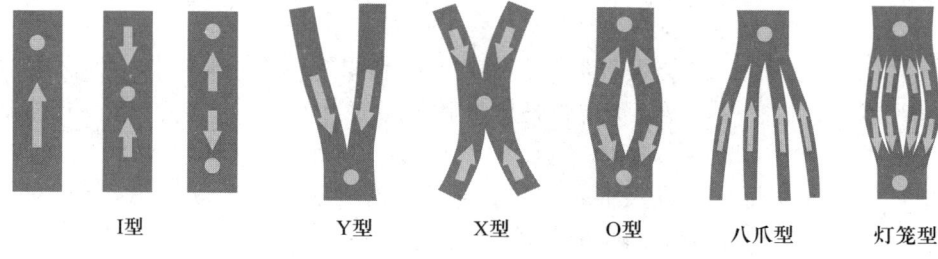

图6-83 贴布形状

2. 贴扎顺序

淋巴引流—痛点贴—软组织放松—促进肌肉收缩—固定软组织—旋转力或关节矫正（分支多者贴于内层）。

3. 拉力

拉力分为自然拉力、中度拉力和最大拉力。

4. 方向

贴布的回缩力均指向固定点。

5. 注意事项

胶面尽可能不与操作手接触，两端点（俗称"毛点"）不施加拉力。

### (三) 运动中常用贴扎技术

1. 肱二头肌肌腱炎

（1）目的。缓解疼痛，引导肩关节的运动。

（2）肢体位置。患肢外旋后伸位，患肢前屈30°。

（3）贴布形状。X形、Y形和I形。

（4）贴法。X形缓解疼痛，Y形放松肱二头肌，I形进行筋膜的矫正。①X形以喙突下方为端点，尾端随自然拉力移形。②Y形以桡骨粗隆为端点，尾端以自然拉力延肱二头肌走向移形，分别止于喙突和盂上结节。③I形贴布以肩关节后侧为端点，由后向前自然拉力至肱骨头前方（图6-84）。

## 2. 肱三头肌肌腱炎

（1）目的。保护肱三头肌肌腱，促进肱三头肌的收缩。

（2）肢体位置。患侧前平举90°并置于对侧肩上。

（3）贴布形状。Y形和I形。

（4）贴法。Y形进行肱三头肌的支持，I形进行上臂筋膜的固定。① Y形端点起于肩胛骨下方，自然拉力延肱三头肌移形，至肘关节分别绕于鹰嘴两侧，此时肘关节在屈曲位。② Y形端点起于肱三头肌近鹰嘴端，朝两侧进行贴扎（图6-85）。

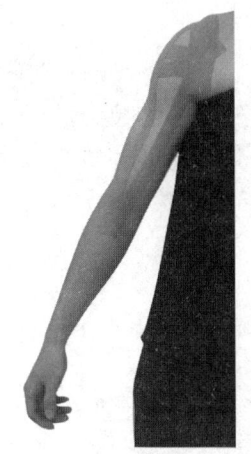

图6-84 肱二头肌贴扎

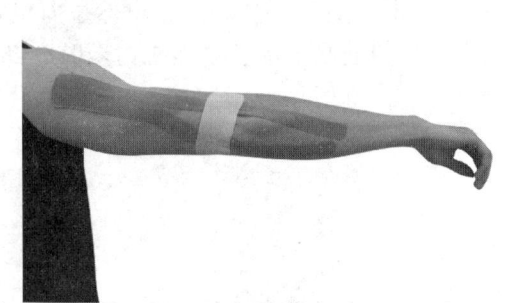

图6-85 肱三头肌贴扎

## 3. 网球肘

（1）目的。缓解疼痛，放松前臂肌群。

（2）肢体位置。伸肘位，腕关节自然放松位。

（3）贴布形状。I形和Y形（有孔）。

（4）贴法。① 双头Y形（有孔剪）：第3指和第4指从有孔处穿过，背侧端点于手背部，自然拉力延前臂外侧移形至肘关节外侧外面；掌侧端点在手掌部，自然拉力延内侧移形，两尾端交于肘关节内侧内面。② I形抑制前臂伸肌群，贴布中间点为端点，固定于前臂伸肌群的肌腹部，余下以自然拉力移形至两端。

## 4. 股四头肌肌腱炎

（1）目的。保护受损肌腱组织，强化及平衡大腿前侧和后侧肌肉力量。

（2）肢体位置。屈髋位、屈膝位（大腿和小腿尽可能贴近）或伸膝位。

（3）贴布形状。X形和Y形（3条）。

（4）贴法。X形缓解疼痛，Y形促进股四头肌收缩、平衡后群肌。① 起始时，最大限度弯曲膝关节，X形以髌尖下端为端点，自然拉力。② 第1条Y形在伸膝位，端点于股四头肌肌腹部，自然拉力至髌底部。③ 拉贴布同时弯曲膝关节，尾端延髌骨绕行交于膝关节前侧（胫骨粗隆）。④ 第2条和第3条Y形在弓箭步站位，端点分别置于胫骨内上髁和腓骨头处，自然拉力延后群肌的内外侧移形至坐骨。

5. 髂胫束综合征（跑步膝）

（1）目的。保护受损肌腱组织，促进大腿外侧和前侧肌肉力量。

（2）肢体位置。自然伸膝位，患肢内收位、屈膝。

（3）贴布形状。X形、Y形和I形。

（4）贴法。X形缓解疼痛，I形促进外展肌收缩，Y形促进股四头肌收缩。① 自然伸膝位，X形中间为端点，置于膝外侧肌腱处，自然拉力。② 患侧内收，I形端点起于髂嵴部，自然拉力至膝关节外下侧。③ 先伸膝，Y形端点起于大腿前侧中部，自然拉力至髌底部；屈膝，尾端延髌骨绕行交于膝关节下端（胫骨粗隆）（图6-86）。

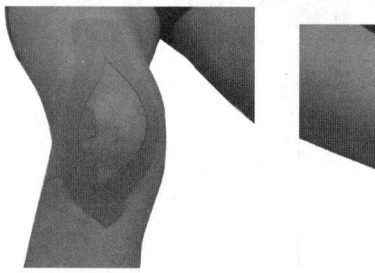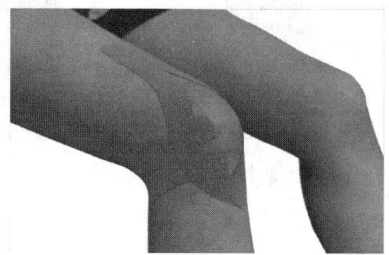

图6-86　膝关节贴扎

6. 跟腱拉伤

（1）目的。缓解肿胀、疼痛，跟腱支持。

（2）肢体位置。踝关节背屈（无痛范围内）或踝关节自然位。

（3）贴布形状。八爪形（2条）和I形。

（4）贴法。八爪形作用于淋巴引流，I形作用于跟腱支持。① 2条八爪型端点分别起于小腿后侧肌腹、肌腱交汇内部和外部，自然拉力分别向足跟部移形，形成交叉。② I型端点起自足跟底部，顺小腿后侧向上移形，移形至跟腱部时施加中等拉力。

7. 踝关节扭伤

（1）目的。软组织支持，关节矫正。

（2）肢体位置。踝关节自然放松位、踝关节解剖位或踝关节跖屈内翻位。
（3）贴布形状。X形和I形（2条）。
（4）贴法（图6-87）。X形进行韧带支持，I形促进腓骨长短肌的收缩及关节处的矫正。① 足踝自然放松位，以X形中点为端点置于外踝前下方，4头以自然拉力分别止于前侧和后侧。② 第1条I形于踝关节跖屈内翻位，贴布端点起于腓骨头，延腓骨长、短肌走形向足底移形，并绕至足底部。③ 第2条I形在踝关节解剖位时，贴布端点起于内踝上方，贴布自然拉力由内向足底再向足跟外侧移形，最后以最大拉力止于外踝上方。

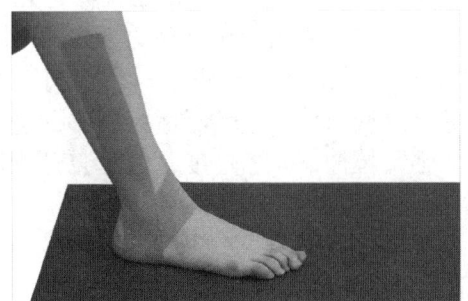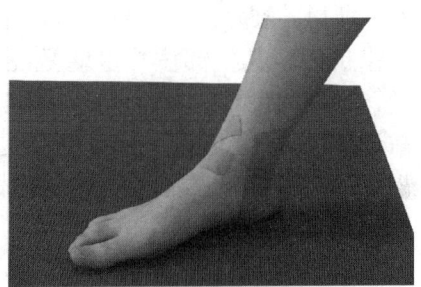

图6-87　踝关节贴扎

8. 下背痛
（1）目的。缓解疼痛，加强腹肌的作用。
（2）肢体位置。躯干前屈或躯干旋转。
（3）贴布形状。Y形（2条）和I形（2条）。
（4）贴法。Y形放松腰方肌，I形促进腹肌的收缩。

① 2条Y形在躯干卷曲位，端点起于两侧髂嵴，Y头近中线侧延棘旁移形至第1腰椎；自然拉力将远中线一段在躯干旋转至对侧时，向第12肋移形。

② 上臂上举，2条I形端点起自第10~12肋，自然拉力延腹外斜肌走向移形至髂前上棘。

## 二、拉伸技术

拉伸是指通过主动或被动用力将肌肉拉长，从而促进疲劳恢复和缓解疼痛的一项技术。正确的拉伸可以预防损伤，错误的拉伸，不仅不会起到应有的作用，反而还会增加受伤风险。拉伸一块肌肉时，至少要完成一个与该肌肉活动时相反的动作，保证肌肉的两头朝着相反的两个方向延伸，也就是

拉伸技术

使肌肉变长，同时产生肌肉牵拉的感觉。例如，大腿后侧肌肉活动时，使膝关节屈曲和髋关节伸展，那么拉伸该肌群时就应该保持膝关节伸直，同时髋关节屈曲，即"压腿"的动作。

### （一）拉伸的主要原则

为了保证拉伸的安全和有效，必须牢牢把握4个主要原则：一是避免疼痛；二是缓慢拉伸；三是拉伸正确的肌肉；四是避免影响其他关节。

1. 避免疼痛

所谓的避免疼痛并非完全没有疼痛，因为完全没有疼痛的拉伸是无效的，所以，要产生有效的拉伸，是一定会感受到肌肉牵拉疼痛的。如果疼痛并未扩散至其他部位，也就是说，牵拉的肌肉有疼痛，没牵拉的肌肉无疼痛，并且这种疼痛可以承受，甚至能体会这种拉伸带来的舒适感，那么这种力道的拉伸是安全且有效的。但是如果强行拉伸，疼痛过度，机体会启动防御保护，使肌肉收缩，反而会造成损伤。

2. 缓慢拉伸

如果拉伸时将手臂和腿甩出，那么肌肉拉伸的速度就会较快，这时身体就会认为肌肉即将被撕裂，于是启动保护机制让肌肉收缩，从而导致无法达到拉伸范围或受伤。因此，在拉伸时，要注意拉伸的速度应缓慢。

3. 拉伸正确的肌肉

实际操作中，常常因为拉伸方向的错误或拉伸强度不合适而导致无法正确拉伸到目标肌肉。拉伸正确的肌肉需要具备一定的解剖学知识，即了解肌肉的起止点和功能，才能在拉伸时拉伸到想要拉伸的肌肉。

4. 避免影响其他关节

拉伸时，粗心大意或者固定不正确可能会影响到其他关节，有时会因为其他关节的代偿而使拉伸无效，有时甚至会对其他关节造成损伤。因此，应避免影响到其他的关节。

### （二）不适合拉伸的情况

1. 年龄

一般情况下，随着年龄的增长，身体逐渐变得僵硬，柔韧性和适应性下降，但这并不是说年龄增长就不要拉伸了。俗话说"筋长一寸，命长一岁"，通过拉伸，可以保持身体的柔韧性和灵活性，从而避免由于年龄增长而导致的一些伤病。拉伸时，只需将肌肉拉伸到放松即可，这有助于保持身体的协调。另外，中老年人一定要避免强行拉伸。

## 2. 受伤之后

一般情况下，受伤之后不能立即拉伸，肌肉拉伤后休息 48 h 再决定是否能承受拉伸。伤势严重则需要休息更长时间。如果伤在关节处（如踝关节扭伤），必须在医生或物理治疗师诊断后再决定能否拉伸。

## 3. 关节过度活动

关节松弛或关节范围活动过大时，拉伸要特别谨慎，严格按照拉伸原则进行拉伸。

## 4. 妊娠

在物理治疗师指导下进行。

## 5. 大量注射可的松类药物后

拉伸部位曾多次封闭注射，可能会导致肌腱变性而易发生肌腱断裂。

## 6. 其他

（1）骨折未愈时。

（2）高烧时。

（3）关节发炎时。

（4）覆盖肌肉的皮肤有伤口或者刚缝合时。

### （三）身体各部位的拉伸

1. 颈部的拉伸

（1）斜方肌的拉伸。

将同侧手放在身后，可抓住板凳边缘。头向拉伸侧 45° 方向转，对侧手帮助头侧屈，使斜方肌上束拉伸。每次牵拉 15 s，重复 3~5 次。

（2）胸锁乳突肌的拉伸。

头后仰，下颌偏向拉伸侧的对侧，使胸锁乳突肌拉伸。每次牵拉 15 s，重复 3~5 次。

（3）斜角肌的拉伸。

将同侧手放在身后，抓住板凳边缘。对侧手帮助头侧屈，使斜角肌被拉伸。每次牵拉 15 s，重复 3~5 次。

（4）枕下肌群的拉伸。

低头，双手抱头，施加一定压力。每次牵拉 15 s，重复 3~5 次。

（5）肩胛提肌拉伸。

将要拉伸一侧的手放在身后，可抓住板凳边缘。头向拉伸侧对侧 45° 方向转，对侧手帮助头屈曲，使肩胛提肌拉伸。每次牵拉 15 s，重复 3~5 次。

2. 胸部的拉伸

（1）胸大肌的拉伸。

肩关节外展、肘关节屈曲，扶住墙面，手肘可为外展 90°、小于 90° 和大于 90° 三个角度（分别对应拉伸胸大肌的中束、上束和下束），对侧腿向前跨出一步，身体向前，使肩关节外展后伸。每次牵拉 15 s，重复 3~5 次。

（2）胸小肌的拉伸。

肩关节外展、肘关节屈曲并高于肩关节，扶住墙面，身体向前，使肩关节外展后伸。每次牵拉 15 s，重复 3~5 次。

3. 背部的拉伸

（1）菱形肌的拉伸。

非拉伸侧手握住拉伸侧肘关节，并施加压力，使菱形肌拉伸。每次牵拉 15 s，重复 3~5 次。

（2）背阔肌的拉伸。

扶住墙边缘，使脊柱侧屈。每次牵拉 15 s，重复 3~5 次。

4. 腹部的拉伸

（1）腹直肌的拉伸（图 6-88）。

俯卧于瑜伽垫上，双手撑起上半身。每次牵拉 15 s，重复 3~5 次。

图 6-88　腹直肌的拉伸

（2）腹内、外斜肌的拉伸。

双手握住棍子，双手间的距离约为肩宽的两倍，脊柱侧屈并旋转。每次牵拉 15 s，重复 3~5 次。

5. 腰部的拉伸

（1）腰方肌的拉伸（图 6-89）。

扶住墙边缘，使脊柱侧屈。每次牵拉 15 s，重复 3~5 次。

（2）竖脊肌的拉伸。

跪于瑜伽垫上，臀部坐于足跟，额头触地，双手置于骶部。每次牵拉 15 s，重复 3~5 次。

6．上肢的拉伸

（1）肱二头肌拉伸。

肩关节外展后伸，手指指向地面。每次牵拉 15 s，重复 3~5 次。

（2）肱三头肌的拉伸（图 6-90）。

屈肩、肘，将手置于后背，对侧手在肘关节由上至下施加压力。每次牵拉 15 s，重复 3~5 次。

（3）前臂屈肌的拉伸。

在对侧手帮助下被动伸肘、腕。每次牵拉 15 s，重复 3~5 次。

（4）前臂伸肌的拉伸（图 6-91）。

在对侧手帮助下伸肘，被动屈腕。每次牵拉 15 s，重复 3~5 次。

  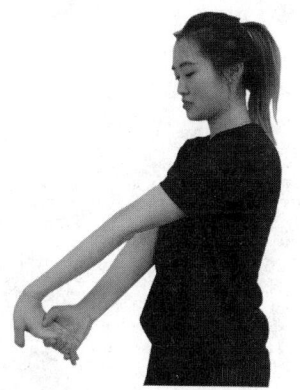

图 6-89　腰方肌的拉伸　　图 6-90　肱三头肌的拉伸　　图 6-91　前臂伸肌的拉伸

7．下肢拉伸

（1）臀大肌的拉伸。

在屈膝状态下做髋关节极度屈曲。每次牵拉 15 s，重复 3~5 次。

（2）臀中肌的拉伸（图 6-92）。

屈髋外旋，将大小腿置于床面，膝关节保持屈曲 90°，腰椎屈曲。每次牵拉 15 s，重复 3~5 次。

（3）髂腰肌的拉伸（图 6-93）。

跪姿伸髋。每次牵拉 15 s，重复 3~5 次。

（4）股四头肌的拉伸（图 6-94）。

在同侧手帮助下被动屈膝，踝关节跖屈。每次牵拉15 s，重复3~5次。

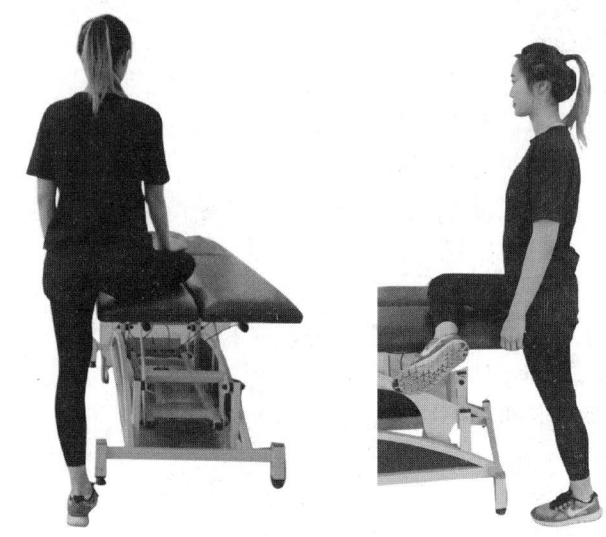

图 6-92　臀中肌的拉伸

图 6-93　髂腰肌的拉伸

图 6-94　股四头肌的拉伸

（5）腘绳肌的拉伸（图 6-95）。

坐于地面，一侧腿盘腿收回，另一侧腿伸直，脊柱前屈，骨盆前倾。每次牵拉15 s，重复3~5次。

（6）胫骨前肌的拉伸。

仰卧于瑜伽垫，拉伸侧屈膝，踝关节跖屈，小腿前侧贴于垫子。对侧下肢屈髋、屈膝，脚踩于垫上。每次牵拉 15 s，重复 3~5 次。

图 6-95　腘绳肌的拉伸

（7）小腿三头肌的拉伸（图 6-96）。

踝关节背伸抵于墙面，膝关节保持伸直，并将下肢向墙面靠拢。每次牵拉 15 s，重复 3~5 次。

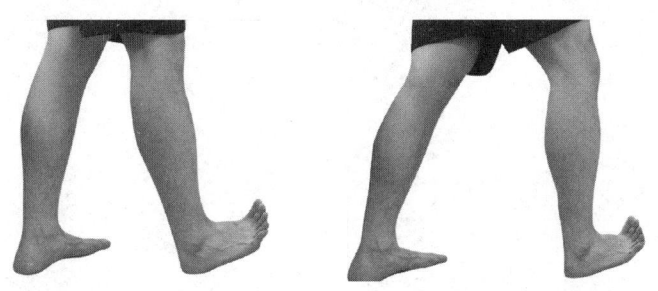

图 6-96　小腿三头肌的拉伸

## 复习思考题

1. 游泳者突发呼吸骤停，可能是什么原因？应采取什么急救措施？该急救措施有哪些特殊注意事项？

2. 篮球运动员起跳时与对手发生碰撞，眉弓处破裂出血，可按压何处止血？碰撞发生后，运动员落地不慎扭伤踝关节，后续处理时可采用哪些理疗手段？

3. 结合某个运动项目，分析容易疲劳的肌群，设计一套赛前、赛后按摩手法。

4. 拔罐疗法有哪些适用范围？拔罐疗法分为哪些？腰背肌筋膜炎的患

扫一扫：即测即评

者适用哪种拔罐疗法？

5. 网球肘患者选择灸法时可选取哪些穴位？该部位的贴扎应如何操作？

6. 结合某个运动项目，设计一套运动前后的拉伸方案。

# 第七章

# 运动损伤的预防与康复

> ▶ **本章导读**
>
> 运动常常伴随着各种运动损伤的发生,其不仅会影响运动成绩,更会导致运动员的身心伤痛。本章从运动损伤发生的原因、预防措施及不同运动项目的易发伤病谈起,逐渐延伸至具体伤病的常见表现、预防和康复等内容。本章从基础理论和实际应用两个维度对运动损伤进行详细的阐述,对运动员、运动训练专业学生及体育爱好者预防伤病、自我初步诊断伤病具有实际意义,可促进学习者在理论知识及实际应用两个维度中的全面认知,激发其在运动时的自我防护意识。
>
> ▶ **学习目标**
>
> 1. 了解运动损伤的常见原因及不同运动项目的损伤特点。
> 2. 熟悉常见运动损伤的表现及诊断,以及常见运动损伤的预防措施与康复方法。
> 3. 掌握运动中软组织损伤的急救。

# 第一节 概 述

常见运动损伤

无论是专业运动员，还是业余体育爱好者，在运动中多多少少都经历过不同类型的运动损伤，那么，是什么原因导致的这些损伤发生？不同运动项目又容易导致哪些损伤的发生？对于这些损伤该如何判断，并予以有效预防和康复呢？下面通过本章的学习，一起来解决这些问题！

## 一、运动损伤常见发生原因

通常这些损伤的发生多由于内因和外因的共同作用。内因是由于人体本身存在的解剖、生理和心理弱点；而外因多由于训练因素或外伤所致，概括起来有以下几个方面。

### （一）与运动项目中专项技术的特殊要求有关

运动损伤的流行病学研究表明，运动损伤的受伤部位及受伤性质与运动项目之间有明显关系。例如，篮球运动员易伤膝和肩；足球运动员易伤膝和踝；体操运动员易伤肩、肘和跟腱；艺术体操运动员易伤腰和足；举重运动员易伤肩、腰、肘和腕；赛艇运动员易伤腰和膝等。运动员在完成某一项目或动作中，专项技术对人体的特殊要求都是导致运动损伤发生的原因之一。

篮球运动基本技术的主要特点是膝于半蹲位滑步、进攻、防守、制动、踏跳与上篮。这些动作都要求膝于半屈曲位屈伸与扭转，因而使膝容易受伤。体操运动中的吊环、高低杠、单杠中的各种悬吊转身动作的特殊要求，可导致运动员发生肩袖损伤。赛艇的基本技术可简单概括为推桨和拉桨，不管是推桨还是拉桨时，均需要腰部肌肉起稳定脊柱的作用，腰要承受相当大的负荷，久而久之则易导致腰损伤。此外，在推拉桨的过程中，膝频繁伸屈，使髌腱在髌尖附着处反复牵拉受损。特别是拉桨时，膝在负重情况下，由极度屈曲到伸直，髌骨压在股骨关节面上不断滑行、碾磨，超过了生理限度，因此常导致髌腱腱病和髌尖末端病及髌骨劳损。艺术体操运动中的"结环跳""踹燕""双飞燕"等动作，常易导致腰损伤。

### （二）训练水平不够

训练水平一般指身体素质训练、专项技术训练、战略战术训练和意志品质训练等几个方面。很多教练员和运动员比较重视对专项技术的训练，而忽视了对身体素质中的力量、速度、耐力和灵敏的训练，素质训练的缺乏，导致运动员身体机能无法跟上相对应的技、战术强度要求，就容易引起运动损伤。

此外，在某些竞技类项目，若运动员缺乏较好的心理受挫能力，意志品质训练不够，在逆境、伤病等不利局面下无法很好地自我调整心态，比赛过于紧张或过度兴奋，注意力不集中，都会造成自身、队友或对方选手损伤发生。

### （三）未遵守科学训练原则

训练应遵守科学的训练原则，如全面性原则、系统性原则、结合专项原则、从实际出发原则、循序渐进原则等。如果违背科学训练原则，急于求成，过早做高难度动作，难免会因为动作错误而造成损伤。此外，在运动员有伤或疲劳的情况下，过早参加训练或比赛，不仅容易引起新的损伤，而且可使旧伤加重。

### （四）准备活动不充分

运动员准备活动不充分，未掌握好准备活动的时间，使神经系统和内脏器官动员不足，肌肉伸缩能力欠佳，力量不能很好发挥，动作不协调，均易造成损伤；运动员准备活动量过大，容易发生疲劳，当进入正式运动时，身体机能不能处于良好状态，而是有所下降，也容易发生动作失误而致伤；准备活动内容安排不当，与运动项目的基本内容结合不好，或缺乏专项准备活动，使运动中负担较重部位的机能发挥得不好，也容易引起损伤。另外，每一个项目都应该有相对应的、不一样的准备活动方式，同一个项目的男女运动员、成年人与青少年、训练前后、比赛与训练，准备活动的具体内容都应有所区别。各队普遍存在的问题，一套动作管终身，一套动作管全队（含女队、青年队），这些思想极易致使伤病的产生，而这些问题都是可以通过耐心细致的工作加以解决的。

### （五）忽视放松活动

许多运动员在训练结束时，忽视了放松活动，有的只是简单地慢跑一下，或队员相互之间对因训练而产生僵硬的肌肉"踩"5~10 min，很少考虑放松的效果。而有的队员甚至不做放松活动，单纯依靠沐浴来替代放松活动。由于没有足够和正确地进行放松，因训练而产生的肌肉僵硬和酸痛等得不到及时的消除，逐渐积累可发展成肌肉损伤。这是导致运动损伤，特别是肌肉劳损等损伤的一个重要因素。

### （六）竞赛和训练组织安排不当

比赛日程安排不当，比赛中临时变更比赛项目或时间，减弱了准备活动的效果，如在马拉松比赛时开始较晚，选择在过硬的公路或天气炎热时进行等，都可能导致运动损伤的发生。在训练过程中组织安排不当，尤其在进行器械训练时，缺乏必要的保护，也极易导致运动损伤的发生。

### （七）竞技状态不良

竞技状态不良包括生理机能下降和心理状态不佳两个方面。前者如睡眠不好、疲劳患病或伤病初愈等，均可使运动员力量及动作协调性下降，注意力不集中，从而导致技术上的错误而致伤。后者包括精神疲劳、精神过度紧张等，如心情不愉快、恐惧、胆怯或急躁情绪等都易造成运动损伤的发生。

建议通过科学手段，对运动员的身心状况和疲劳程度进行监测，队伍应该配有专门的生理生化设备和专业技术人员，尤其在大赛准备周期，至少每三天应监测一次运动员的身体疲劳程度和身心状况，避免过度训练造成意外损伤。对于心理素质不良的队员，传统观念认为难于纠正，属于先天因素，而现代运动心理学研究发现，运动员的比赛心理受挫能力，是可以通过平时的专业训练得到提高的，在心理医师的指导下，按照循序渐进的原则进行心理训练，可以最大限度地降低运动员在比赛过程中心理因素对比赛成绩及伤病的影响。

### （八）服装、保护器具、场地器材、设备不良，以及自然环境的影响

场地器材不符合卫生要求，场地维护不当，器械固定不良、质量不好，或器械的大小、重量与运动者的年龄、性别不适应，缺乏必要的防护用具，服装和保护器具不符合运动要求等，都可导致伤害事故的发生。

不良自然因素，如雨后、雪后路滑，光线不足，气温过低或过高，均易引起运动损伤。气温过高容易引起疲劳和中暑；冰雪项目气温过低，会引起肌肉僵硬、协调性降低，从而导致运动损伤。高热湿度大的环境，还可能导致大量出汗、肌肉痉挛、疲劳，从而导致损伤。冬训时发病率一般高于其他训练期，冬训结束后转入比赛期发生损伤的现象也较多。

## 二、各类运动项目的常见运动损伤

### （一）足球

国外研究发现，足球运动是损伤发生率最高的运动项目之一，包括擦伤、骨折、脱位及内脏破裂，甚至猝死。其中约86%的损伤发生在四肢部位，除常见的擦伤及挫伤外，踝关节扭伤最为常见，其次为大腿前、后群肌肉拉伤。膝关节损伤次之，其中半月板撕裂、膝关节交叉韧带断裂、髌骨骨折、髌骨软骨病等比较少见，但此类损伤一旦发生，治疗即较为困难，且恢复期较长。

### （二）篮球

篮球在我国开展最为普遍，喜爱人数众多，也是运动损伤常发项目之一。损伤主要集中于踝、膝、腰三个部位，最常见的损伤是因跌倒，跳起抢球落地不正确、急停、急转、冲撞，场地不平或场地过滑而导致的急性损伤。一般常见的损伤有踝关节韧带拉伤或骨折、膝关节韧带及半月板损伤、手指挫伤及腕部舟状骨骨折。另外，在篮球运动中也常发生慢性损伤，包括髌骨软骨病、髌尖末端病和髌腱腱围炎等。

### （三）排球

排球常见损伤部位包括肩、膝、腰部及手指关节。肩部以肩撞击综合征、肩袖损伤、肱二头肌腱腱鞘炎最多，多因肩部无力、扣空球或扣球一次或多次技术错误引起。膝部以髌骨软骨病、股四头肌末端病及半月板损伤最为多见；腰部以腰肌劳损较多；手指关节多为扭伤、骨折及脱位。

### （四）田径

田径运动是各项目的基础，损伤部位以腰、腿、膝、踝部为主。

1. 田赛

田赛又分为投掷项目和跳跃项目，常见损伤包括髌骨软骨病、踝关节扭伤和跟骨下脂肪垫挫伤。投掷项目以肩关节损伤多见，包括肩撞击综合征、三角肌拉伤和肱二头肌肌腱炎等。跳跃项目常见损伤包括膝关节韧带损伤和半月板损伤。

2. 径赛

径赛创伤比较少见，常遇到的损伤有大腿前、后肌肉拉伤，足踝腱鞘炎、跟腱纤维撕裂、断裂或跟腱腱围炎。中长跑运动员还可出现胫腓骨疲劳性骨膜炎或骨折。

### （五）乒乓球

乒乓球运动损伤相对较少，损伤部位主要集中在腰、肩、膝、踝和腕部。主要有腰肌劳损、三角软骨盘损伤、踝关节扭伤及髌腱末端病等。

### （六）羽毛球

羽毛球运动损伤几乎囊括所有主要关节。由于大力抽杀及各方向救球，肩袖承受反复的牵拉摩擦，容易出现肩袖损伤；大力抽杀时常包含强力屈腕，也易造成三角软骨盘损伤。羽毛球运动中对跳跃、快速回位等要求较高，导致膝、踝关节损伤多发，其中以髌骨软骨病、跟腱劳损、踝关节扭伤和足舟骨疲劳性骨折为多见。

### （七）网球

网球运动是以耐力和力量为主的运动项目。网球运动无论是在训练还是在比赛，运动员始终要保持腰前倾、膝关节半屈位状态。因此，腰部劳损、膝关节的髌腱末端病、髌骨软骨病较多发。由于击球力量大，防守时击球的被动受力也大，故肩、肘、腕部的创伤在网球运动中也都有发生，其中以肩袖损伤、肘关节内、外上髁炎等最为常见。

## 三、运动损伤的预防原则与常用措施

运动损伤的预防可从技术上分为一级预防、二级预防和三级预防。一级预防的重点是提高健康水平，防止损伤发生；二级预防的重点是早期诊断、早期正确治疗，阻止功能丧失（即治疗）；三级预防的重点是减少或纠正存在的功能障碍，防止潜在疾病的发生（即康复）。

运动损伤的预防手段主要有以下几个方面：

### （一）加强医务监督

在运动员的医学筛选中，要努力发现潜在损伤的可能性，深入做好损伤预防工作。运动员在入队集训前及训练中，都应进行体格检查，尤其是对伤病的检查。如运动员患有先天畸形，畸形部位又是该项目负担较重的部位，则不宜从事该项目的训练。例如，腰椎先天畸形不宜从事体操、举重等腰部负荷较大的项目；有副舟骨者不宜从事跑跳项目。运动员在训练中应进行定期普查，普查时应根据专项特点重点检查易伤部位，早期发现各种劳损性损伤，与教练员配合给予及时处理，合理安排训练。

## （二）建立沟通交流制度

教练员应重视损伤预防程度，定期了解队伍的伤病情况，根据队医报告，合理改善训练计划，重视女队员和青年队员的训练；队员如有不适，及时向队医反应，不可拖延病情，治疗时积极配合队医进行治疗，按时服药，做相关各项治疗，并积极汇报治疗后病情进展情况；医师也应积极了解所有队员病情，建立病案，按时向主教练汇报队伍伤病情况，及时沟通，最大程度降低队伍伤病的发生率。

## （三）做好生物力学监测

人体合理的运动生物力学结构是预防损伤的最主要因素，可以随时对运动员进行监测，并反馈给教练。

## （四）其他有助于预防损伤的重要因素

身体素质训练、运动保护器材、贴扎术、充分的准备活动、运动后充分的放松、合理安排训练、心理、营养、规律的作息时间、良好的心理状态和预防损伤的功能训练等。

# 第二节 运动中软组织损伤的一般处理原则

软组织损伤指肌肉、肌腱、筋膜、韧带、神经、血管、关节囊和软骨等损伤，这类损伤在运动损伤中所占比例较高。

根据皮肤、黏膜是否有创口和外界相通，可分为开放性软组织损伤与闭合性软组织损伤两大类。

## 一、开放性软组织损伤的处理

### （一）开放性软组织损伤的处理原则

开放性软组织损伤是指受伤部位皮肤或黏膜破裂，伤口与外界相通，常有组织液渗出或有血液自创口流出，创口较深者甚至发生深层组织暴露，血流不止。

这类损伤的处理原则是：首先解决危及生命及其他最紧急的问题（如大出血、休克等），再处理局部问题，及时止血和处理创口，预防感染。需要注意的是，开放性软组织损伤的伤口一般伴有不同程度的污染，需要进行清创。通常根据不同的开放性软组织损伤类型，选择不同的处理方法。体育运动中常见的开放性软组织损伤有擦伤、撕裂伤、刺伤和切伤。

### （二）常见的开放性软组织损伤

1. 擦伤

皮肤表面受到粗糙物摩擦，引起表皮层损伤，皮下组织暴露而导致的开放性软组织损伤，称为擦伤。主要表现为皮肤的表皮层损伤、脱落，伤情较重者可出现真皮层损伤而留下疤痕，伴有局部小出血点和组织液渗出。伤口无感染则易于干燥结痂；伤口有感染则局部可发生化脓，有炎性分泌物渗出。

创口较浅、面积小的擦伤，可用生理盐水洗净创口，创口周围用碘伏消毒，无须包扎，让其暴露在空气中待干后即可。关节附近的擦伤，最好不使用暴露疗法，因为干裂易影响关节活动度，一旦发生感染，也易波及关节。因此，关节附近的擦伤经消毒处理后，必要时可使用抗菌或消炎软膏搽抹，并用无菌敷料覆盖包扎。

创口中若有煤渣、细砂等异物时，要用生理盐水冲洗干净，必要时可用消毒的硬毛刷子将异物刷净，创口用过氧化氢、创口周围用75%酒精消毒，然后用凡士林纱条覆盖创口，并包扎。

若创口较深、污染较重时，应使用干净的棉布覆盖加压包扎并立即前往医院治疗，伤口应每日或隔日换药处理，必要时应遵医嘱服用抗生素或注射破伤风抗毒血清。

2. 撕裂伤

以头面部皮肤撕裂伤最为多见，如篮球运动中，眉弓被对方肘碰撞而引起眉际皮肤撕裂等。若撕裂的创口较小，经消毒处理后，用粘膏或创可贴粘合即可。撕裂创口较大较深时，医生一般会采取止血、清创、缝合的措施。若伤情和污染较重时，应注射破伤风抗毒血清，并给以抗菌治疗。

3. 刺伤

尖锐长细物刺入人体所致皮肤、皮下及深部组织器官的损伤，称为刺伤。例如，标枪刺伤、钉鞋踩中刺伤等。其特点为伤口创面小，创道深，创底常伴有污染。因此要彻底清创，并注射破伤风抗毒血清，予以抗菌治疗。

4. 切伤

锐器切入皮肤所致的皮肤及皮下等组织的损伤，称为切伤。伤口边缘整齐多呈直线，出血较多，但周围组织损伤较轻。深的切伤可切断大血管、神经、肌腱等组织。轻者可先用碘酒、酒精将伤口周围皮肤消毒，再用消毒纱布覆盖，加压包扎。伤口较大、较深、污染较重的，应及时送医院由医务人员进行清创，清除污物、异物、坏死组织，彻底止血，缝合伤口，口服或注射抗生素以预防感染；伤口小而深和污染较重者，应注射破伤风抗毒素。

## 二、闭合性软组织损伤的处理

闭合性软组织损伤是指皮肤、黏膜保持完整，无裂口与外界相通，损伤时的出血及渗液聚集在组织内。常见的闭合性软组织损伤有：挫伤、肌肉肌腱拉伤、关节韧带扭伤、滑囊炎、肌腱腱鞘炎等。

按发生的时间可分为急性闭合性软组织损伤和慢性闭合性软组织损伤。

### （一）急性闭合性软组织损伤的处理原则

急性闭合性软组织损伤，如关节扭伤、肌肉拉伤等。其治疗原则，按不同的病理过程可分为早、中、后三个时期。

1. 早期处理原则和方法

急性闭合性软组织损伤在 24~48 h 为早期阶段。此时的损伤导致局部组织产生撕裂或断裂，毛细血管损伤出血、渗出，出现明显的炎症反应，产生明显的疼痛和功能障碍。局部瘀血、肿胀、炎症反应引起的血液循环障碍，压迫邻近组织，造成组织缺氧，将引起进一步组织损伤。做好急性期的处理，可以使局部出血、肿胀降低到最低限度，从而为损伤后期的处理奠定良好的基础。

早期处理的主要目的：减轻疼痛、防止肿胀、减轻局部炎症反应。处理的原则是：适当制动、止血、防肿、镇痛、减轻炎症反应。处理方案的描述可采用 P-R-I-C-E 加以记忆。

（1）P（Protect）——保护。可通过夹板固定骨折，护具或绷带暂时固定关节脱位、拉伤等。目的是减轻痛苦，防止再损伤。保护的另一层含义是不要轻易移动伤员，从而减少加重损伤的危险。

（2）R（Rest）——休息。运动员受伤后应立即休息、局部制动，未经医生检查允许，伤者不能比赛。

（3）I（Ice）——冷疗。冷疗可以使局部血管收缩，从而减少出血和渗出，减弱炎症反应，减轻由于充血、出血和渗出引起的疼痛和肿胀，降低组织的代谢率，减少对营养物质和氧的需求量。可采用局部冷（冰）水浴、冰按摩、冰袋和局部喷射冷冻剂的方法。其中，冰袋的效果较好，可以直接放在伤处。每次冷疗时间为 15~20 min，伤后 24~48 h，每隔 1~2 h 可重复一次。冷疗时一定要注意时间间隔，避免局部软组织冻伤。局部喷射冷冻剂效果也不错，适用于伤后即刻和临场治疗。使用时须预防冻伤，应距离皮肤 30cm 左右喷射，至皮肤稍白为止，可间断喷射数次。伤后 24~48 h 时不要在肿胀局部进行热疗，热疗会使血管扩张和增加局部血流量，从而加重充血和肿胀。

（4）C（Compression）——加压包扎。加压包扎可以减少出血和肿胀。可以在冷疗同时或之后进行，从损伤部位的远端向近端牢固包扎，由紧到松部分重叠包扎，远端应暴露，避免局部加压过大而导致组织坏死。还可将冰袋重置于加压绷带之上。需要特别注意的是，加压包扎后的患肢需要经常检查局部皮肤颜色、感觉、温度，保证绷带未压迫神经或造成血液循环障碍。一般受伤 24 h 后可拆除加压包扎。

（5）E（Elevation）——抬高伤肢。在损伤后的 24~48 h，尽量使伤肢的位置抬高至心脏水平。这有助于加速静脉血液和淋巴液的回流，减轻局部肿胀和瘀血。

另外，如果有严重疼痛者在医生指导下可以使用镇痛药加以控制，并外敷中药七厘散或新伤药。

2. 中期处理原则和方法

损伤 24~48 h 后进入中期阶段，这时受伤部位的出血停止，急性炎症逐渐消退，但局部仍然存有瘀血和肿胀，肉芽组织开始生成和长入，形成瘢痕组织。

中期处理的主要目的：促进损伤部位的修复。处理原则：改善伤部的血液和淋巴循环，减轻瘀血；促进组织代谢和渗出液的吸收，加速再生修复。

常用的处理方法有热疗、按摩、针灸和拔火罐等，同时这个阶段要在专业教练指导下进行，根据受伤情况进行适当的功能锻炼，适当使用保护支持带，使受伤组织在保护下进行主动或被动的运动，以避免肌肉、关节和韧带的再损伤，同时使损伤部分的功能及活动度尽快恢复。

3. 后期处理原则和方法

运动损伤后期的主要表现是损伤部位已经基本修复，临床征象已基本消失，但功能尚未完全恢复，运动时仍感疼痛、酸软无力。有些严重病例可因粘连或瘢痕收缩出现伤部僵硬，活动受限等情况。

这一阶段的主要目的：功能恢复。处理原则：增强和恢复肌肉、关节的功能。如有瘢痕，应设法使之软化、松解。治疗方面可采用热敷、按摩、拔罐和药物治疗，使用中药时，可外敷或熏洗。同时应根据伤情进行适当的康复功能锻炼，以保持机体神经肌肉的良好功能状态，维持已经建立起来的条件反射及各器官与系统间的联系。

**（二）慢性闭合性软组织损伤的处理**

慢性损伤是指由于反复微细损伤的积累，或是由于急性损伤后处理不当等，导致局部发生以变性和增生为主的损伤性病变。这类患者常无法说明损伤发生的确切时间及损伤动作。其处理原则：改善伤部血液循环，促进组织新陈代谢，注意合理安排训练强度。损伤部位对运动负荷的承受能力会明显下降，如果不控制好运动量，可能会导致损伤重复发生。

处理方法与急性闭合性软组织损伤后期基本相同，以按摩、理疗、针灸和功能锻炼为主，适当配以药物治疗，如用旧伤药外敷或熏洗药熏洗等。

**（三）体育训练中常见闭合性软组织损伤**

1. 挫伤

（1）概念。由钝性暴力直接作用于身体某部使该处及皮下组织或器官受损。如运动中相互冲撞、被踢打或身体某部碰击在器械上等。轻者仅是皮下组织（如肌肉、韧带等）挫伤，重者（如胸部、腹部和睾丸挫伤）常因某些器官的损伤而合并休克。体育运动中较常见的是股四头肌和小腿前部挫伤。

（2）处理及预防。对于一般挫伤可采用急性闭合性软组织损伤处理原则，如在局部冰敷后外用新伤药加压包扎、抬高患肢。头部挫伤伴有脑震荡、喷射性呕吐、剧烈头痛等颅内高压症状者，腹部和睾丸挫伤伴有休克者应首先进行急救处理，并及时送医院抢救治疗。股四头肌、腓肠肌的严重挫伤伴肌肉断裂者，多有严重出血，应将肢体适当固定后及时送至医院手术治疗。

训练和比赛时应加强必要的保护，提高自我保护意识与能力，穿戴好保护装置，纠正不规范动作，严格公正裁判，禁止粗野动作。

2. 肌肉拉伤

（1）概念。由于肌肉主动猛烈收缩或被动过度拉长造成肌纤维捩伤为肌肉拉伤，常表现为部分撕裂或完全撕裂。多由于肌肉猛烈收缩超过了肌肉本身所承担的能力，或肌肉受力牵伸时超过了肌肉本身固有的伸展程度。肌肉拉伤可发生在肌腹或肌腱交界处或腱的附着处。由于致伤力的大小和作用性质不同，可引起肌肉、肌腱部分纤维断裂、完全断裂或微细损伤的积累。除肌肉本身的拉伤外，常可同时合并肌肉周围的辅助结构如筋膜和滑囊的损伤。

体育运动中最常见的肌肉拉伤多发生于腘绳肌、股四头肌和小腿三头肌等。

（2）处理及预防。取局部阿是穴及邻近俞穴用指针疗法进行治疗。肌纤维部分断裂者在伤后早期按闭合性软组织损伤的处理原则进行冰敷、加压包扎，将患肢放于肌肉松弛的位置，48 h 后开始按摩，手法要轻缓。此时，应将患肢改置于使肌肉牵张位固定 1 周，以免伤瘢痕粘连或挛缩，导致日后肌肉被动伸展不足。怀疑有肌肉、肌腱完全断裂者，应在局部加压包扎固定患肢情况下，立即送往医院确诊，必要时还应接受手术治疗。

加强易伤肌肉的力量和伸展性练习，使拮抗肌的力量达到相对平衡是防止肌肉拉伤的有效措施。同时应做好科学的准备活动，其中准备活动中的静态牵伸（即将肌肉处于拉长位，然后缓慢地被动牵伸）对于各组大肌肉群是十分重要的。除此之外，合理安排运动量，纠正和改进动作和技术上的缺点等，均有助于预防肌肉拉伤的发生。

3. 创伤性滑囊炎

（1）概念。滑囊是结缔组织构成的封闭小囊，囊内有少量滑液，多位于关节附近，介于肌肉或肌腱附着处与骨隆起之间，可减轻肌肉、肌腱与骨之间的摩擦。因受到外力的直接撞击使囊壁受到损伤而发生急性创伤性炎症，或因局部活动过多囊壁受到反复磨损而发生慢性损伤。运动员多表现为疼痛、肿胀，局部有压痛，肌肉肌腱紧张挤压滑囊时，症状加重。

（2）处理及预防。局部可用活血化瘀、消肿散结的中药外敷，或利用针灸、理疗、按摩也能收到一定疗效。严重者，可采用利多卡因和醋酸泼尼松类药物注射。同时合理安排运动量，避免单调、重复的训练方法。而且还应正确掌握动作要领，开展好准备活动，注重肌肉的柔韧性训练，纠正不恰当力线的肢体运动。

##  第三节　骨折、脱位的现场处理

### 一、骨折的现场处理

在外力的作用下，骨的连续性或完整性遭到破坏，称为骨折。在运动中，多发生在对抗性强的运动中，多因发生剧大的暴力所导致。

## （一）骨折的分类

1. 根据骨断端是否与外界相通分类

（1）闭合性骨折。骨折断端与外界不相通，骨折处皮肤完整。

（2）开放性骨折。骨折断端与外界或空腔器官相通。易感染，可合并骨髓炎或败血症。

2. 根据骨折线分类

可分为横形、斜形、螺旋形和T形骨折，以及粉碎性骨折等（图7-1）。

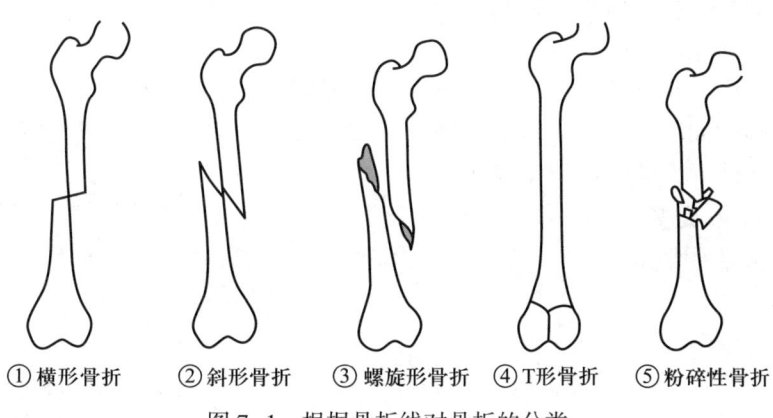

图7-1　根据骨折线对骨折的分类

3. 根据骨折的程度分类

（1）完全骨折。骨折断端完全断开，如横形骨折、粉碎性骨折等。

（2）不完全骨折。骨折断端部分断裂，如疲劳性骨折、颅骨骨折和青枝骨折等

## （二）骨折发生的原因

1. 直接暴力

骨折发生在暴力直接作用的部位，如足球运动中两人对足引起胫骨骨折等。

2. 间接暴力

骨折发生在远离暴力接触的部位，如摔倒时手掌撑地而发生前臂或锁骨骨折等。

3. 肌肉强烈收缩

由于肌肉急骤地收缩和牵拉而发生的骨折，如举重运动员突然的翻腕动作，可因前臂屈肌群强烈收缩而发生肱骨内上髁撕脱骨折；跨栏时引起大

腿后群肌肉起点部坐骨结节的撕脱骨折等。

**4. 积累性暴力**

如在硬地上跑跳过多引起胫腓骨疲劳性骨折；体操运动员支撑过多引起尺骨、桡骨疲劳性骨折等。

### （三）骨折的判断

**1. 受伤史**

运动员骨折多有较大暴力的损伤史。

**2. 疼痛和压痛**

由于骨折时骨膜破裂，周围软组织受损伤，血肿和水肿压迫神经，以及骨断端对周围组织、神经的刺激，引起局部肌肉痉挛疼痛，严重者可导致休克，此外，在骨折处有明显压痛。

**3. 肿胀及皮下瘀血**

骨折及周围软组织损伤后均有血管、淋巴管破坏，从而形成肿胀和皮下瘀血。

**4. 功能障碍**

骨折后，因肢体失去杠杆作用和支撑作用，以及由于剧烈疼痛、肌肉痉挛等造成功能障碍。一般不完全骨折的功能障碍较轻，完全骨折及有移位的骨折，功能可完全丧失。

**5. 畸形**

骨折处由于多种原因断端可发生移位，与健侧相比，可发生异态，如出现成角、旋转、侧突或短缩等畸形。

**6. 纵向叩击痛**

在远离骨折处沿纵轴轻轻震动或叩击骨端，骨折处可出现疼痛。

**7. 骨擦音**

在检查骨折局部时，可感到或听到骨擦音。这是因为骨断端相互触碰成摩擦发出的声音。但检查时要慎重，不要有意去寻找骨擦音，以免加重伤情和增加伤员疼痛。

**8. 假关节活动**

完全骨折后，在关节以外的地方出现类似关节的异常活动。

**9. 影像学检查**

最后应通过 X 线检查确定是否有骨折，以及骨折的类型、性质、移位的方向等情况，以便为治疗提供依据。

## （四）骨折的现场处理

骨折的现场处理原则是：防治休克，保护伤口，固定骨折。即发生骨折时应密切观察，如骨盆骨折、股骨骨折等会造成大出血，引起休克。则首先应抗休克（立即送往医院救治）、止血，接着包扎伤口，最后固定骨折。避免骨折断端因移位刺伤血管、神经，加重损伤或穿破皮肤形成开放性损伤。

### 1. 固定注意事项

固定前避免随意搬动伤肢。正规医务人员未到达现场前，不提倡自行试图复位。固定物大小要适宜，建议超过上下关节。捆扎松紧度要适度，注意密切关注末梢血液循环。

### 2. 骨折临时固定原则

固定器材以夹板最好，也可就地取材，如较硬的树枝、木棍、窄木板等，若都不具备，可将受伤的上肢绑在胸部、受伤的下肢绑在健侧下肢上。

固定时夹板的长短、宽窄要适当，应能将骨折处上下两个关节都固定，夹板不可直接接触皮肤，要用棉花、绷带或软布包垫，在夹板的两端、骨突处及空隙处要用棉花或软布填塞，避免产生压迫性损伤。绑缚夹板的宽带应先绑在近骨折处的上下端，然后分别绑上下关节，打结打在肢体的外侧，若肢体有明显畸形而妨碍夹板固定时，可将伤肢沿其纵轴稍加牵引后再固定。固定要牢固，松紧度要适宜，过松会失去固定的作用，过紧则会压迫神经血管。

四肢骨折固定时要露出指（趾）端，以便观察肢体的血液循环情况，若发现指（趾）端苍白、发麻、发凉、疼痛或呈青紫色时，应马上松解夹板并重新固定。上肢骨折夹板固定伤肢挂于胸前，下肢骨折夹板固定后要与健肢绑缚在一起后再行搬运。

### 3. 脊柱骨折搬运

搬运时，必须使脊柱保持在伸直位，不能前屈、后伸和旋转，严禁一人背，应以两人抱抬或用软垫搬运，否则会引起或加重脊髓损伤。

搬运法：一般由3~4人搬运，分别于伤者两侧，用双手托起患者背部、腰部、臀部和大腿（若颈椎骨折可一人专管头部的牵引固定），几人托起的力和时间要保持一致，使伤者脊柱保持水平位，缓慢地将其搬放于硬板担架上（图7-2）。

滚动法：即将担架置于伤者体侧，一人稳住伤者头部，其余人将伤者推滚到木板或担架上。胸、腰椎骨折可在腰部垫一薄垫；颈椎骨折应将头颈放在中立位，并在头颈两侧用沙袋或衣服固定，以防头部活动（图7-3）。

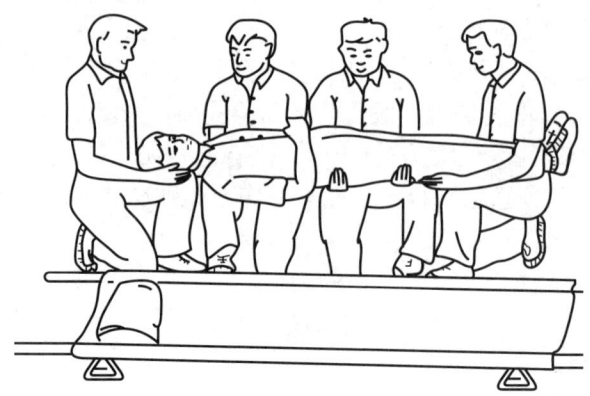

图 7-2　搬运法

图 7-3　滚动法

## 二、关节脱位的现场处理

关节脱位又称脱臼，是指关节面失去正常的联系。关节脱位时，可同时伴有骨折及关节囊、关节软骨、韧带、肌腱等组织的损伤或撕裂，严重者可能会影响神经或血管。

根据损伤的原因进行分类可分为：损伤性脱位、先天性脱位、习惯性脱位和病理性脱位等。

根据脱位是否与外界相通进行分类可分为：开放性脱位和闭合性脱位。

根据脱位的程度进行分类可分为：完全脱位和不完全脱位。

## （一）关节脱位的判断

（1）受伤史。关节脱位多有外伤史。

（2）疼痛、肿胀和压痛。主要是由于关节脱位时整个周围软组织的损伤、出血或神经受牵扯压迫所致。

（3）关节功能丧失。脱位后关节面之间失去正常联系，关节周围肌肉又因疼痛发生痉挛，因而受伤关节完全不能活动。

（4）畸形。脱位后关节处常出现明显畸形，可在异常位置摸到移动的骨端，正常关节隆起处变塌陷，凹陷处则隆起凸出，肢体形成特殊姿势，伤肢可有缩短或变长现象。例如，肩关节前脱位时出现的"方肩"畸形，原来空虚的腋窝处可摸到脱出的肱骨头，原来丰满的三角肌处变塌陷。

（5）弹性固定。被动活动脱位的关节，可感到一种弹性阻力，停止被动活动后，脱位的骨端又弹回原来畸形的位置。

（6）影像学检查。通过X线可了解脱位的方向和程度及有无并发骨折，为复位制造条件。

## （二）关节脱位现场处理原则

（1）现场有条件复位者，应及早复位脱位的关节。

（2）不能及时复位者，应立即用夹板和绷带在关节脱位所形成的姿势下进行临时固定。

（3）保持伤者清醒、安静状态及尽快送往医院处理。

关节脱位的临时固定方法示例

## 第四节　上肢部常见运动损伤

上肢部常见的运动损伤主要包括肩、肘、腕及指间关节的损伤。就损伤原因而言，多见于慢性劳损及急性损伤。

其中，肩关节运动损伤以肩袖肌群拉伤最为常见，如冈上肌拉伤、肩胛下肌拉伤等；肱二头肌长头肌腱腱鞘炎次之，此外还可发生骨折、脱位等严重损伤。因肩关节周围结构较复杂，所以为诊断的准确性带来了一定的难度，可通过特殊理学检查及影像学帮助鉴别。

肘关节运动损伤，在运动员中比较少见，但在个别项目中却非常多见，如网球、羽毛球、高尔夫、体操和投掷项目中，以关节囊肌肉、韧带拉伤最多见，肘内、外侧疼痛综合征次之，即"网球肘"和"高尔夫球肘"。骨折、脱位及骨软骨炎最少，但由于近年来青少年参加体育训练日益增多，肘关节骨软骨炎的发生率有所增长，应值得注意。

临床中，腕及指间关节的运动损伤较为多见，尤其是篮球、排球等运动项目，其以肌肉、韧带、肌腱损伤最为常见，其中很大一部分是由慢性劳损导致，如腕关节周围腱鞘炎，就是因为反复摩擦局部而形成的。而指间关节扭伤常伴随巨大外力，所以需与掌、指骨骨折及脱位相鉴别。

由于上肢更多的进行精细活动，因此在生理结构上较下肢而言更加复杂，这也导致了诊断难度的增加，只有充分了解损伤发生的性质，熟练掌握各种常见损伤的特点及特殊检查，才能够有的放矢，做出精准诊断。

## 一、肩峰撞击综合征

### （一）概述

肩峰撞击综合征是投掷和游泳等运动员常见的慢性损伤，是指肩袖等结构在病理状态下受到摩擦、撞击，引起炎症、损伤等的一种病变。临床上表现为局部疼痛、活动度下降等症状。越来越多的研究发现肩峰撞击综合征与肩关节不稳定有着密切的联系。

不同肩峰撞击综合征的发生机制及治疗有所不同，肩峰撞击综合征的分类主要有以下几种。

1. 按撞击的部位分类

（1）肩峰下撞击症。发生于肱骨头和肩峰前缘、喙肩韧带之间，可损伤冈上肌腱。

（2）喙突下撞击症。喙突和肱骨小结节之间发生撞击，可损伤肩胛下肌腱、喙肱韧带和肱二头肌长头腱等。

（3）内撞击症。冈上肌腱、冈下肌腱和关节盂的后方发生的撞击，造成后方盂唇和肩袖损伤。

2. 按形成撞击的病理基础分类

（1）原发性撞击症。肩袖间隙的狭窄和间隙内容物体积的增大等解剖异常导致的撞击症称原发性撞击症。

（2）继发性撞击症。在肩关节不稳定的基础上发生的撞击症称继发性撞击症。继发性撞击症好发于从事过顶活动的运动员。

### （二）发生机制

肩峰撞击综合征发生的机制非常复杂，可能与反复的微小创伤或过度使用引起肌腱变性等有关，具体的发生机制如下：

1. 解剖异常

肩袖间隙的狭窄和间隙内容物体积的增大等解剖异常可导致肩峰撞击综合征。造成肩袖间隙狭窄的常见因素有：肩峰、喙突形态的变异，喙肩韧带增厚，肩锁关节退变。肩袖结构损伤后出血水肿、滑囊炎症肿大、喙肱韧带肥厚和肱二头肌长头腱脱位等可导致内容物体积的增大。

2. 运动不当

过度重复的肩关节旋转活动，使肩袖等结构在喙肩弓下来回移动，磨损形成无菌性炎症改变，产生撞击症。反复的上举运动容易造成肩峰下撞击，过度的肩前屈内旋可产生喙突下撞击。肩外展、后伸及最大程度外旋时，后上方的关节盂唇和冈上肌、冈下肌的关节侧发生内撞击。

3. 肩关节不稳定

肩关节不稳定诱发的肩峰撞击综合征，主要见于长期进行过顶运动的运动员，如投掷、游泳等。在这些运动中，肩关节反复处于极限活动状态，牵拉关节囊韧带造成松弛，继发肩袖和肩胛带肌肉的疲劳和微损伤，导致关节不稳定。

冈上肌无力或部分断裂时，由于其对抗三角肌向上牵拉肱骨的力量减弱，出现肩峰下撞击。肩前后向不稳定，肩前屈内旋时，肱骨头前方移位程度的加大可引起喙突下撞击。肩外展外旋时肱骨头的前方移位可造成肩袖后方和关节盂唇的内撞击。

（三）常见表现及检查

1. 肩痛

肩痛是肩峰撞击综合征的最主要症状，并可被某种特定的运动方式所诱发。肩峰下撞击疼痛位于肩外侧，肩外展上举引起疼痛。喙突下撞击疼痛位于肩前内侧，疼痛多发生于肩前屈内旋位。内撞击疼痛位于肩后方，疼痛多发生于过顶运动时。

2. 体格检查应重点检查的4种方式活动度：肩上举、肩内旋、上臂垂直于体侧的肩外旋和肩外展90°位的外旋。分别检查冈上肌的肩外展力、肩胛下肌的内旋力和冈下肌和小圆肌的外旋力。

3. 撞击诱发试验

（1）Neer试验。检查者站在患者背后。用一只手固定住患者的肩胛骨，另一只手将患者的上肢从肩胛平面上举。当有肩峰撞击综合征时，因肩峰下狭窄，肱骨大结节撞击肩峰引起疼痛。

（2）Hawkin 试验。肩前屈 90° 被动内旋，冈上肌与喙肩韧带撞击引起疼痛（肩峰下撞击）。

（3）喙突撞击征。肩外展 90° 被动内旋，肱骨小结节和喙突撞击产生疼痛（喙突下撞击）。

（4）水平内收试验。肩关节和肘关节均屈曲 90°，并且被动指向对侧肩关节时患者出现疼痛，在肩峰下注射局麻药后疼痛消失，则可确定有肩峰撞击综合征存在。如果只有在进一步对前十字关节进行浸润麻醉后疼痛才消失，则说明十字关节的病变是主要问题。肩峰下间隙的局部麻醉试验应在前十字关节浸润麻醉以前做，因为前十字关节浸润麻醉的麻药会渗透到肩峰下间隙而使结果不准确。

4. 辅助检查

（1）出口位 X 线检查可较清楚地将肩峰分类。

（2）超声可发现肩峰下滑囊肿胀等改变。

（3）MRI 能显示肩袖的病理变化和存在的不正常解剖。

### （四）治疗手段

应根据撞击发生的部位，发病机制，患者的年龄、职业及肩袖等组织损伤程度的情况，依据个体化的原则治疗。有 60%~80% 的撞击综合征患者经非手术治疗可得到恢复。Ⅰ型肩峰的患者比Ⅱ型和Ⅲ型更容易获得理想的效果。

1. 中医理疗

通过针灸、按摩、外敷中药、理疗具有良好的效果。

2. 药物局部注射治疗

药物局部注射最常用的方法有：NSAIDs、肩峰下的类固醇注射及物理治疗。

3. 手术治疗

保守治疗无效，可采取手术治疗。症状持续 6 个月以上是手术的适应证。对于运动员来说，手术治疗的目的是减轻疼痛并在不影响功能的情况下重建肌肉—肌腱—骨的完整性。手术的方法包括切开手术和关节镜手术。

### （五）预防措施

继发性肩峰撞击综合征治疗的重点是盂肱关节不稳定，应着重进行肩袖和肩胛带肌肉的功能锻炼、关节的本体感觉重建和关节活动度的训练，重建肩关节的动力性稳定。肩峰撞击综合征的早期，通过限制运动量、改变运动方式和康复训练使大多数患者可以治愈。

## 二、肩袖损伤

### （一）概述

肩袖损伤又称肩撞击综合征，指肩峰下滑囊、肩袖肌腱等组织受到肩峰和肱骨大结节等结构的挤压产生的创伤性炎症。多见于投掷、游泳、体操、举重、排球、手球等项目的运动员，症状容易反复，经久不愈，影响运动员的训练和比赛。

肩袖肌群由冈上肌、冈下肌、小圆肌、肩胛下肌4块肌肉组成（图7-4），由于这些肌肉像个袖子一样包绕在肩关节周围，所以被形象地称作为肩袖肌群。

▶ 肩袖损伤及康复

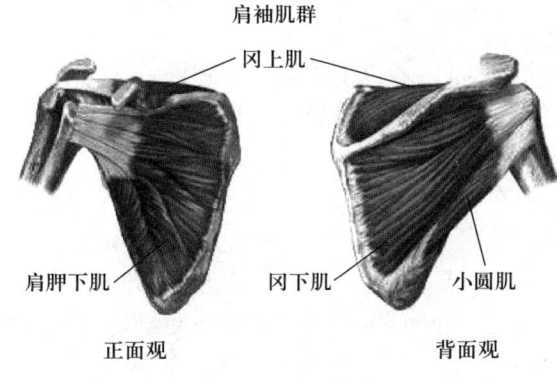

图 7-4

肩袖肌群的功能是使肱骨头与肩胛盂紧密接触而稳定肩关节；悬吊和稳定肱骨头；帮助三角肌外展上肢；旋转肩关节。

### （二）发生机制

常见的如运动员投掷标枪的动作；体操运动员在单杠、高低杠、吊环中的转肩动作；举重抓举时，肩突然外展、前屈、背伸动作；自由泳、仰泳时的转肩等动作都是引起肩袖肌群损伤的典型因素。所以该损伤主要是由于肱骨大结节反复超大范围的急剧转动，使肩袖遭受过度牵拉、挤压，并与肩峰和喙肩韧带不断摩擦所致。当然，该损伤也常因40岁以后冈上肌发生退行性改变所致。

### （三）常见表现

**1. 肩关节疼痛**

肩袖损伤的症状主要是肩关节疼痛，伴有抬举无力，在外伤或无明显原因下出现，多影响训练。早期呈间歇性，夜间加重，不能卧向患侧，疼痛分布于肩前方。

**2. 肩关节功能障碍**

患肢不能外展、上举或上举无力，严重者有肩部不稳定感。

**3. 肩痛弧试验阳性**

患者站立位，主动或被动使上臂外展或由外展位内收在 60°～120° 出现疼痛，小于 60° 和大于 120° 时，疼痛反而减轻或消失。

**4. 肌肉萎缩**

久病不愈可出现冈上肌、冈下肌和三角肌萎缩，以冈上肌明显。肩前方与大结节之间有明显的压痛，活动时可触及摩擦音。

**5. 辅助检查**

怀疑肩袖损伤后，可以做以下检查明确诊断：

（1）X 线检查。对诊断没有特异性，但是有助于鉴别和排除肩关节有无骨折、脱位及其他骨、关节疾患。

（2）CT 检查。在肩袖出现广泛性撕裂伴有肩关节不稳定时，CT 有助于发现肩盂与肱骨头解剖关系有无异常，但是对肩袖病变的诊断意义不大。

（3）超声检查。优点是无创、可动态观察、准确率高、能发现冈上肌以外的其他肩袖断裂；能同时对肱二头肌长头肌腱病变做出诊断；对肩袖撕裂术后随访有独特的价值，其诊断的准确率为 90%。

（4）磁共振检查（MRI）。MRI 是目前检查肩袖损伤最有效的影像学方法，MRI 通过形态和信号的异常反应可显示出肩袖损伤的各期表现。

（5）关节镜诊治。关节镜检查被认为是诊断肩袖部分撕裂的"金标准"，主要用于一些诊断较困难的病例。

### （四）治疗手段

诊断为肩袖损伤后，尽早治疗、正确治疗非常重要，这决定了恢复正常训练的早晚及是否会遗留后遗症。首先要谨记的是，必须限制肩部活动，急性损伤疼痛剧烈时，应停止肩部训练，并将上臂外展 30° 固定一周左右，减少肌肉活动，减轻疼痛。其次可以采取以下方式治疗：

**1. 冰疗**

可采用冰袋或冰按摩法，冰疗时间为 15～30 min，不应超过 30 min。

2. 中医理疗

针灸、外敷中药、理疗等均有较好效果。

3. 功能训练

不同时期的康复训练，应循序渐进，避免做引起肩痛的动作。改善肌力及肌耐力为此时期主要任务，要求维持肩关节的活动度，保持正确的姿势，同时逐渐增加功能活动的等级。功能训练内容主要包括：力量训练（轨道下内旋和外旋，小型哑铃在关节各轴向活动训练）和关节活动度的维持。若能在肩关节全关节活动范围无痛活动，并且力量测试符合要求，临床症状无明显变化，对于普通患者来说，肩袖损伤已经达到临床痊愈。专项训练开始时，动作难度要小，局部运动量要调节好，可改变技术动作的形式以减轻局部负担量。

（五）预防措施

（1）在开始正式运动前要做一下"热身"活动，即缓慢、有控制地做上臂旋转动作，可以帮助拉伸和锻炼肩袖肌肉，加强身体的灵活性，能有效预防肩袖损伤。

（2）在运动中，运动员要关注自身，即有意识地"感受"自己肩部的反应；一旦有疼痛和其他不良感觉，即应引起注意及停止运动，然后采取必要的保护措施或早期进行治疗。

（3）在日常训练中加强对部分肌肉的力量锻炼，在锻炼之后，运动员应该对肌肉进行放松，进而降低肩袖损伤的发生概率。常见的肩袖肌群训练方法有：弹力带肩内旋、哑铃肩外旋、弹力带侧平举和健身球上单手支撑等。

（4）运动训练不要过度。例如，练完胸大肌和背阔肌后，就不宜再对肩部进行较大强度的训练。疲劳时运动更是大忌。运动员在训练时，应该坚持循序渐进的原则，难度系数应从低到高发展。掌握正确动作技巧，降低或避免由于错误动作而导致的运动损伤。一旦出现急性运动损伤，必须立刻停止训练，且进行有效的处理，从而避免伤势加重。

### 三、肱二头肌长头肌腱腱鞘炎

（一）概述

肱二头肌长头肌腱腱鞘炎又称肱二头肌长头腱狭窄性腱鞘炎。多见于标枪、手榴弹、吊环、单杠、举重、击剑、游泳、划船、手球及排球等运动项目。

肱二头肌长头腱起于肩关节盂上结节及关节盂的后唇，它向下越过肱骨头进入结节间沟。肱二头肌长头腱分为关节内部分、管状部分及关节外部分。肩关节结节间沟前有肱骨横韧带，防止肱二头肌长头腱向外脱位。只有盂肱关节活动时，肱二头肌长头腱才在结节间沟内滑动。

### （二）发生机制

当肩关节大范围活动时，肱二头肌长头腱在结节间沟内不停滑动，反复磨损引起劳损，使肌腱与腱鞘粘连，形成狭窄性腱鞘炎。

### （三）常见表现

（1）疼痛。肩关节有不适、酸胀、疼痛感。在上肢外展、上举及反弓时加重。

（2）压痛。结节间沟处尖锐压痛。

（3）耶加森氏征阳性。屈患肘90°，前臂旋前，检查者一手托患者肘后，另一手握住患者手腕，使其前臂保持在旋前位。患者抗阻前臂旋后，若结节间沟处出现疼痛为阳性。

（4）勒丁顿氏征。患者双手十字交叉，双肩外展上举，手掌放于枕后部，嘱患者主动收缩肱二头肌，即手掌与头部对抗用力，若结节间沟出现疼痛为阳性。

（5）辅助检查。X线检查结节间沟切线位影像，可发现结节间沟变浅、变窄，沟底或侧面有骨赘形成。

### （四）治疗手段

（1）适当制动。疼痛剧烈者，应当适当制动，屈肘90°将患臂悬挂胸前。

（2）中医理疗。针灸、理疗、外敷中药等均有较好效果。

（3）功能训练。急性期过后可以马上开始活动。

### （五）预防措施

应当避免过度训练，当肩关节结节间沟出现酸胀不适时，就应该调整训练量。后期根据肩关节情况安排训练量。

### 四、网球肘

#### （一）概述

网球肘又称"肱骨外上髁炎"，其发病特征是肘关节外侧及肱骨外上髁疼痛，是一系列肘外侧疼痛的综合征。网球肘并不仅仅是网球运动员的专利，也常见于乒乓球、棒球、射箭等项目的运动员。

肱骨外上髁是前臂浅层伸肌群（桡侧伸腕长肌、桡侧伸腕短肌、伸指总肌、小指固有伸肌、尺侧腕伸肌）总腱附着点，屈腕、屈指的动作，就会对肱骨外上髁产生了比较集中的牵引力；同时，旋后肌起始于肱骨外上髁，其功能是使前臂产生旋后动作；此外，肘关节桡侧副韧带起自肱骨外上髁；因此，肘内翻和前臂旋后的动作，也对外上髁有牵拉作用。在肱二头肌及肘部屈伸肌力不平衡的情况下，肱桡关节发生紊乱，也可导致肘外侧疼痛。

网球肘

#### （二）发生机制

长期反复屈、伸腕关节，尤其是用力伸腕而同时需要前臂旋前、旋后活动的运动员容易发生该损伤。例如，在网球、乒乓球运动中的"下旋"或"反拍"击球时，球的冲力作用于腕伸肌或/和旋后肌被动牵拉该肌，使肌腱在肱骨外上髁附着点受到反复牵拉而产生劳损病变，并有可能累及肱桡外侧副韧带及肱桡关节紊乱（图7-5）。

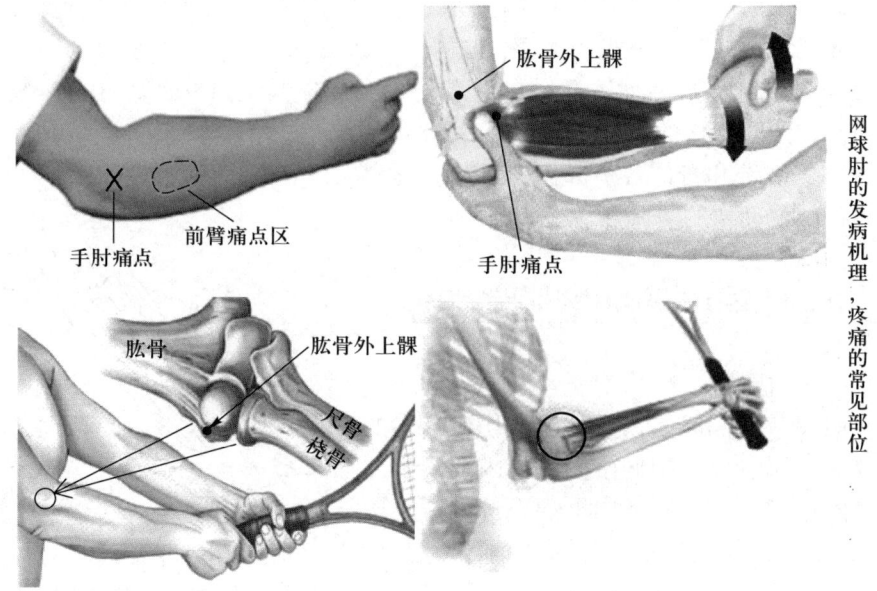

图 7-5

### (三)常见表现与检查方法

(1)肘外侧疼痛。多数病例无明确受伤史而逐渐发生肘外侧疼痛,有时可向前臂放射,做反手挥拍动作、拧毛巾动作或端提重物时,肘外侧疼痛明显。肱骨外上髁、肱桡关节间隙和桡骨头处有明显压痛。

(2)米尔氏(Mill's)征阳性。将肘关节屈曲,半握拳,腕尽量屈曲,然后将前臂被动旋前并伸直肘关节时,肘外侧出现疼痛。

(3)腕背伸抗阻试验阳性。

### (四)治疗手段

早期症状较轻时,在肘部带上弹力护肘或缠绕弹力绷带可减轻疼痛;当肘外侧出现持续疼痛时,患肢应适当休息,限制腕部用力活动,尤其是腕背伸用力活动,可采用手法按摩、外敷药物和针灸等综合性治疗;严重者可用醋酸泼尼松类药物作痛点注射治疗。

### (五)预防措施

(1)合理安排训练量。避免肘部肌肉超负荷工作,增加肌肉恢复时间。

(2)练习正确的技术动作。正确的技术动作可以有效地降低运动损伤的发生。

(3)加强伸、屈腕肌群的力量练习。固定上肢,完成屈腕、内外旋、尺桡偏等长练习,负重从 0.45 kg 开始;抓握网球静力性练习;抵抗橡皮筋手指伸展练习;肩胛带肌、上臂、全身力量练习。

(4)充分热身活动。通过热身活动,充分降低肌肉的黏滞性,恢复肌肉弹性,预防损伤的发生。

(5)肩部和身体各个部位的参与。提高身体各部位动作的协调性。

## 五、肘关节内侧肌肉韧带装置损伤

### (一)概述

肘关节内侧肌肉韧带装置损伤包括肘的尺侧关节囊、尺侧副韧带、肱骨内上髁部屈肌或附着部拉伤、肱骨内上髁炎等。常见于投掷、体操、高尔夫球和棒球等项目。又名标枪肘、高尔夫球肘(图 7-6)。

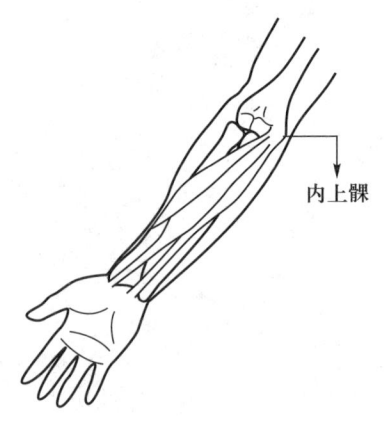

图 7-6 高尔夫球肘

## （二）发生机制

任何造成肘关节过度外翻、过伸、旋后，或前臂屈肌、旋前圆肌突然猛烈收缩的动作，均可造成肘关节内侧关节囊、韧带及肌肉的损伤。如标枪肘是标枪运动员投枪时，标枪的作用力使前臂突然外展、过伸，导致尺侧副韧带损伤。高尔夫球肘为运动员击球后，杆头在地面障碍处受阻，使腕关节背伸，从而突然拉伸前臂屈肌，影响屈肌止点导致的损伤。

## （三）常见表现

### 1. 尺侧副韧带损伤

肱尺关节间隙压痛。被动外翻试验阳性：患者患肢上臂外旋，前臂旋后，检查者一手握患者肘上部固定，另一手握住其腕关节上内部，当肘屈 10°～15°时，将肘被动外翻，如肘内侧疼痛，常为尺侧副韧带前束损伤；如肘屈 60°～90°被动外翻时，肘内侧疼痛，为尺侧副韧带后束损伤。

### 2. 肱骨内上髁炎或屈肌附着点损伤

肱骨内上髁有明显压痛。屈腕抗阻试验：患肘微屈或伸直位，前臂旋后，检查者一手握患者患肢前臂中部，另一手压在患者患肢手掌上，嘱患者对抗屈腕时，肱骨内上髁处疼痛为阳性。前臂旋前抗阻试验：患肘屈曲 90°，前臂旋后，检查者一手握住其肘上部固定，另一手握持其腕上部，令患者前臂旋前抗阻时，肱骨内上髁处疼痛为阳性。

### 3. 尺侧副韧带完全断裂

明显疼痛、肿胀、压痛。肘微屈位侧扳疼痛明显，有明显开口感。

## （四）治疗

（1）处理急性损伤宜局部立即冰敷，加压包扎，屈肘 70°～90°固定。

（2）对于韧带、肌肉损伤不严重的，后期进行针灸、按摩、理疗等均可。

（3）对于肘内侧副韧带完全断裂者应急诊手术缝合，否则易造成习惯性肘外翻不稳。

（4）功能锻炼早期应鼓励患者主动活动指、腕、肩关节，特别是手指捏球、手腕屈伸和肩关节抡回转动等。

## （五）预防措施

（1）训练前肌肉热身。训练前多做前臂屈肌群的训练，可借助杠铃，做前臂伸肘动作，每组 10 次，做 2～3 组。

（2）训练后肌肉拉伸放松。训练后要进行手及手指的拉伸，每组 15 s，每次2~3组。

（3）避免过度训练。当肱骨外上髁变得敏感和疼痛时，应注意训练量，适当减少训练量，让前臂屈肌群得到休息。

## 六、指间关节扭伤

### （一）概述

指间关节扭伤与手部腱鞘炎

指间关节扭伤多见于手部运动过多的项目，常常会导致患者手部的精细动作无法完成，并可伴有疼痛、肿胀，给日常生活带来许多不便。主要见于篮球、排球、手球及足球等项目。指骨间关节由近节指骨滑车与远节指骨底组成，关节囊的背侧比较松弛，关节前面有关节囊增厚形成的掌板，以限制关节过度屈伸；关节两侧有侧副韧带加固以限制侧向运动。

### （二）发生机制

指骨间关节关节囊的背侧比较松弛，当受到侧方或扭转暴力，引起指间关节产生过度内收、外展或旋转时容易致伤。例如，篮球、排球、手球等运动中手指被球撞击，或接球技术动作错误，皆可引起侧副韧带或关节囊损伤。严重者可引起指间关节脱位或撕脱骨折。

### （三）常见表现

指骨间关节受伤后关节肿胀明显，疼痛剧烈，局部有压痛，关节活动受限，屈伸不灵活。侧副韧带损伤时，关节损伤侧肿胀明显，向对侧扳动远端指节时疼痛，如有侧副韧带断裂则侧扳时有松弛感，重者有开口感。关节脱位者有畸形，功能丧失。指间关节脱位可伴有指骨基底部骨折，X线检查可协助诊断。

### （四）治疗手段

如果是轻度扭伤，关节稳定性正常，可于微屈位轻轻拔伸牵引，然后局部固定。指间关节扭伤可用胶布与伤侧邻指一起固定于微屈位，三周后解除固定。如果发生侧副韧带断裂及指间关节脱位者，应及时送往医院诊治。此外，需要注意的是，指间关节扭伤不宜做局部按摩，以免过多刺激引起局部组织增厚。

### （五）预防措施

指骨间关节常发生于用手指从事专项训练的运动员，所以这些运动员应加强手部肌力练习来增强指间关节的稳定性，手部常见锻炼方法有：

（1）保持关节最大活动度的运动，维持关节活动度的运动，循序渐进，每日锻炼三次以上。

（2）手指弯曲度。将手指弯曲，用另一只手将指尖往手掌方向尽量靠近，然后再将整个弯曲的手指往下推向掌心方向以伸展指根关节背侧。

（3）手指强化。将手平放在桌上，将四指往大拇指的方向挪动，并用另一只手将手指往反方向拉。如此可增强手指肌肉的强度。

另外，也要提高动作的技术水平，如准确判断来球的方向、高度、力量，纠正手部的错误动作，运动时注意力高度集中。同时，也要做好运动前的准备活动和运动后的放松，良好的手部准备活动可以迅速调动手部的血液循环，加强手部的灵活性，充分的手部肌肉放松可以加速运动后乳酸和炎性物质的代谢，为下一次的运动做充分的准备，从而避免指骨间损伤。

## 七、手部腱鞘炎

### （一）概述

腱鞘又称滑膜鞘，是由内外两层滑膜构成并包绕在肌腱外面，位于肌腱绕过关节或骨隆起部位的长管型结缔组织（图7-7）。腱鞘的功能是防止在肌肉收缩、肌腱被拉紧时向侧方滑脱，以及减少活动时的摩擦。手部腱鞘炎在运动员和体力劳动者中非常多见。常有拇长屈肌腱鞘炎、桡骨茎突部腱鞘炎等。

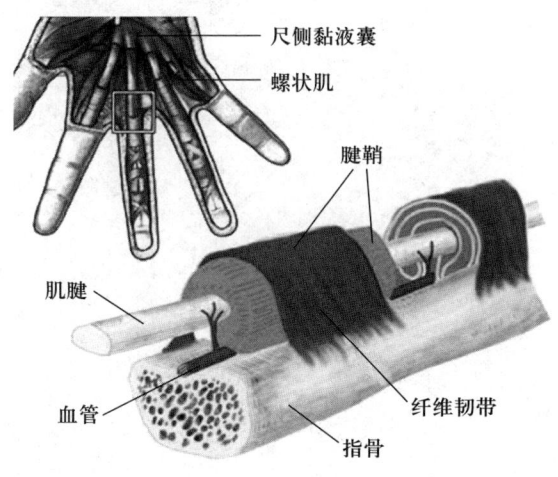

图7-7　腱鞘

### (二)发生机制

腱鞘炎的发生与运动项目和训练组织不当使局部组织过劳有密切的关系。运动中由于肌肉反复收缩牵拉肌腱,腱鞘受到过度摩擦而引起腱鞘炎。病变的腱鞘往往出现水肿、变性、增生,致使管腔狭窄,肌腱受到绞勒,成葫芦状膨大。膨大的肌腱部分要通过狭窄的管腔常会发生困难,故称为狭窄性腱鞘炎。腱鞘炎常发生于以下部位:

#### 1. 手指屈肌腱鞘炎

手指屈肌腱鞘炎又称为弹响指或扳机指。该部腱鞘炎多见于体操、举重、中国式摔跤等项目的运动员及手工劳动者。每个掌指关节掌侧各有一浅沟,沟面覆盖以韧带,构成一狭窄坚硬的骨性纤维管,拇长屈肌腱和指深、浅屈肌腱均分别通过此管进入拇指或手指。手指过度的运动劳损容易引起手指屈肌腱鞘炎。

#### 2. 桡骨茎突部腱鞘炎

桡骨茎突部腱鞘是拇伸短肌和拇展长肌肌腱的总鞘,位于由腕横韧带和桡骨茎突上骨凹构成的管道内,此管小、无弹性。当腕背伸桡偏时,该腱折屈成角,加上两个腱的活动不完全一致,在鞘内互相摩擦,如果负担过重,久之将引起腱鞘炎,多见于鞍马、小口径步枪、举重等项目的运动员,以及长期长时间抱婴儿的妇女(图7-8)。

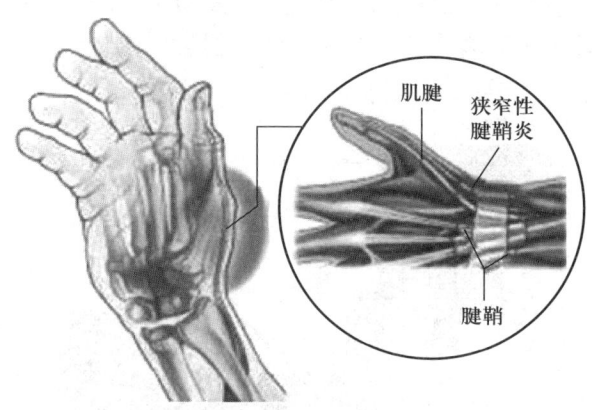

图7-8 桡骨茎突部腱鞘炎

### (三)常见表现

#### 1. 疼痛和压痛

急性期尤为明显。桡骨茎突部腱鞘炎,常在桡骨茎突部有疼痛和压痛,疼痛有时向同侧肩部、肘部和全手放射，局部皮下常可触及一腱鞘肥厚发硬的肿块及摩擦感。手指屈肌腱鞘炎，常在掌指关节掌侧部有疼痛和压痛，疼痛可向腕部放射。

2. 肿胀

急性期局部肿胀明显，病程长者则肿胀减轻或消失，仅遗有腱鞘增厚发硬现象。

3. 功能障碍

急性期由于局部炎症病变，活动时疼痛加剧而引起；慢性期则因腱鞘增厚管腔狭窄，使活动不便所致。

4. 特殊征象

桡骨茎突部腱鞘炎发生时，屈拇握拳尺偏试验（Finkelstein 试验）呈阳性。

（四）治疗手段

手部腱鞘炎急性期局部应休息或制动，积极治疗，以免发展为慢性，对一般患者则应减少局部的活动量，适当改变训练的内容和方法有利于提高疗效。疼痛剧烈而又肿胀时，可用冰块冷敷或外敷新伤药消肿止痛。急性期过后可局部热敷及以中药熏洗，同时配合关节屈伸活动，也可取阿是穴做局部针刺，或给予局部封闭。

（五）预防措施

（1）做好保暖措施。日常生活中养成用温水洗手的习惯，特别是在运动后用温水洗手的习惯，并经常性的进行做手部按摩，放松手腕部。还可以每天用热水泡手，促进手部的血液循环。

（2）注意手部的休息。预防手部腱鞘炎，首先需要注意的就是避免手部长时间处在运动状态中，需要适当的使手部休息。

（3）运动后做好放松。长时间运动后，需要充分放松手部肌肉和肌腱，促进血液循环，加速代谢物质的排除。合理安排训练，防止局部过度负荷。

## 第五节　下肢部常见运动损伤

下肢部常见的运动损伤主要包括：髋与大腿部损伤、膝与小腿部损伤，以及踝部与足部损伤。

髋与大腿部急性损伤多见于肌肉拉伤，如股内收肌拉伤、股四头肌拉伤、腘绳肌拉伤及缝匠肌拉伤等，通过肌肉抗阻试验可较易鉴别。慢性劳损多见梨状肌综合征、阔筋膜张肌筋膜炎和髋部滑囊炎等，结合运动动作习惯不难诊断。有时在髋关节运动时，可闻及弹响声而不伴有其他不适，多为弹响髋，可不做特殊处理。

膝关节是运动损伤的好发部位，膝关节半月板、交叉韧带、侧副韧带及滑膜都易发生急性或慢性运动损伤，都可引发膝关节疼痛或积液，在诊断中应结合理学检查与影像学检查仔细鉴别发病结构。膝关节周围，如髌下脂肪垫、髌软骨及髌腱止点，易发生慢性损伤。在临床上，胫骨疲劳性骨膜炎与骨折常被误诊为陈旧性骨折或骨肿瘤，应注意鉴别。对于小腿筋膜间隔区综合征应早发现早治疗，以免引起组织坏死乃至截肢。

踝部与足部是球类运动员运动损伤的好发部位，尤其多见于踝关节扭伤、踝关节创伤性关节炎等，而弹跳性运动则多见跟腱腱围炎、跟腱断裂及跟痛症。值得注意的是，跖骨在长期劳损后也易发生疲劳性骨折，多发于第2跖骨。

## 一、大腿部肌肉拉伤

### （一）概述

▶ 大腿部肌肉拉伤

肌肉拉伤是指肌肉在进行主动强烈收缩时遇到强大阻力，或在被动过度拉长时所导致的损伤，大腿部肌肉的拉伤以腘绳肌和大腿内侧肌肉及大腿前侧肌肉的拉伤较为常见。

### （二）发生机制

运动前准备活动不充分；疲劳或运动强度过大使肌肉力量减弱、协调性下降；运动时技术动作不规范，或运动过猛；气温较低，运动场地不规范和运动器械质量不良等，都可能导致肌肉拉伤的发生。

其中大腿内侧肌肉拉伤在武术、跳高、跨栏、体操、羽毛球、足球等运动中较为多见。当大腿快速靠拢遇到阻力时，或髋关节长时间处在外展位时，都可能导致大腿内侧的股内收肌拉伤。例如，体操运动员的横劈腿腾起，以及足球运动员用足内侧接高球时滑倒等动作，都有可能拉伤大腿内侧肌群。

大腿后侧肌群拉伤一般指大腿后侧半腱肌、半膜肌和股二头肌的拉伤，该肌群也称为腘绳肌，该损伤在跨栏、跳跃、赛跑、武术等项目中较为多见。例如，在运动员进行跨栏运动时，向前伸腿并突然弯腰，或者短跑运动员起跑时猛力蹬起跑器，都可使大腿后侧肌肉受到较大的牵拉力而导致肌肉拉伤。

缝匠肌位于大腿前部，较细长，连接了髋关节和膝关节，缝匠肌拉伤多发生在运动员跑步时身体突然扭转，使髋关节和膝关节向相反的方向旋转，从而暴力牵拉缝匠肌，导致缝匠肌拉伤。

### （三）常见表现

一般肌肉拉伤大多有急性外伤史，在受伤当时或稍后，相应的损伤部位即可出现剧烈疼痛、肿胀、压痛、活动时疼痛明显加重或皮下瘀斑等表现，伤者因疼痛常出现跛行，可触及受伤肌群发紧、发硬或可触到条索状物。若肌肉完全断裂，可听到断裂声或有"中弹感"，损伤局部可触摸到肌肉断裂的凹陷或异常隆起。

### （四）治疗手段

受伤后应及时采取PRICE原则（见本章第二节）。

应注意若怀疑有肌肉或肌腱完全断裂者，（伤者有"中弹感"，局部肌肉外形改变）应在局部加压包扎，以及在受伤肢体固定的情况下，及时送往医院确诊，必要时需接受手术治疗。

损伤较轻的大腿肌肉拉伤，在损伤后24～48 h可对损伤局部进行轻缓的按摩，如抚摩或大面积的轻轻揉按、揉捏、推压、理筋等，推拿结束后可适当轻轻拉伸肌肉，以不增加伤处疼痛为度；损伤较重者可待肿胀消退后再进行手法或针灸治疗。

肌肉部分撕裂者应立即停止训练，并可在损伤一周后逐步进行功能练习，以增加肌肉抗阻力量、伸展性力量练习为主，如股后肌群拉伤可以取坐位，健侧腿屈膝，同侧臀部坐在足上，慢慢向前弯腰拉伸伤侧大腿后部的肌肉，也可以取坐位进行该肌群的抗阻练习。一般一个月后待症状基本消除，即可恢复正规训练，在进行正常训练前，应先进行肌肉强度训练测试。

### （五）预防措施

（1）运动前热身。肌肉拉伤往往是由用力过度引起的，而这种情况常常发生在不做准备活动的人身上。所以参加体育运动前，一定要拉伸肌肉，做好热身运动（见第六章拉伸技术）。

（2）力量训练。加强大腿容易拉伤部位肌肉的力量和伸展性练习，如单脚硬拉，（图7-9）加强大腿后群肌；股四头肌抗阻练习，加强股四头肌。在锻炼身体的同时做举重或其他形式的力量训练也有助于防止肌肉拉伤。

图 7-9 单脚硬拉

（3）在运动中量力而行。

（4）另外，对运动量也要进行合理安排，改进技术和动作上的缺点；在运动前选择合适的运动场地及器械，都能有助于减少大腿部肌肉拉伤的发生。

## 二、膝关节半月板损伤

### （一）概述

膝关节半月板损伤

膝关节半月板损伤是最常见的膝关节损伤之一，多见于足球、篮球、排球、体操、跳跃、举重等项目。半月板可单独受损，也可与内侧副韧带、前交叉韧带断裂等损伤联合存在。

半月板是膝关节中间的半月形软骨板，其切面呈三角形，每个膝关节内都有内、外两个半月板，内侧半月板两端间距较大，呈"C"形，外侧半月板两端间距较小，呈"O"形（图7-10）。半月板上面凹陷，与股骨髁相接，下面平坦，与胫骨髁相接，可以加深使胫骨关节面，以更好地与股骨髁相接，帮助保持膝关节的稳定。半月板在运动中有减轻缓冲、吸收震荡、保护关节软骨的功能，同时可以防止股骨过度前移及膝关节的过度屈曲、旋

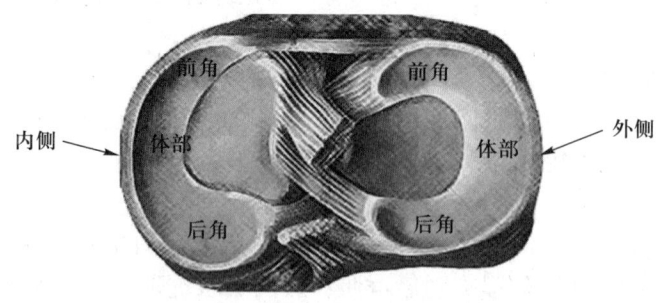

图 7-10 半月板

转,调节膝关节内压力,从而保护膝关节。

## (二)发生机制

当膝关节伸直时,半月板被股骨髁推向前,膝关节屈曲时,半月板向后移动。当膝关节处于半屈位并做扭转活动时,半月板最容易损伤;膝关节若进行长期反复的研磨活动,也可能导致半月板反复的小创伤或磨损;膝关节突然极度过伸或过屈时,则容易损伤半月板的前角、后角。例如,足球运动员在追球疾跑转向或急停转身跌倒时,体操运动员在空翻落地时,由于重心不稳造成的膝关节急剧左右闪动,都有可能导致膝关节半月板的损伤。

## (三)常见表现

(1)多数患者有明显的膝关节受伤史。

(2)伤后可立即出现疼痛,并可逐渐出现肿胀,伴关节屈伸活动障碍,部分患者上下台阶时可出现跛行。

(3)打软腿。患者感到肌肉无力难以控制关节,常常有突然跪倒的趋势。特别是上下台阶,或走不平坦的道路时。

(4)关节交锁。部分患者膝关节可正常弯曲,但在伸直膝关节时可遇到阻碍,将患肢旋转摇摆后,突然发生弹响或弹跳,随后即恢复正常,称为膝关节的"交锁征",一般认为是由于破裂的半月板嵌夹在关节内所致。

检查时可见患侧膝关节不肿或稍有肿胀,同时股四头肌可较健侧稍有萎缩,膝关节不能过伸或屈曲,关节间隙处常有压痛,且压痛恒定在一侧。同时也可借助以下理学检查手段:

(1)膝关节过伸试验。患者仰卧位,检查者一手固定患侧股骨远端,另一手抬起足跟,膝关节前缘疼痛,提示有半月板前角损伤。

(2)膝关节过屈试验。患者仰卧位,被动极度屈膝关节出现疼痛者,提示有半月板后角损伤。

(3)膝旋转挤压(McMurry)试验(图7-11)。患者仰卧位,充分屈髋、屈膝,检查者一手握住患肢足踝部,另一手置于膝部,使小腿内收、外旋,并缓缓伸直膝关节,在伸直过程中若膝关节内侧出现疼痛和弹响,则说明内侧半月板有损伤,如果将以上方法反方向进行,膝关节外侧出现疼痛和弹性,即为外侧半月板损伤。

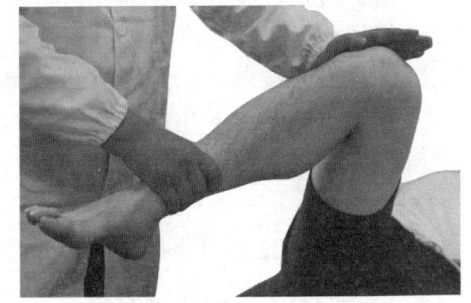

图7-11 膝旋转挤压试验

（4）膝提拉研磨（Apley's）实验。患者俯卧位，并将健肢伸直，患侧膝关节屈曲90°，助手按住患侧大腿，检查者两手握住患肢一侧足部，并用力向下加压同时旋转研磨，若有疼痛产生，则为半月板损伤或关节软骨损伤，若向上提拉旋转时出现疼痛，则为关节囊或侧副韧带损伤。

### （四）治疗手段

急性损伤者，应让患者仰卧，患肢放松，检查者一手拇指轻按摩痛点，另一手握踝部，慢慢使膝关节屈曲并内外旋转小腿，然后伸直患膝，可缓解局部疼痛。

若急性期半月板单纯有"交锁征"，应先理筋解锁，患者仰位，患膝腘窝下面垫一枕头，在患膝周围用揉捏、推摩等手法轻轻按摩，以放松膝关节周围肌肉，然后检查者一手握住患者踝关节，另一手托住其腘窝，轻轻屈伸膝关节，幅度由小到大，最后大幅度地屈伸2~3次，帮助膝关节"解锁"，若未解锁，可在屈伸膝关节的同时做内收、外展，或小腿内旋、外旋。在整个操作过程中要求轻柔、缓慢，严禁使用暴力。若关节肿胀严重，或怀疑伴有韧带断裂甚至骨折者，应立即送往医院处理，必要时需进行手术治疗。

慢性期的半月板损伤可适当在膝关节周围做揉、揉捏、搓等推拿手法或进行针灸等理疗，促进血液循环，以减轻疼痛，切忌做膝关节的强力被动伸直或屈曲运动。

急性期半月板损伤伴关节交锁，关节积液严重，怀疑合并交叉韧带断裂或软骨损伤时，应立即送往医院，行关节镜探查修复术。

### （五）预防措施

肌肉力量是关节的动力稳定装置，膝关节周围肌肉力量可以增加关节稳定性，进而减缓半月板的进一步磨损及慢性损伤，如肌力训练：静力性下蹲，抗阻伸膝及屈膝练习，腘绳肌的抗阻训练，负重及平衡训练。已有半月板损伤史，在运动前可以佩戴膝关节护具或用粘膏支持带进行保护。其次是注意专业技术动作的规范性，降低因动作不规范导致损伤发生的概率，在训练中应注意以下几点：

（1）加强大腿前、后肌群的力量和伸展性练习，进而增强膝关节稳定性。

（2）充分的热身运动，如高抬腿、慢跑等。

（3）合理安排运动量。

（4）加强身体协调性、反应速度训练，降低意外损伤风险。

（5）改进技术和动作上的缺点，降低慢性损伤概率。
（6）选择合适的运动场地及器械。

### 三、膝关节交叉韧带损伤

#### （一）概述

膝关节交叉韧带损伤是常见而又严重的运动损伤，治疗不当将引起一系列膝关节后遗症，严重影响膝关节运动功能。膝关节交叉韧带损伤包括捩伤、部分断裂、超限拉长及完全断裂等，多发生在篮球、体操、自行车和滑雪等运动项目。

膝关节前交叉韧带损伤

膝关节交叉韧带是膝关节内致密的胶原纤维韧带，包括前交叉韧带和后交叉韧带。膝关节前交叉韧带起自胫骨髁间前部，斜向后外上方止于股骨外侧髁内侧；膝关节后交叉韧带较前交叉韧带短，起自胫骨髁间后部，向前内上方止于股骨内侧髁外侧，与前交叉韧带形成一个交叉。前、后交叉韧带可以防止胫骨向前、后移位，从而起到保持膝关节前后稳定的作用。

#### （二）发生机制

1. 前交叉韧带损伤

前交叉韧带损伤比后交叉韧带损伤更多见，其损伤多与膝关节强力过伸、过屈、内旋、外展或强力屈曲内旋相关，女性发病率较高。如运动员在跑步时不慎跌倒，膝关节极度屈曲内旋，且同侧小腿被压在身下，则可能发生前交叉韧带损伤。膝关节骤然过伸，也可导致前交叉韧带损伤；此外，膝关节屈曲 90° 左右，小腿固定，大腿前面突然受到打击，使股骨向后错动，或小腿后面被撞击，胫骨上端向前滑动，都可使前交叉韧带损伤。

2. 后交叉韧带损伤

后交叉韧带较坚韧，其损伤多为强大暴力所导致，如在膝关节屈曲位时胫骨上端受到由前向后的暴力作用；或暴力迫使膝关节处于过伸位，可先导致后交叉韧带断裂，若暴力持续作用，则可能导致前交叉韧带也受到损伤；作用于胫骨上端的后旋暴力也可能导致后交叉韧带的损伤。

#### （三）常见表现

患者常有膝关节急性损伤史，受伤时可伴有撕裂感和关节错动感，随即由于膝关节无力而倒地，伴随膝关节剧烈疼痛、迅速肿胀及屈伸活动受限，关节内出血时可出现皮下瘀斑。后交叉韧带损伤时，膝关节可有后脱位倾向。此外，还可结合膝关节交叉韧带损伤的理学检查手段：

1. 膝关节前抽屉实验（图7-12）

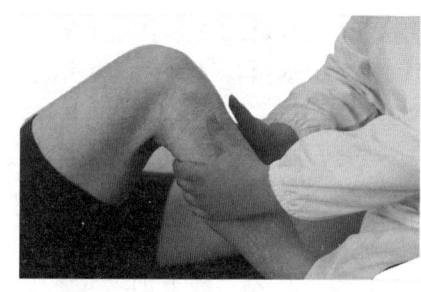

患者仰卧位，患肢屈髋45°，屈膝30°或90°，小腿呈中立位，检查者坐在患者足背使患肢固定，双手抱住小腿上端并向前拉。若向前活动度较大，超过0.5 cm（需与健侧对比），则为前抽屉试验阳性，表明前交叉韧带损伤。

图7-12 膝关节前抽屉实验

2. 膝关节后抽屉试验

患者与检查者体位与前抽屉实验相同，检查者双手向后推胫骨近端，若胫骨向后移位1 cm（与健侧对比，并对比双侧胫骨结节的隆起的高度），则为后抽屉试验阳性，提示可能有后交叉韧带损伤。

### （四）治疗手段

损伤急性期可参照PRICE原则进行处理，缓解出血及肿胀，若关节内积血较多、肿胀较大，可去医院进行关节穿刺抽净积血，必要时可采取手术治疗。

### （五）预防措施

（1）肌肉力量是关节的动力稳定装置，故预防膝关节交叉韧带损伤或再次损伤时，应加强下肢肌肉力量练习，以增强膝关节稳定性，如肌力训练：直腿抬高，髋关节内收、外展、后伸抗阻训练，微蹲训练，股四头肌的抗阻训练，腘绳肌的抗阻训练，负重及平衡训练。

（2）若已有交叉韧带损伤史，在运动前可以佩戴膝关节护具或用粘膏支持带进行保护。

（3）注意专业技术动作的规范性，降低因动作不规范发生损伤的概率。

（4）训练前加强热身运动，训练后及时有效地进行肌肉牵拉，达到放松和保护肌群的目的。

## 四、髌骨软骨软化症

髌骨软骨软化症

### （一）概述

髌骨软骨软化症又称髌骨软骨炎，是髌骨软骨面发生局限性软化、纤维化，而引起膝关节慢性疼痛的一种常见的膝关节疾病。髌骨位于膝关节前侧，主要有保护股骨关节面不受撞击，在运动时传递股四头肌力量，在运动中防止膝关节过度内翻、外翻的作用。髌骨软骨软化症，在多种运动项目中均有可能发生。

### （二）发生机制

髌骨软骨软化症的主要病变是髌骨的软骨发生退行性病变，主要可由于髌骨的急性损伤或慢性劳损导致。若在膝关节半蹲位进行反复的屈伸扭转运动，将使髌骨与股骨之间的软骨关节面相互摩擦、错动，甚至撞击。如排球的起跳落地、半蹲位防守及双膝关节左右移动，都可以导致髌骨软骨的劳损。此外，膝关节承受一次性的突然撞击，使关节软骨受到严重挤压，造成急性软骨骨折或剥脱，也可继发成为髌骨软骨软化退行性变。

### （三）常见表现

（1）有半蹲位受伤史或反复过度劳损史。

（2）一般早期症状为膝关节发软，上下楼时有无力感，休息后可缓解；中期可出现膝关节酸痛，运动后加重，在运动前进行准备活动后可减轻，一般不影响正常训练，进而可发展成半蹲发力时疼痛，在急停、起跳、上下楼时皆有疼痛，并且起跳无力；后期走路也疼痛。若股骨髁软骨损伤较重，疼痛可向膝关节后面放射，髌骨可有触痛，可有膝关节不稳定感和半蹲位痛。

（3）若滑膜炎继续发展，膝关节可活动受限，且由于髌骨软骨面粗糙不平，可出现类似交锁的症状。髌骨软骨软化症也常与膝关节其他损伤同时存在，如交叉韧带断裂和半月板损伤等。

（4）髌骨边缘指压痛。检查者一手将患者髌骨向侧方推起，另一手指压髌骨边缘，出现疼痛者为阳性。患伸膝筋膜炎者及患滑膜炎者也可为阳性，髌骨软骨软化症以内侧缘压痛居多。

（5）伸膝抗阻试验（图7-13）。检查者将一前臂放在患者患膝后侧，另一手握住其小腿前方并给一定阻力，让患者膝关节由屈曲逐渐伸直，若出现疼痛或膝关节发软者为阳性。髌骨软骨软化症患者多在30°~60°时出现疼痛，髌腱病变时疼痛多在90°左右出现。

（6）压髌股四头肌收缩试验（图7-14）。患者伸膝关节，放松股四头肌，检查者将患侧髌骨推向远端并施与一定压力，再令患者收缩股四头肌，感觉疼痛者为阳性。此时患者会小心缓慢收缩股四头肌以免疼痛加重，有时可出现假阳性，应与健侧对比。

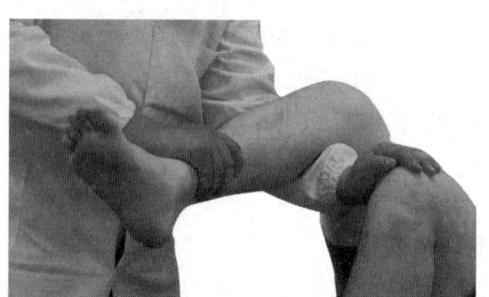

图 7-13　伸膝抗阻试验

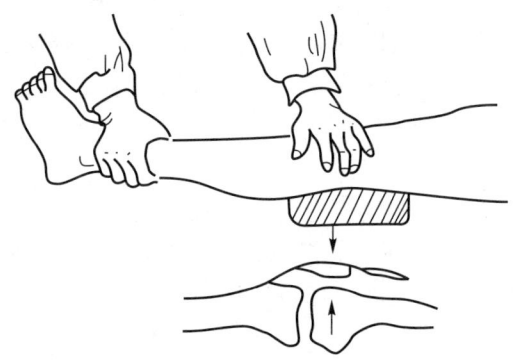

图 7-14　压髌股四头肌收缩实验

### （四）治疗手段

（1）可通过按摩手法缓解，对小腿上 1/3 到大腿下 1/3 的前后肌群采用揉、揉捏、搓的手法按摩 5~10 min，用拇指、食指的指尖揉按两侧膝眼及髌腱部位 3~5 min，在髌骨的周缘可用手指做掐法和刮法 2~3 min，最后揉按、抚摩大腿、小腿即可。

（2）可结合使用针灸方法，蜡疗、TDP、超短波等理疗也有一定效果。

（3）功能锻炼中可采用股四头肌渐进抗阻练习，如令患者患肢屈曲 70°~80°，躯干挺直，双手叉腰做弓步桩 5~30 min/次，或做马步桩 3~15 min/次，至膝关节有酸胀、发热感为宜。

### （五）预防措施

（1）运动前先活动关节。运动前充分活动关节可使髌骨关节面各个部分都受到刺激，滑液营养成分能均匀渗透到软骨组织中去，增强关节的润滑作用。

（2）避免剧烈运动。避免持续性蹲位和剧烈的运动，避免进行膝关节半蹲位的剧烈扭转、左右移动等活动避免突然改变锻炼的强度，增强力量和耐力的活动要循序渐进，逐渐加量，可佩带护具对膝关节进行保护。

（3）增强膝关节周围肌肉力量，尤其是股四头肌的力量及髌骨的功能，以预防髌骨劳损；也要加强股后肌群的力量和伸展性练习，从而有效地预防股后肌群被拉伤等。提高运动技术的精准度，纠正不正确的动作，尽量避免膝关节长期的劳损，加强自我的保护意识。

（4）保持合适体重。合适的体重能降低作用于膝关节上的重力，肥胖则会增加膝关节患退行性疾病的危险，形成恶性循环，体重越大，疼痛越重；反之，体重越轻，疼痛越轻。

（5）补充软骨营养。多食含维生素、蛋白质丰富的食物，如水果、青菜、肉类和海鲜等。

（6）注意保暖防寒。天气严寒的季节，要给关节保暖，防止风寒入侵。

（7）及时治疗。膝关节出现不适或不定位疼痛时，要考虑到早期髌骨软骨软化症的可能，要及时休息、治疗，防止关节软骨退变加重。

### 五、踝关节扭伤

#### （一）概述

踝关节扭伤是最常见的损伤，尤其是踝关节外侧韧带最易损伤。在球类、田径、滑雪、体操和跳伞等运动中发病率很高。踝关节扭伤应在急性期做好处理，为后期治疗康复奠定良好基础。同时在治疗后积极康复，以免导致踝关节不稳，反复扭伤。

踝关节韧损伤机制

#### （二）发生机制

踝关节的功能主要有背伸、跖屈、内外翻的功能。由于踝关节是复合关节，背伸同时伴随着跟骨外翻，前足的内旋；跖屈的同时伴随着跟骨内翻，前足的旋后。道路或场地不平，跳起后落地时踩到异物，失去平衡，从而导致外踝损伤。踝关节的韧带主要有外侧副韧带、内侧副韧带和下胫腓韧带。踝关节韧带扭伤，常常发生在外侧副韧带，主要是因为：① 外踝较内踝长 0.5 cm；② 内侧三角韧带较外侧韧带坚强；③ 距骨体前宽后窄，当跖屈时，关节不稳，允许较大的侧向和内旋；④ 旋后肌群比旋前肌群有力。因此，踝关节旋后位受伤引起外踝扭伤较为多见。

踝关节扭伤

**（三）常见表现**

（1）踝关节扭伤有急性扭伤病史。

（2）其症状主要变现为踝关节内侧或外侧剧烈疼痛，活动受限，跛行或不能行走。

（3）体征：肿胀、畸形、皮下瘀斑，压痛点位置可确定损伤的部位。

**（四）辅助检查**

（1）X 线检查，摄踝关节正、侧位片，可以区别骨折、脱位或韧带损伤。

（2）当无法排除骨折时，应进行踝关节 CT 检查，为明确具体损伤的软组织，可进行 MRI 检查。

（3）踝关节抽屉试验（图 7–15）。患者仰卧位，一手稳定住患者小腿远端前侧，另一只手抓住患者的跟骨。将患者踝关节向前后拉动，以判断是否存在韧带损伤。

（4）踝关节内外翻试验（图 7–16）。将踝关节被动内翻或外翻，检查内、外侧韧带损伤程度（足内外翻时，踝关节活动范围是否变大或松动）。再将踝关节外翻，以检查内、外侧韧带损伤程度。

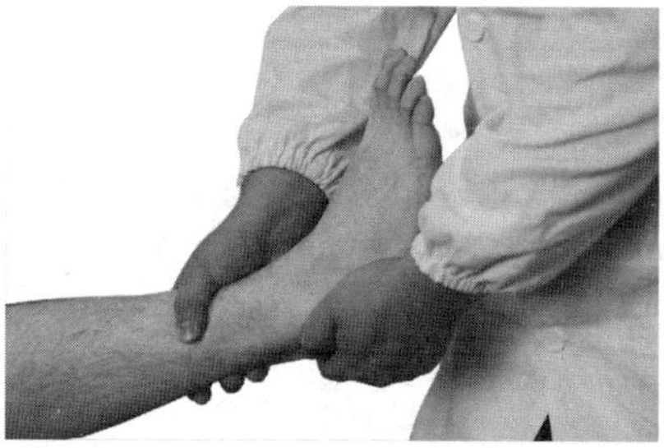

图 7–15 踝关节抽屉试验

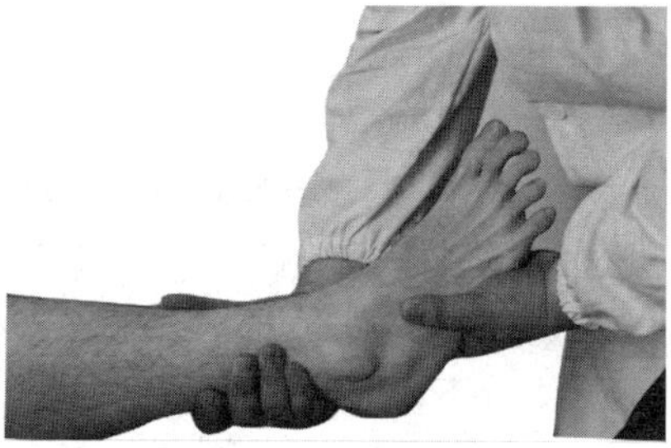

图 7–16 踝关节内外翻试验

**（五）治疗手段**

（1）如果是踝关节韧带捩伤与部分断裂，急性期按 PRICE 原则处理。

（2）早期局部外敷新伤药，并配合轻柔推拿手法治疗。

（3）中期，配合针灸及按摩治疗等。

（4）后期，在针灸、按摩基础上，配合体育疗法，如进行踝关节主动屈伸练习，加强踝关节周围肌肉力量，增强稳定性。

（5）如果踝关节韧带完全断裂，或手术意愿强烈者，可考虑采取手术修补韧带。一般无需手术治疗，若无特殊要求者，可通过体育疗法加强踝关节周围肌肉力量，增加踝关节稳定性。

### （六）预防措施

注意热身和放松活动，经常扭伤者，运动时佩戴合理的护具，或使用肌内效贴保护，必要时以"8"字绷带固定；同时加强踝部肌肉力量训练，增强踝关节的稳定性和灵活性。选择规范安全的训练场地，避免因场地不平整增加踝关节扭伤的概率，注意技术动作的规范性。对于反复踝关节扭伤者，应加强踝关节肌力和稳定性练习：

（1）提踵练习。患者站立，双腿分开与肩同宽，慢慢踮起脚尖，直到用脚尖站立，然后慢慢放下脚后跟站稳，整个过程控制在 10 s，5 次为一组。

（2）八字提踵练习。患者站立，双腿呈内八字或外八字分开，慢慢踮起脚尖，直到用脚尖站立，然后慢慢放下脚后跟站稳，整个过程控制在 10 s，5 次为一组。该练习与单纯提踵练习互补，能全方位锻炼踝关节周围软组织及增强小腿肌力，提高踝关节稳定性。

（3）抗阻练习。配合弹力带，行踝关节抗阻背屈、跖屈及内外翻练习。每次保持 10 s，每 5 次一组。该练习能有效提高踝关节周围肌肉力量，增强关节活动度。

## 六、跟腱腱围炎

### （一）概述

跟腱腱围炎是指跟腱腱纤维组织、腱围组织及其跟腱下滑囊的创伤性炎症，在跳跃运动中较为多发，其次在篮球、体操、羽毛球运动中也较为常见。

跟腱是人体最大的肌腱，其上端连接小腿腓肠肌和比目鱼肌，下端止于跟骨。跟腱周围是"腱围"，由 7~8 层润滑层组成，每层之间可以相互滑动，以适应踝关节的屈伸运动。成年后，跟腱上下两端的血供和营养较为丰富，而中段血供较少，管径较细，因此跟腱中段较易发生跟腱腱围炎。跟腱的主要功能是跑、跳和行走时的提踵。

### （二）发生机制

可由急性损伤和慢性劳损导致，如在一次猛烈踏跳或蹬地后，小腿三头肌突然急剧收缩，拉伤跟腱及腱围组织而发生急性炎症；或在运动中小腿三头肌过多强烈收缩，使跟腱及腱围组织反复受到牵扯和摩擦，长期则易形成劳损；不合适的运动鞋对足跟部的局部长期磨损也可能导致跟腱腱围炎的发生。

### （三）常见表现

大多数患者有踝关节过多屈伸的受伤史。早期可在用力踏、跳或后蹬时跟腱部位疼痛，或在运动前、运动后感觉疼痛，准备活动后疼痛可减轻。若未给予重视或未及时治疗，继续重复受伤动作，可导致疼痛加重，准备活动后疼痛不减轻，以致走路、上下楼梯时都有疼痛，甚至影响正常训练和比赛。

检查时可见跟腱轻度肿胀，有明显压痛，可触及捻发音，足抗阻跖屈试验时疼痛加重。晚期跟腱可梭形变粗，可在跟腱周围触及条索状发硬组织。

### （四）治疗手段

急性期应立即停止所有运动，并用支持带进行保护，可行针灸、理疗、中药外敷等治疗方法。慢性期也可进行针灸、理疗、按摩等治疗，按摩时患者俯卧位，在小腿及足部下面放一枕头，由轻到重、由浅到深揉捏小腿三头肌数次，以患者有明显酸胀感为宜，最后抖动放松；拇指、食指揉捏跟腱，在痛点及有硬结处多揉按以松解粘连；用拇指尖紧贴跟腱硬结处进行刮剥，力度适中，使患者有酸胀感为宜；检查者一手握住患者患肢足部将其抬起，使膝、踝关节微屈曲，并使跟腱充分放松，另一手指或手掌自上而下或自下而上反复轻轻拍打其小腿部及跟腱，缓慢、大幅度的摇晃踝关节，以患者不觉疼痛为宜，最后以抚摩小腿至跟腱部结束。在症状消失进行功能恢复锻炼时，可进行慢速全脚掌着地跑，跑步从短距离开始逐渐加长。晚期保守治疗无效者可考虑手术治疗。

### （五）预防措施

在运动前应穿着松紧恰当、舒适的运动鞋，减少不合适的鞋子对足跟部的挤压及磨损；合理选择运动场地并进行充分的准备活动；同时合理安排运动量和运动负荷，规范技术动作，以尽量避免跟腱过度磨损；已有慢性损伤者应佩戴护具；每次运动后应进行适当的小腿后侧肌肉及跟腱的拉伸、放松或热敷，以缓解肌肉及跟腱的疲劳，预防跟腱腱围炎的发生（见第六章拉伸技术）。

## 第六节　脊柱部常见运动损伤

脊柱部常见运动损伤包括颈部损伤、胸背部损伤及腰骶部损伤，病因以慢性劳损多见。

颈部常见的损伤有颈椎病和颈椎间盘突出症，多与颈部习惯不良有关，多出现局部疼痛、僵硬及活动受限，重者可见神经症状。颈部急性损伤可见于落枕和颈部肌肉拉伤，疼痛较为剧烈，活动受限程度较重。

胸背部损伤多见肌肉拉伤或挫裂伤，可伴发血肿或呼吸运动受限，最常见的慢性运动损伤为胸廓出口综合征，即可见于先天颈肋畸形，也可见于后天斜角肌损伤。

腰骶部最常见损伤为腰肌劳损、腰椎间盘突出症及腰背肌筋膜炎。除局部疼痛僵硬外，还可放射性地引起下肢神经症状，而腰椎管狭窄症可通过患者是否出现间歇性跛行而与腰椎间盘突出症作初步鉴别诊断。骨盆旋移症往往是引起下肢力线改变和腰骶部疼痛的重要因素，除骶髂关节外，脊柱区其他小关节也容易因运动姿势不良而发生紊乱，对于小关节紊乱需尽早整复，以免影响其他关节。腰骶部急性损伤可见于急性腰扭伤，此时应排除腰椎骨折，对于脊柱区的骨折而言，应及早固定制动并就医，以免骨折移位造成脊髓损伤。

### 一、颈椎病

#### （一）概述

颈椎病是由于外伤或慢性劳损导致颈椎发生退行性改变及其继发病理改变累及其周围组织结构，如神经根、脊髓、血管、筋膜等，而引起的各种症状和体征的综合征。临床常见神经根型、椎动脉型、脊髓型、交感神经型及颈型颈椎病。尤其是在游泳、排球、体操等运动项目中发病率较高。

▶ 颈椎病的运动康复

#### （二）发生机制

反复劳损导致椎体移位，骨赘形成。也可导致椎管内黄韧带肥厚、钙化，引起椎管狭窄，脊髓受压。颈椎小关节如钩椎关节、椎间关节等增生形成骨刺，压迫刺激神经根。颈椎病后期，颈椎小关节囊松弛，也会导致神经根受压加重。颈部活动时，突出的椎间盘及骨刺可刺激椎动脉及交感神经，导致大脑缺血及交感神经功能紊乱等情况发生。

### (三) 常见表现

颈椎病的主要表现为：痛、麻、僵、晕。其中，神经根型有上肢麻木及放射性疼痛；椎动脉型可伴有头晕、头痛、耳鸣等症状；脊髓型可出现缓慢进行性下肢麻木、冷痛、运动障碍；交感神经型可见视物模糊、心率加快、血压升高、恶心呕吐等症状。神经根型颈椎病患者可见臂丛神经牵拉试验及椎间孔挤压试验阳性。

1. 臂丛神经牵拉试验（图 7-17）

患者坐位，检查者一手扶患者头部，一手握患者腕部，双手对向推拉，如患者出现被牵拉手疼痛、麻木即为阳性。推拉的同时配合患肢内旋即为臂丛神经牵拉加强试验。

2. 椎间孔挤压试验（图 7-18）

患者坐位，头后伸并偏向患侧，检查者双手于患者头顶向下加压，患者如出现颈部疼痛并向上肢放射即为阳性。

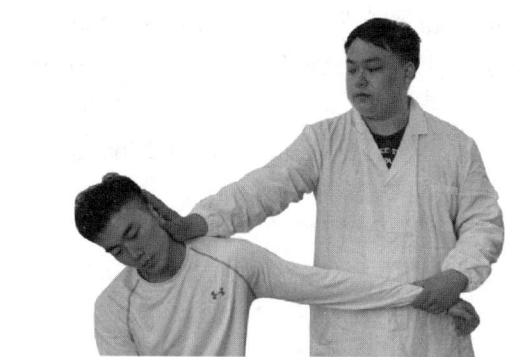

图 7-17　臂丛神经牵拉试验

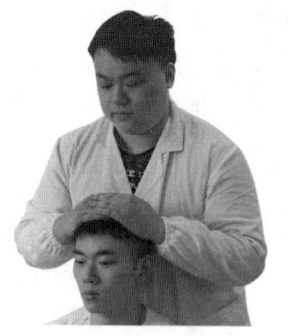 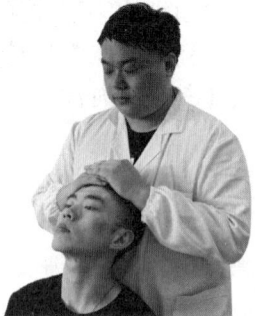

图 7-18　椎间孔挤压试验

## （四）治疗手段

急性期可采取颈椎牵引法，以减轻对神经根和脊髓的压迫，也可使迂曲的椎动脉得到拉伸。同时配合电针、艾灸、手法、药物等治疗，一般针灸选取的穴位有后溪、天柱、风池等穴，手法以放松斜方肌、肩胛提肌及竖脊肌等肌肉为主，手法治疗时可配合使用舒活酒和扶他林等外用药物。

## （五）预防措施

（1）预防颈椎病的关键因素在于动作合理规范，不能长期反复进行某一项动作，如颈部前屈、颈部侧弯等，常见于跳水等项目，以及运动员玩手机。

（2）运动前充分进行热身活动以激活颈部肌肉，也是预防颈椎病发生的重要手段。

（3）对于颈部紧张的肌肉，如上斜方肌、肩胛提肌、斜角肌和枕下肌群等，可常予以牵拉放松，改善颈部活动度不足。

（4）对颈深屈肌，如颈长肌、头长肌、头前直肌和头外侧直肌等，须加强相关肌肉力量训练，增强颈部肌肉力量，维持寰枕关节稳定，改善颈椎屈伸运动异常。

（5）对前锯肌、斜方肌中下束和菱形肌进行力量训练，松解胸大肌、胸小肌，改善颈部不良体态，如上交叉综合征。

## 二、腰肌劳损

### （一）概述

腰肌劳损是由于腰背部肌肉与韧带、筋膜长期紧张或被牵扯，逐渐积累产生的慢性损伤，或因急性腰扭伤未获得及时有效治疗，而演变成慢性腰背肌肉劳损。常见于自行车、曲棍球、划艇等需要长期保持弯腰动作的运动项目。常见损伤有：腰肌筋膜劳损、棘上韧带劳损及第三腰椎横突综合征。

▶腰痛的运动康复

### （二）发生机制

长期过度弯腰或腰部姿势不良，腰部肌肉、韧带、筋膜等软组织长期保持紧张状态，长时间疲劳的积累导致软组织缺血缺氧，营养代谢障碍，或由于软组织撕裂等原因产生无菌性炎症反应，导致腰部出现疼痛不适。也可见于急性腰扭伤以后，早期失治，反复发作，最终引起肌肉筋膜充血粘连，从而出现腰痛缠绵不愈。

### （三）常见表现

腰肌劳损最常见的症状就是腰部疼痛，并时常波及腿。其疼痛主要表现为酸痛、胀痛，尤其在阴雨天或劳累后加重。有时可向臀部及大腿后外侧放射，但一般不超过膝关节。长期保持某一个姿势，如久站久坐，可导致疼痛加重。就腰肌劳损而言，直腿抬高试验一般为阴性，但在腰部的竖臀肌或腰方肌等部位可触及多个压痛点。棘突压痛多为棘上韧带劳损，腰臀区广泛压痛多为腰肌筋膜劳损，而第三腰椎横突尖压痛并时有向下肢放射感多为第三腰椎横突综合征。

### （四）治疗手段

首先应去除导致劳损的因素，同时配合针灸、推拿、药酒药膏等治疗。针灸选穴多为：肾俞穴、大肠俞穴、腰阳关穴、命门穴、委中穴及局部阿是穴，对于腰部冷痛者，则可对以上穴位采取灸法。推拿的目的主要是为了放松紧张的软组织，松解粘连，主要对竖脊肌、臀肌等部位采用揉、滚、推、按压、叩击等手法，对局部阿是穴可采用指针点穴。在操作过程中，不宜采取暴力手法，应柔和、灵动、渗透，以免加重局部炎性反应。对于痛点较多、病变范围较广的患者，运用舒活酒配合腰背部走罐也是一种良好的治疗方式，可以有效改善局部软组织粘连紧张。

### （五）预防措施

（1）在运动过程中尽量要避免过多重复腰部某一固定动作，应不断变换腰部动作。

（2）运动前应注意充分进行热身运动，运动后应做腰部牵拉动作以缓解肌肉疲劳。

（3）对于腰部活动度不足，如腰方肌、髂腰肌、竖脊肌、臀肌、腘绳肌和股直肌紧张，则应做好相关肌肉拉伸。

（4）对于腰腹部肌力不足，如腹直肌、腹横肌、腹内外斜肌、竖脊肌、多裂肌肌力不足或激活不足等情况，应予以激活，并进行相关肌肉力量训练：仰卧卷腹、腹桥、侧桥、臀桥和平板支撑等。

## 三、腰椎间盘突出症

### （一）概述

腰椎间盘突出症又名腰椎间盘纤维环破裂及髓核突出症，是指腰椎间盘发生退行性改变，在某些致伤因素影响下，纤维环部分或完全破裂连同髓核向外突出或脱出，压迫神经或脊髓而致腰痛伴一侧或双侧坐骨神经放射性疼痛的临床综合征。最常发生于 $L_{4\sim 5}$ 和 $L_5\sim S_1$ 之间。

腰椎间盘突出是常见的运动创伤之一，运动性腰椎间盘突出症多见于举重、跨栏、投掷和体操运动员，它会影响体育教学与训练，甚至会减短运动寿命。

腰椎间盘突出症的发生机制

### （二）发生机制

腰椎间盘是由纤维软骨环、髓核及软骨板构成的复合结构，整个脊柱共有 23 个椎间盘，其中腰部有 5 个椎间盘。在脊柱运动的过程中，椎间盘可视为一微动关节，在脊柱前屈时，髓核后移；脊柱后伸时，髓核前移。

在椎间盘发生退行性改变的基础上，当腰椎间盘突然或连续受到不平衡外力作用时，椎间盘的纤维环可能会破裂，这会导致髓核发生突出。椎间盘纤维环容易破裂的内因是随着年龄增长，髓核组织水分减少而失去弹性，椎间隙变窄，周围韧带松弛。外因是急性或慢性损伤。

椎间盘突出后对其附近组织的压迫和刺激会引起局部充血、水肿等无菌性炎症，进而形成粘连或神经变性。炎症性化学物质的刺激和突出物机械性压迫硬脊膜和神经根，均会引起一系列临床症状。

该损伤多见于举重、跨栏、投掷、体操和艺术体操运动员，由于缺乏医务监督，身体局部解剖生理特点与专项技术动作特殊性要求间不能相互适应，即腰部动作不规范，容易诱发本病。如举重运动员举起杠铃时腰部突然伸直或体操运动员在做动作时脊柱屈伸旋转姿势不当均易诱发本病。

依据突出程度的轻重，可分为腰椎间盘膨出、腰椎间盘突出、腰椎间盘脱出三类。

### （三）常见表现

1. 受伤史

多在 20~60 岁发病，约 2/3 病人有举重物或剧烈运动的明显外伤史，多在弯曲扭伤后发病，也有患者与受凉有关。运动员发病多为某一动作后急性发病。

2. 症状

腰部伴有单腿放射痛，表现为坐骨神经痛，少数病例只有腰痛或腿痛，偶有两侧腿痛或交替痛，腰痛可在咳嗽、打喷嚏、排便或久站久坐时加重。有的病人有间歇性跛行表现。

3. 检查

腰椎侧凸呈"S"形，平直或后凸，脊柱活动受限，尤以伸展受限明显。有1/3病人骶棘肌痉挛。在腰椎某处的横突间或棘突旁可有局限性深压痛点，用力按压或叩击时出现向患侧下肢的放射痛。这对定位腰椎间盘的突出部位有重要意义。

（1）直腿抬高试验。患者仰卧位，医生将一侧腿直腿抬起，有腿或足麻、痛者为阳性（图7-19）。检查者记录时应注明腿抬高的角度，运动员和一般人不同，一般人只能抬到90°，而体操、跳高运动员，柔韧性好，抬腿角度大，有窜麻感即属阳性。

（2）直腿抬高试验加强试验。该试验又称直抬腿勾脚试验，检查方法大体与直腿抬高试验相同。当直腿抬高出现腿足痛、麻时，医生将腿稍稍放低一点，症状消失，这时如果将足背伸。症状又反复出现即属阳性。

（3）脑脊液加强试验。压静脉试验、挺腹闭气试验及压腹咳嗽试验等准确率也很高。

（4）股神经牵拉试验。主要用于检查 $L_3 \sim L_4$ 椎间盘突出症（图7-20）。

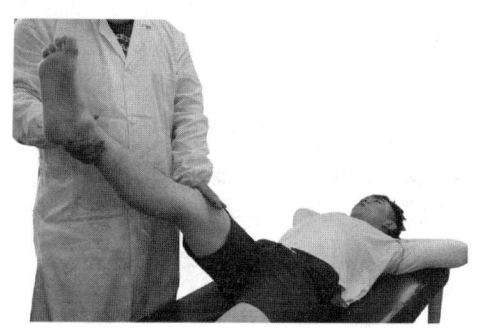

图7-19　直腿抬高试验

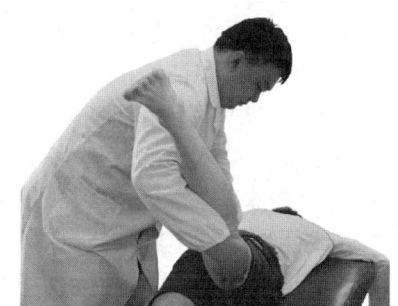

图7-20　股神经牵拉试验

4. 神经定位检查

可见有 $L_5$、$S_1$ 支配区的肌肉功能减低，如踝关节及趾背伸力减弱或趾及踝关节跖屈力减弱，膝反射及踝反射改变，股内侧肌（见于 $L_3$、$L_4$ 椎间盘突出）、小腿前外侧肌群（见于 $L_4$、$L_5$ 椎间盘突出）及腓肠肌（见于 $L_5$、$L_6$ 椎间盘突出）有萎缩。

此外，患者可能会有括约肌功能障碍，表现为会阴部麻木、排便排尿无力、大小便功能障碍，见于中央型腰椎间盘突出症患者。

5. 辅助检查

（1）X线检查。可检查出有无骨折、结核、肿瘤、增生、类风湿等改变，同时可显示出正位片椎间隙由左右不等宽变为前后等宽、侧位片由正常的前宽后窄变为前窄后宽等。

（2）CT、MRI等检查。可确定诊断并明确病变具体情况。

（3）肌电图检查。该检查对神经损害的诊断有帮助，并可协助确定损伤节段。

### （四）治疗手段

1. 非手术疗法

应以非手术疗法为主，非手术治疗的目的是解除重力压迫，清除神经根炎症，从而缓解或消除症状。

（1）卧床休息。绝对卧床休息是最基本保守疗法。它可降低椎间盘内压，有利于突出过程的停止及修复，有利于神经根水肿及出血的消除。一般卧床2~3周，症状会有所缓解。

（2）牵引。牵引是治疗腰椎间盘突出症及某些腰痛的常用方法。牵引方法有骨盆带牵引、手法牵引和机械牵引，牵引种类可分为持续牵引、瞬间急骤牵引和自身重量牵引。

（3）理疗。理疗包括短波和超短波透热疗法、红外线疗法、湿热敷和药物离子透入等。

（4）支持疗法。该疗法使用腰围或支持带，但不宜长期使用以免造成腰肌萎缩。

（5）按摩治疗。在腰部和腿部采用按揉、抚摸和滚等手法以便腰背肌肉放松，然后用侧位斜扳法、牵引按压法、坐位旋转推棘法和抖法等手法，从而利用躯干的杠杆作用将腰椎旋转、屈曲、牵拉，进而利用韧带挤压力使突出物部分还纳以减轻症状。

（6）封闭疗法。该疗法适用于刺激症状较重的患者，常用方法有腰椎间孔封闭、硬脊膜外腔封闭和骶管封闭等，但使用该疗法时应注意无菌操作和可能出现的过敏反应，且不宜长久使用。

（7）药物治疗。口服消炎止痛药、肌松弛药、镇静药、营养神经药及改善血液循环药等。神经根性疼痛明显时，也可短程静滴氢化可的松100 mg和地塞米松10 mg加入10%葡萄糖注射液以500 mL稀释，静滴3~5天，不宜超过一周。

（8）其他疗法。如髓核化学融解疗法、脊神经后支电烙术、冷冻术等。

2. 手术疗法

手术途径有前路和后路手术。近年来又开展了经皮穿刺腰椎间盘镜下直视切除术。术后宜卧床 1~2 周，可在腰围保护下起床，3 个月内不可参加体力劳动。

手术治疗优良率在 80%~90%，但并发症也较多，如伤口感染、神经根损伤、马尾损伤、硬膜破裂、神经根粘连、椎间盘突出复发和大出血等。

### （五）预防措施

（1）在运动的过程中，要注意热身运动的充分，以免突然暴力对椎间盘产生冲击而导致纤维环破裂。

（2）对弯腰工作多、负重大的运动，应尽量避免两膝伸直弯腰位抬重物，并尽量采取屈膝和屈髋的方法达到上述目的。

（3）注意自我调节，避免长期做反复单调的动作，防止过度疲劳，避免脊柱过载，以免促使和加速退变。

（4）腰椎间盘突出症的预防要点在于提高核心肌群的肌力，加强腰部的稳定性。对于腰腹部肌力不足的情况，如腹直肌、腹横肌、腹内外斜肌、竖脊肌和多裂肌肌力不足或激活不足，应予以激活并进行相关肌肉力量训练，如仰卧卷腹、腹桥、侧桥、臀桥和平板支撑等训练。以上动作都能有效地练习核心肌力，在刚开始练习的时候，可以适当降低难度，然后循序渐进以保证安全。

（5）对于腰部活动度不足的情况，如腰方肌、髂腰肌、竖脊肌、臀肌、腘绳肌和股直肌紧张，应做好相关肌肉的拉伸活动。注意在腰椎间盘突出症发作期，尽量少进行弯腰动作，以防止突出物压迫神经，加重症状。

（6）对于有神经症状的，应加强神经肌肉的柔韧性练习。

## 第七节　常见损伤部位的康复训练

### 一、肩部损伤的康复训练

肩关节是人体活动度最大的关节。肩带由盂肱关节、肩锁关节、胸锁关节、肩胛胸壁间关节及肩峰肱骨间关节 5 个关节组成。肩带的肌肉很丰富，肩带的各方向运动（上抬、下降、外旋、内旋、外展和内收）和肩关节的运动（前屈、后伸、外展、内收、外旋和内旋）均由主要肌群和辅助肌群协调完成。因此，肩部运动是诸关节和有关肌群的复杂协调运动，肩部的任何一个关节和任何一块较大的肌肉损伤，均将不同程度地影响肩部运动。

运动锻炼时，肩关节可以完成一系列复杂的大范围的动作。肩部活动在体操、游泳、投掷、排球、篮球和垒球等运动中占有重要的地位。

肩部动力系统失衡多由于肩胛提肌、胸大肌、胸小肌、背阔肌和冈下肌等紧张，活动度不足；肩胛带前锯肌、斜方肌中下束、菱形肌、冈下肌、小圆肌、大圆肌和肩胛下肌等肌力不足导致。以上通常会导致肩肱节律异常、肩胛胸壁关节稳定性下降、肱骨头在关节盂中滚动—滑行功能失衡等。

肩部康复训练方法如下：① 等长练习；② ROM 练习；③ Codman 练习（钟摆运动，水平位运动，牵伸运动）；④ Kerlan 练习（Codman 钟摆运动，肩部前推，后伸和耸肩运动）；⑤ 橡皮管练习；⑥ 墙上拉力器练习；⑦ 哑铃练习；⑧ 等张练习。

肩部的功能恢复以可动区域和肌肉力量的恢复为目的。可动区域的恢复主要采用活性化治疗的方法，使用静力训练方法可以缓解其疼痛。如果已具有相当的力量，则可以使用橡皮筋进行活性化肌肉力量强化训练，尤其对肩部后侧的肌肉力量应有意识地进行强化训练。

## 二、膝关节损伤的康复训练

膝关节在运动中易发生损伤，如髌骨软骨病、膝半月板损伤、髌韧带损伤、伸膝筋膜炎和膝交叉韧带损伤等。膝关节运动损伤可发生在各个项目的运动员身上，尤其以体操、田径、球类、举重和摔跤运动员为多见。

### （一）膝关节损伤的分期康复训练

（1）第一期。该期出现在下肢固定期，应进行：① 股四头肌最大等长收缩；② 腘绳肌练习；③ 股四头肌和腘绳肌的联合收缩练习；④ 直腿上抬练习；⑤ 髋关节练习；⑥ 足踝部练习；⑦ 腰背部康复训练。

（2）第二期。该期从去除石膏，准许屈膝开始。① 除继续进行第一期各动作的康复训练外，增加屈膝及屈髋的各项练习，同时可用热水袋热敷或中药热敷膝关节；② 腘绳肌的等张练习；③ 促进神经肌肉功能恢复的本体促进法练习；④ 治疗师用徒手做抗阻，协助患者进行练习；⑤ 骑自行车练习。

（3）第三期。该期从膝活动范围 90°以上，关节不痛后开始。应进行：① 股四头肌和腘绳肌的等长收缩；② 等速练习；③ 等张练习；④ 鹅足练习。

### （二）膝关节的运动功能康复

**1. 半月板损伤**

其功能恢复的重点为恢复膝关节的可动区域及强化股四头肌，特别是要对膝关节上方内侧的股内侧肌进行强化，因为这些肌肉会加强膝关节稳定性，牢固地把膝关节锁住，但是膝关节受到撞击时它们就会萎缩，从而变得软弱无力。与此同时，强化拮抗肌的腘肌腱、小腿部肌肉也是非常必要的。功能恢复的目标为大腿的直径和最大肌力同另一条健康的腿相比具有同等或同等以上的水平。

**2. 髌韧带的炎症、髌骨软骨软化症和滑膜囊损伤**

其功能恢复以恢复股四头肌的柔韧性为主要内容。由于Q角度的被破坏及膝关节经常发生扭伤，因此获取大腿肌肉的平衡、恢复正常的膝关节屈伸是非常必要的。为此在获得踝关节正常活动的同时，强化髋关节的肌肉也是很重要的。X型和O型腿如果是天生的则不易恢复，但其大多数是由不均衡地使用肌肉造成的，所以为获取均衡的肌肉力量所进行的强化练习使其恢复正常是很有可能的。

**3. 鹅足炎和髂胫韧带炎**

两者都是由过度训练使肌肉变得僵硬引起的，所以其功能恢复主要以获取肌肉的紧张为中心。因为对连接在鹅足腱及髂胫韧带周围腱的治疗效果不是很明显，所以在恢复以臀大肌和臀中肌为首的髋关节周围肌肉柔韧性的同时，恢复腘肌、股四头肌、胫前肌、小腿肌及下肢肌肉的紧张是最佳的治疗方法。只要踝关节、膝关节和髋关节的可动区域恢复到了正常状态，其他问题也就迎刃而解了。

### 三、小腿运动损伤的康复训练

常见的小腿运动损伤有趾长肌腱断裂和跟腱断裂。趾长肌腱断裂时，保守治疗的原则是防止粘连。预防这种粘连的最好方法是受伤后平卧床上，足下垫枕，将踝关节置于背屈90°的位置上。一般2周后可恢复运动训练。跟腱全断裂的保守疗法是采用长腿石膏将踝固定于自然跖屈位8周，再垫高后跟，练习走路4周，然后进行系统的康复训练。

### （一）康复训练可分为以下三期进行

（1）第一期：固定期。术后第1~5周，主要进行全身锻炼、股四头肌等长练习和足趾活动。术后第3周剪去膝上石膏，练习膝关节屈伸和在床上练习踝屈伸运动。下床活动时，以短腿石膏托为保护。第4周后，可用热水泡足、蹬固定自行车和滚动医疗球等练习踝屈伸运动。但下地时仍应戴上石膏托。第5周开始垫2.5 cm高的鞋后跟，先持拐练习走路，以后逐渐弃拐，后跟逐渐降低。

（2）第二期。功能锻炼期。术后6～12周，练习踝关节屈伸运动，防止术后粘连和功能障碍，加强小腿肌力练习。开始练习提足跟和小范围起蹲，逐渐恢复膝关节和踝关节全关节范围的运动能力，为恢复运动训练作好准备。术后两个半月到三个月开始慢跑。

（3）第三期。运动能力恢复期。术后14～16周开始训练。术后三个半月至四个月开始部分专项训练，如垫上运动、原地小翻和小速跑等。据统计，约60%的患者在术后6～7个月可恢复正常的运动训练。

### （二）小腿运动功能的康复训练

1. 跟腱的损伤

其功能恢复的主要目的是增加踝关节的柔韧性、强化小腿部的肌力、纠正跟骨的倾斜度及恢复标准的三点支撑。如果踝关节的三点支撑面得不到恢复，疼痛就不会消失。跟腱疼痛消失后，一定要更换用鞋。长时间穿同一双鞋，鞋变偏时致使三点支撑着地困难，这也是踝关节挫伤及跟腱炎恢复缓慢的原因。

2. 小腿前部的疼痛

其功能恢复的主要目的是获得小腿肌肉的均衡和恢复踝关节的活动范围，即恢复小腿肌肉的弹性及进一步提高其柔韧性。具有弹性的肌肉可以缓冲对小腿的冲撞力，当然这一切必须在足部获得了三点支撑的基础上进行。减轻对小腿部的外力还必须收紧大腿及臀部的肌肉。为减轻炎症，在练习前、后要进行冷敷、按摩。

## 四、踝关节和足部损伤的康复训练

### （一）踝关节和足部运动损伤后的康复训练大致可分以下五期：

（1）第一期。急性期可进行冰敷或冷敷、弹性绷带加压包扎和抬高患肢。

（2）第二期。为伤后5～10 d，康复训练的内容为：① 在冷浴水中进行踝关节运动和跟腱牵伸运动；② 冷（或冰）热敷交替进行，开始和结束时均为冷敷；③ 踝背屈、跖屈、外翻的练习；④ 全身运动；⑤ 当疼痛、肿胀明显时，康复训练结束前进行 30 min 局部冰敷和肢体抬高。

（3）第三期。为伤后 2~3 w，康复训练的内容为：① 同第二期康复训练；② 练习行走和足前部站立（双足或单足）；③ 腓骨长短肌肌力练习；④ 腓骨长短肌、足底肌和跟腱的牵拉练习；⑤ 等速练习；⑥ 臀中肌肌力训练。

（4）第四期。伤后 4~6 w，康复训练的内容为：① 在等张练习器上做增强踝部肌肉力量的训练（即增加负荷的训练）；② 在斜板上进行平衡练习；③ 原地跑、直线慢跑等练习；④ 跳绳练习。

（5）第五期。伤后 8~12 w，康复训练的内容为：① 短跑练习；② 向后跑练习；③ 侧跳、跳跃过木凳等练习；④ 滑步跑、交叉跑、8 字跑等练习；⑤ 专项运动练习。

**（二）踝关节和足部运动功能的康复训练**

1. 足部功能恢复

其主要目的是增加足趾和踝关节的灵活性、扩大可动区域。功能恢复训练以足内部肌肉的屈伸、收缩，小腿肌肉的收缩及小腿的屈伸为主，要进行足趾的屈伸及充分的胫骨前肌收缩练习。在这个基础上还必须学习用全脚掌着地然后过渡到前脚掌扒地的跑步方法。

2. 踝关节的功能恢复

其主要是恢复踝关节正常的可动区域和三点支撑的作用。正确的着地方法及对疼痛的处理都是不可缺少的。开始跑步就感觉有疼痛时，对其疼痛的处理是最为关键的。疼痛加重时应降低运动速度或者停止训练。训练前应进行热敷，训练结束后则应进行冷敷。

## 五、腰背部损伤的康复训练

早期恢复无痛范围的活动是继续腰背部损伤康复训练的关键，应重视早期的对症处理，尤其是疼痛控制。

腰背肌和腹肌的力量减弱，影响了腰椎的稳定性，是腰痛迁延难愈的原因之一。因此，应重视腰背肌和腹肌的锻炼，只有腹肌与腰背肌保持适当平衡，才能维持良好姿势及保持腰椎的稳定。

运动员的腰背部损伤多见于腰背部肌筋膜炎、腰椎间盘突出症、腰椎椎板骨折、椎体骨骺炎和急性腰扭伤等。通常当受伤运动员症状初步缓解后，当急性期过去后，为了达到加速治疗和预防再损伤的目的，宜尽早开始卧床时的腰背肌和腹肌锻炼。腰背部康复训练方法：

（1）腰背肌练习。取俯卧位，做过度背伸动作（拱桥练习），助手扶住双小腿，两手抱头做背伸练习（燕式平衡）。

（2）腹肌练习。如仰卧起坐练习、半坐位腹肌练习、仰卧位三点或五点支撑练习。

（3）骨盆肌练习。屈膝做下肢内收抗阻练习或抬高臀部练习。

（4）腰滚动练习。坐位屈膝，两手抱膝向后滚动。

（5）背部柔韧性练习。取仰卧位，两上肢伸直，两下肢及臀部抬起，以背部支撑维持 20～30 s；以肩部支撑，两下肢伸直，维持 20～30 s。

（6）腰大肌牵伸练习。仰卧床边，一侧屈膝，另一侧落下做拉伸。

以上姿势维持 8～10 s，重复 10 次。当恢复下地活动时，开始负重训练。在疼痛得到控制后，要加强脊柱的柔韧性训练，以腰前屈训练为主。上述练习对患有腰腿痛、腰背部肌筋膜炎和单纯性腰椎压缩性骨折恢复期的患者康复训练时适用。

## 复习思考题

1. 急性大腿部肌肉拉伤的处理原则？
2. 简述膝关节半月板损伤的特殊表现及理学检查手段。
3. 颈椎病患者在运动中应该注意哪些问题？
4. 腰肌劳损的治疗手段是什么？
5. 指间关节急性扭伤应做哪些处理？

扫一扫：即测即评

# 主要参考文献

［1］王安利．运动医学［M］．北京：人民体育出版社，2008．

［2］姚鸿恩．体育保健学［M］．北京：人民体育出版社，2001．

［3］冯连世，李开刚．运动员机能评定常用生理生化指标测试方法及应用［M］．北京：人民体育出版社，2002．

［4］曲绵域，于长隆．实用运动医学［M］．4版．北京：北京大学医学出版社，2003．

［5］Cobb KL, Bachrach LK, Greendale G, et al. Disordered eating, menstrual irregularity, and bone density in female runners［J］. Med Sci Sports Exerc, 2003, 35（5）: 711-719.

［6］Barrack MT, Rauh MJ, Barkai HS, et al. Dietary restraint and low bone mass in female adolescent endurance runners［J］. Am J Clin Nutr, 2008, 87（1）: 36-43.

［7］谢幸，苟文丽．妇产科学［M］．8版．北京：人民卫生出版社，2013．

［8］田朝霞，敖炼，李红梅．青春期高血压的研究进展［J］．全科护理，2017，15（21）：2601-2603．

［9］美国运动医学会．ACSM运动测试与运动处方指南［M］．9版．王正珍，等译．北京：北京体育大学出版社，2015．

［10］廖八根．运动医学［M］．广州：广东高等教育出版社，2015．

［11］刘明军．实用推拿技术［M］．北京：中国中医药出版社，2016．

［12］华景梅，王成，厉丽玉．现代运动医学技能评定、医务监督、临床诊疗与运动性伤病防护、保健康复及营养实务全书［M］．呼和浩特：远方出版社，2004，872-874．

［13］孟刚．户外运动［M］．北京：北京师范大学出版社，2008．

［14］王煜．运动软组织损伤学［M］．成都：四川科学技术出版社，2010．

## 郑重声明

高等教育出版社依法对本书享有专有出版权。任何未经许可的复制、销售行为均违反《中华人民共和国著作权法》，其行为人将承担相应的民事责任和行政责任；构成犯罪的，将被依法追究刑事责任。为了维护市场秩序，保护读者的合法权益，避免读者误用盗版书造成不良后果，我社将配合行政执法部门和司法机关对违法犯罪的单位和个人进行严厉打击。社会各界人士如发现上述侵权行为，希望及时举报，本社将给奖励举报有功人员。

反盗版举报电话　（010）58581999　58582371　58582488
反盗版举报传真　（010）82086060
反盗版举报邮箱　dd@hep.com.cn
通信地址　北京市西城区德外大街4号
　　　　　高等教育出版社法律事务与版权管理部
邮政编码　100120

防伪查询说明

用户购书后刮开封底防伪涂层，利用手机微信等软件扫描二维码，会跳转至防伪查询网页，获得所购图书详细信息。也可将防伪二维码下的20位密码按从左到右、从上到下的顺序发送短信至106695881280，免费查询所购图书真伪。

反盗版短信举报

编辑短信"JB，图书名称，出版社，购买地点"发送至10669588128
防伪客服电话
（010）58582300